栃木県の
公務員採用試験
（教養試験）

公務員
採用試験
対策シリーズ

栃木県の
警察官
（高校卒業者等）
2025

公務員試験研究会　編　　協同出版

まえがき

　公務員は，国や地方の行政諸機関に勤務し，営利を目的とせず，国民や住民などの幸せのため，政策・諸事務を円滑に実施・進行して，社会の土台作りを行うことを職務としています。昨今では，少子高齢化の進行や公務のDX化，国際競争力の低下などの社会情勢の変化に伴って，行政の果たす役割はますます多岐にわたり，重要さを増しています。行政改革が常に論議されているのは，どのような情勢においても安心した生活が送れるよう，公務員に対して国民や市民が，期待を寄せているからでしょう。

　公務員になるためには，基本的には公務員採用試験に合格しなければなりません。公務員採用試験は，公務に携わる広い範囲の職種に就きたい人に対して課される選抜競争試験です。毎年多数の人が受験をして公務員を目指しているため，合格を勝ち取るのは容易ではありません。そんな公務員という狭き門を突破するためには，まずは自分の適性・素養を確かめると同時に，試験内容を十分に研究して対策を講じておく必要があります。

　本書ではその必要性に応え，公務員採用試験に関する基本情報や受験自治体情報はもちろん，「教養試験」，「論作文試験」，「面接試験」について，最近の出題傾向を分析した上で，ポイント，問題と解説，対応方法などを掲載しています。これによって短期間に効率よく学習効果が現れ，自信をもって試験に臨むことができると確信しております。なお，本書に掲載の試験概要や自治体情報は，令和5（2023）年に実施された採用試験のものです。最新の試験概要に関しましては，各自治体HPなどをよくご確認ください。

　公務員を目指す方々が本書を十分活用され，公務員採用試験の合格を勝ち取っていただくことが，私たちにとって最上の喜びです。

公務員試験研究会

栃木県の公務員採用試験対策シリーズ

栃木県の警察官（高校卒業者等）

◆ 目 次 ◆

第1部

試験の概要

- 公務員試験とは
- [参考資料]
  試験情報と自治体情報

公務員試験とは

◆ 公務員とはどんな職業か

　一口でいえば，公務員とは，国家機関や地方公共団体に勤務する職員である。

　わが国の憲法では第15条で，「公務員を選定し，及びこれを罷免することは，国民固有の権利である」としたうえで，さらに「すべて公務員は，全体の奉仕者であつて，一部の奉仕者ではない」と定めている。

　また，その職務および人事管理などについては「国家公務員法」および「地方公務員法」という公務員に関する総合法規により，詳細に規定されている。たとえば「この法律は，……職員がその職務の遂行に当り，最大の能率を発揮し得るように，民主的な方法で，選択され，且つ，指導さるべきことを定め，以て国民に対し，公務の民主的且つ能率的な運営を保障することを目的とする」（「国家公務員法」第1条）と述べられ，その職務や人事管理についてはっきりと規定されているのである。すなわち，公務は民主的な方法で選択され，また国民に対しては，民主的・能率的な公務の運営が義務づけられているといえよう。

　現在の公務員の基本的性格を知るにあたって，戦前の公務員に触れておこう。戦前，すなわち明治憲法の時代には，公務員は「官吏」または「公吏」などと呼ばれ，「天皇の使用人，天皇の奉仕者」ということになっていた。したがって，官吏の立場は庶民の上に位置しており，封建時代の"お役人"とほとんど変わらない性格を帯びていた。つまり，民主主義に根ざしたものではなく，天皇を中心とした戦前の支配体制のなかで，その具体的な担い手になっていたといえるだろう。

　戦後，制度が一新されて「官吏」は「公務員」と名を変え，その基本的性格もすっかり変化した。つまり，公務員の「公」の意味が「天皇」から「国民」に変わり，国民によって選定された全体の奉仕者という立場が明確にされたのである。

　なお，公務員という職業は，その職務遂行にあたって国民に大きな影響をおよぼすものであるから，労働権・政治行為などの制限や，私企業からの隔離などの諸制限が加えられていることも知っておく必要がある。

◆ 公務員の種類と職務

(1) 公務員の種類

　本書は，栃木県の警察官（高校卒業者等）をめざす人のための参考書だが，ここでは公務員の種類の全体像をごく簡単に紹介しておこう。一般に公務員は国家公務員と地方公務員に大別でき，さらに一般職と特別職とに分けられる。

① 国家公務員と地方公務員

　国家公務員とは，国家公務員法の適用を受け（＝一般職），国家機関である各省庁やその出先機関などに勤務し，国家から給与を受ける職員をさす。たとえば，各省庁の地方事務局などに勤務する者も，勤務地が地方であっても国家公務員である。

　一方，地方公務員は，地方公務員法の適用を受け（＝一般職），各地方公共団体に勤務し，各地方公共団体から給与を受ける職員である。具体的には，都道府県や市町村の職員などを指している。

② 一般職と特別職

　国家公務員と地方公務員は，それぞれ一般職と特別職に分けられる。人事院または各地方公共団体の人事委員会（またはそれに準ずるところ）を通じて採用されるのが一般職である。

　特別職とは，国家公務員なら内閣総理大臣や国務大臣・国会職員などであり，地方公務員なら知事や収入役などである。それぞれ特別職は国家公務員法および地方公務員法に列記され，その特別職に属さないすべての職を一般職としている。

③ 上級職，中級職，初級職

　採用試験の区分であると同時に，採用後の職務内容や給与等の区分でもある。採用試験はこの区分に合わせて実施される。地域によっては，その名称も異なる。

(2) 地方公務員の対象となる職務

　地方公務員試験に合格して採用されると，各地方の職員として，事務および調査・研究または技術的業務などに従事することになる。

　公務員採用にあたって公開平等に試験を実施し，成績の良い者から順に採用することを徹底していて，民間企業の採用によくみられる「指定校制」などの"制限"は原則としてない。もちろん，出身地・思想・信条などによる差

別もない。これは公務員採用試験全般にわたって原則的に貫かれている大き
な特徴といえよう。

◆ 「教養試験」の目的と内容

(1)「教養試験」の目的

　教養試験は，国家公務員，地方公務員の，高校卒程度から大学卒程度まで
のあらゆる採用試験で，職種を問わず必ず行われている。教養試験は，単な
る学科試験とは異なり，今後ますます多様化・複雑化していく公務員の業務
を遂行していくのに必要な一般的知識と，これまでの学校生活や社会生活の
中で自然に修得された知識，専門分野における知識などが幅広く身について
いるかどうか，そして，それらの知識をうまく消化し，社会生活に役立てる
素質・知的能力をもっているかどうかを測定しようとするものである。
　このことについては，公務員試験の受験案内には，「公務員として必要な一
般的知識および知能」と記されている。このため，教養試験の分野は，大き
く一般知識と一般知能の2つの分野に分けられる。
　一般知識の分野は，政治，法律，経済，社会，国際関係，労働，時事問
題などの社会科学と，日本史，世界史，地理，思想，文学・芸術などの人文
科学，物理，化学，生物，地学，数学などの自然科学の3つの分野からなっ
ている。
　一般知識の分野の特徴は，出題科目数が非常に多いことや，出題範囲がと
ても広いことなどであるが，内容としては高校で学習する程度の問題が出題
されているので，高校の教科書を丹念に読んでおくことが必要である。
　一般知能の分野は，文章理解，数的推理，判断推理，資料解釈の4つの分
野からなっている。
　一般知能の分野の問題は，身につけた知識をうまく消化し，どれだけ使い
こなせるかをみるために出題されているため，応用力や判断力などが試され
ている。そのため，知能検査に近い問題となっている。
　したがって，一般知識の分野の問題は，問題を解くのに必要な基本的な知
識が身についていなければ，どんなに頭をひねっても解くことはできないが，
一般知能の分野の問題は，問題文を丁寧に読んでいき，じっくり考えるよう
にすれば，だれにでも解くことができるような問題になっている。

(2)「一般知識分野」の内容

一般知識分野は, さらに大きく3分野に分けて出題される。

社会科学分野	われわれの社会環境, 生活環境に密着した分野で, 政治, 経済, 社会, 労働, 国際, 時事などに分かれる。学校で学んだこと, 日々の新聞などから知ることができる内容等が中心で, 特に専門的な知識というべきものはほぼ必要がない。
人文科学分野	歴史・地理・文化・思想・国語など, 人間の文化的側面, 内容的要素に関する知識を問うもので, 専門的知識よりも幅広いバランスのとれた知識が必要である。
自然科学分野	数学・物理・化学・生物・地学などを通じて, 科学的で合理的な側面を調べるための試験で, 出題傾向的には, 前二者よりもさらに基本的な問題が多い。

以上が「一般知識分野」のあらましである。これらすべてについて偏りのない実力を要求されるのだから大変だが, 見方を変えれば, 一般人としての常識を問われているのであり, これまでの生活で身につけてきた知識を再確認しておけば, 決して理解・解答ができないということはない問題ばかりである。

(3)「一般知能分野」の内容

一般知能分野は, さらに大きく4分野に分けて出題される。

文章理解	言語や文章についての理解力を調べることを目的にしている。現代文や古文, 漢文, また英語などから出題され, それぞれの読解力や構成力, 鑑賞力などが試される。
判断推理	論理的判断力, 共通性の推理力, 抽象的判断力, 平面・空間把握力などを調べるもので, 多くの出題形式があるが, 実際には例年ほぼ一定の形式で出題される。
数的推理	統計図表や研究資料を正確に把握, 解読・整理する能力をみる問題である。
資料解釈	グラフや統計表を正しく読みとる能力があるかどうかを調べる問題で, かなり複雑な表などが出題されるが, 設問の内容そのものはそれほど複雑ではない。

　一般知能試験は，落ち着いてよく考えれば，だいたいは解ける問題である点が，知識の有無によって左右される一般知識試験と異なる。

　教養試験は，原則として5肢択一式，つまり5つの選択肢のなかから正解を1つ選ぶというスタイルをとっている。難しい問題もやさしい問題も合わせて，1問正解はすべて1点という採点である。5肢択一式出題形式は，採点時に主観的要素が全く入らず，能率的に正確な採点ができ，多数の受験者を扱うことができるために採用されている。

◆ 「適性試験」「人物試験」の目的と内容

(1)「適性試験」の目的と内容
　適性試験は一般知能試験と類似しているが，一般知能試験がその名のとおり，公務員として，あるいは社会人としてふさわしい知能の持ち主であるかどうかをみるのに対し，適性試験では実際の職務を遂行する能力・適性があるかどうかをみるものである。

　出題される問題の内容そのものはきわめて簡単なものだが，問題の数が多い。これまでの例では，時間が15分，問題数が120問。3つのパターンが10題ずつ交互にあらわれるスパイラル方式である。したがって，短時間に，できるだけ多くの問題を正確に解答していくことが要求される。

　内容的には，分類・照合・計算・置換・空間把握などがあり，単独ではなくこれらの検査が組み合わさった形式の問題が出ることも多い。

(2)「人物試験」の目的と内容
　いわゆる面接試験である。個別面接，集団面接などを通じて受験生の人柄，つまり集団の一員として行動できるか，職務に意欲をもっているか，自分の考えを要領よくまとめて簡潔に表現できるか，などを評価・判定しようとするものである。

　質問の内容は，受験生それぞれによって異なってくるが，おおよそ次のようなものである。

> ① 公務員を志望する動機や理由などについて
> ② 家族や家庭のこと，幼いときの思い出などについて
> ③ クラブ活動など学校生活や友人などについて
> ④ 自分の長所や短所，趣味や特技などについて
> ⑤ 時事問題や最近の風俗などについての感想や意見

　あくまでも人物試験であるから，応答の内容そのものより，態度や話し方，表現能力などに評価の重点が置かれている。

◆ 「論作文試験」の目的と内容

(1) 「論作文試験」の目的
　「文は人なり」という言葉があるが，その人の人柄や知識・教養，考えなどを知るには，その人の文章を見るのが最良の方法だといわれている。その意味で論作文試験は，第1に「文章による人物試験」だということができよう。
　また公務員は，採用後に，さまざまな文章に接したり作成したりする機会が多い。したがって，文章の構成力や表現力，基本的な用字・用語の知識は欠かせないものだ。しかし，教養試験や適性試験は，国家・地方公務員とも，おおむね択一式で行われ解答はコンピュータ処理されるので，これらの試験では受験生のその能力・知識を見ることができない。そこで論作文試験が課せられるわけで，これが第2の目的といえよう。

(2) 「論作文試験」の内容
　公務員採用試験における論作文試験では，一般的に課題が与えられる。つまり論作文のテーマである。これを決められた字数と時間内にまとめる。国家・地方公務員の別によって多少の違いがあるが，おおよそ1,000〜1,200字，60〜90分というのが普通だ。
　公務員採用試験の場合，テーマは身近なものから出される。これまでの例では，次のようなものだ。

① 自分自身について	「自分を語る」「自分自身のPR」「私の生きがい」「私にとって大切なもの」
② 学校生活・友人について	「学校生活をかえりみて」「高校時代で楽しかったこと」「私の親友」「私の恩師」
③ 自分の趣味など	「写真の魅力」「本の魅力」「私と音楽」「私と絵画」「私の好きな歌」
④ 時事問題や社会風俗	「自然の保護について」「交通問題を考える」「現代の若者」
⑤ 随想，その他	「夢」「夏の1日」「秋の1日」「私の好きな季節」「若さについて」「私と旅」

　以上は一例で，地方公務員の場合など，実に多様なテーマが出されている。ただ，最近の一般的な傾向として，どういう切り口でもできるようなテーマ，たとえば「山」「海」などという出題のしかたが多くなっているようだ。この題で，紀行文を書いても，人生論を展開しても，遭難事故を時事問題風に扱ってもよいというわけである。一見，やさしいようだが，実際には逆で，それだけテーマのこなし方が難しくなっているともいえよう。

　次に，試験情報と自治体情報を見てみよう。

栃木県の試験情報

= 令和5（2023）年度　受験案内 =

栃木県警察官採用試験〔大学卒業者(男性・女性)〕（第2回）
※卒業見込者を含む
栃木県警察官採用試験〔高校卒業者等(男性・女性)〕（第2回）
栃木県警察官（特別区分）採用試験〔武道指導（柔道・剣道）〕

栃木県警察本部　〒320-8510　宇都宮市塙田1-1-20（警察本部庁舎）
警務部警務課人事係　フリーダイヤル　0120-48-6106　TEL 028-621-0110（代表）

栃木県人事委員会　〒320-8501　宇都宮市塙田1-1-20（県庁南館1階）
TEL 028-623-3313

新型コロナウイルス感染症などへの対応については、栃木県ホームページ「新型コロナウイルス感染症に係る対応について」に掲載していますので、必ず御確認ください。
※情報は随時更新されます。

【令和5（2023）年度の変更点】
●大学卒業者（女性）及び高校卒業者等（女性）は、年2回試験を行います。（昨年度は年1回）
●第1次合格者への合格通知は送付しません。ホームページに合格者の受験番号を掲載します。
　なお、第2次試験の日時や提出資料等もホームページに掲載しますので、各自で確認してください。

◎　第1次試験　9月17日（日）　栃木県警察学校

◎　受付期間　7月14日（金）午前8時30分〜 8月18日（金）午後5時15分

◎　申込方法　インターネット申込み

◎　採用予定日　令和6（2024）年　4月1日

1　採用予定者数

大学卒業者（男性）		3名程度
大学卒業者（女性）		2名程度
高校卒業者等（男性）		22名程度
高校卒業者等（女性）		8名程度
武道指導	柔道	1名
	剣道	1名

（注）採用予定者数は、欠員の状況等により変更する場合があります。

2 受験資格

試験区分	年齢・性別	学歴等
大学卒業者 （男性）	平成2（1990）年4月2日以降に生まれた男性	(1) 学校教育法に基づく大学（短期大学を除く。）を卒業した人及び令和6（2024）年3月31日までに卒業見込みの人
大学卒業者 （女性）	平成2（1990）年4月2日以降に生まれた女性	(2) 栃木県人事委員会が(1)と同等の資格があると認める人
高校卒業者等 （男性）	平成2（1990）年4月2日から平成18（2006）年4月1日までに生まれた男性	上記以外の人
高校卒業者等 （女性）	平成2（1990）年4月2日から平成18（2006）年4月1日までに生まれた女性	
武道指導 （柔道・剣道）	平成2（1990）年4月2日から平成18（2006）年4月1日までに生まれた人	柔道又は剣道に卓越した技能を有する人（学歴は問いません。） （「卓越した技能を有する」とは、3段相当以上の段位をいう。）

次のいずれかに該当する人は受験できません。
ア 日本の国籍を有しない人
イ 禁錮以上の刑に処せられ、その執行を終わるまで又はその執行を受けることがなくなるまでの人
ウ 栃木県職員として懲戒免職の処分を受け、当該処分の日から2年を経過しない人
エ 日本国憲法施行の日以後において、日本国憲法又はその下に成立した政府を暴力で破壊することを主張する政党その他の団体を結成し、又はこれに加入した人

3 試験の日時、場所及び合格者発表

区分	日　時			場　所	合格者発表 ※4
第一次試験		9月17日（日）		栃木県警察学校（宇都宮市若草2-3-76）	第1次合格者は、9月29日（金）（予定）に県庁屋外掲示場に受験番号を掲示して発表するほか、県ホームページに掲載します。 ※合格通知は行いませんので、必ず各自で確認してください。
		大卒・高卒等	武道指導（柔道・剣道）		
	受付	8:45 ～ 9:20	8:45 ～ 9:20		
	説明	9:30 ～ 10:00	9:30 ～ 10:00		
	教養試験	10:00 ～ 12:00	10:00 ～ 12:00		
	作文試験※1	13:00 ～ 14:00	13:00 ～ 14:00		
	専門試験		14:30 ～ 16:30		
第二次試験	身体・体力・適性検査 ※2	10月11日（水）又は12日（木）			最終合格者は、11月27日（月）（予定）に県庁屋外掲示場に受験番号を掲示して発表するほか、県ホームページに掲載します。 また、合格者のみ通知します。
	口述試験 ※3	11月7日（火）～10日（金）のいずれか指定する1日			

※1 作文試験は、第1次試験日に実施しますが、採点は第2次試験で行いますので、第1次試験合格者の作文についてのみ採点します。また、第1次試験日に作文試験を受験しなかった場合は、試験を不合格とします。
※2 **具体的な日時や提出資料等は、第1次合格者発表と併せて栃木県人事委員会ホームページに掲載しますので、必ず確認してください。**
（https://www.pref.tochigi.lg.jp/k02/pref/saiyou/kenshokuin/top.html）
※3 具体的な日時等は、身体・体力・適性検査日にお知らせします。
※4 合格者の受験番号は、栃木県人事委員会ホームページに掲載します。

4 試験の種目（配点）及び内容

区分	種目（配点）	内　容		
第一次試験	教養試験 （100点） ※特別区分は （50点）	警察官として必要な一般的知識及び知能について、択一式による筆記試験を行います。 　試験の程度は、試験区分〔大学卒業者〕は大学卒業程度、試験区分〔高校卒業者等〕及び特別区分〔武道指導〕は高校卒業程度で、出題分野は次のとおりです。 （120分：50題出題） 社会科学、人文科学、自然科学、文章理解、判断推理、数的推理、資料解釈		
	専門試験 （50点） ※特別区分のみ	武道についての技術の習熟度や技量について実技試験を行います。　（道着、防具等を持参してください。）		
		柔道	受身（各種受身を3回程度）、打ち込み（得意技2本、課題技1本を各20回程度）、乱取り（3回程度）	
		剣道	掛り稽古、互角稽古、指導稽古（各3回程度）	
第二次試験	作文試験 （50点）	警察官として必要な表現力等について、記述式による試験を行います。　（60分：800字程度） ※令和4（2022）年度課題 「失敗に学び、成長した経験について」（大学卒業者） 「チームワークの大切さについて」（高校卒業者等、特別区分）		
	身体検査 （一）	身体検査については、次の基準により検査します。		
		視力	両眼とも、裸眼視力が0.6以上又は矯正視力が1.0以上	
		色覚	職務遂行に支障がないこと。	
		その他	職務遂行に支障のない身体的状態であること。 血液検査（肝機能・血糖・梅毒）及び尿検査（糖尿・蛋白・肝機能・腎機能）も行います。	
	体力検査 （一）	体力検査については、次の方法により検査します。 前後左右跳び、その場駆け足、腕立伏せ、上体起こし等		
	適性検査 （一）	警察官として職務遂行に必要な素質及び適性を有するかについて検査します。		
	口述試験 （350点）	（集団面接　50点） （個別面接 300点）	主として人物について、集団面接（1グループ約30分）及び個別面接（1人約25分）による試験を行います。	
	資格加点 （30点）	別欄「○資格加点について」に掲げる資格を有する場合は、一定点を加点します。		
	資格調査	受験資格の有無、申込書記載事項の真否等について調査します。		

（備考）
1　最終合格者は、第1次試験の得点と第2次試験の得点を合計した総合得点の高い順に決定します。ただし、教養試験、専門試験、作文試験及び個別面接試験の得点にはそれぞれ合格基準を定めており、この基準に達しない場合は、他の試験の得点にかかわらず不合格となります。また、身体検査の基準に達しない場合も、他の試験の得点にかかわらず不合格となります。
2　スポーツで、全国規模で行われる大会への出場経歴がある場合、第2次試験の個別面接試験の際に評価要素とします。
3　試験問題（教養試験）の一部例題を公表しています。例題の数は教養試験が3題です。例題は、栃木県人事委員会のホームページ又は県民プラザ（県庁本館2階）において閲覧できます。

○資格加点について

- Ⅰ〜Ⅶの区分において、次に掲げる資格に対して、第2次試験で点数を加点します。
- Ⅰ〜Ⅶについて1つの資格が申請でき、複数の区分の資格を持っている場合は、3つの区分まで申請できます。
- 受験する試験区分と同一の資格加点区分での加点は認められません（例えば、「柔道」の試験区分に申し込んでいる場合は、「Ⅵ 柔道」の資格加点は申請できません。「Ⅶ 剣道」の申請は可能です。）
- 申請できる資格は、第1次試験日までに当該資格取得済みのものに限ります。
- 申請方法の詳細は、第1次合格者に別途お知らせします。
- 配点は各区分10点です。

区　分	資　格	区　分	資　格
Ⅰ 英語	① 実用英語技能検定（英検）　2級以上 ② ＴＯＥＩＣ 470点以上 ③ ＴＯＥＦＬ〈ＰＢＴ〉460点以上 　　　　　　〈ＣＢＴ〉140点以上 　　　　　　〈ｉＢＴ〉 48点以上 ④ 国際連合公用語英語検定（国連英検） 　　Ｃ級以上	Ⅲ 韓国語	① ハングル能力検定　準2級以上 ② 韓国語能力試験　4級以上
		Ⅳ 財務	日商簿記検定　2級以上
		Ⅴ 情報	情報処理技術者試験又は情報処理安全確保支援士試験（国家試験）に合格した人
Ⅱ 中国語	① 中国語検定　3級以上 ② 漢語水平考試（ＨＳＫ）　4級以上 ③ 中国語コミュニケーション能力検定 　　（ＴＥＣＣ）　400点以上	Ⅵ 柔道	初段以上（講道館認定に限る。）
		Ⅶ 剣道	初段以上（全日本剣道連盟認定に限る。）

5 採用

(1) 最終合格者は、令和6（2024）年4月1日採用予定です。ただし、大学卒業者区分のうち、大学卒業見込みの人は、令和6（2024）年3月31日までに卒業できなかった場合は、採用されません。

(2) 採用決定後は巡査に任命され、栃木県警察学校に入校し、初任科生として一定期間の初任教養を受けた後、県内の各警察署（交番）に配属されます。

6 給与及び待遇

(1) 給料及び諸手当

令和5（2023）年4月1日現在における初任給（地域手当を含む）は大学卒で226,872円、短大卒で210,312円、高校卒で194,890円ですが、官公庁、会社等に勤務した経験のある人は一定の基準により加算されます。

このほか、扶養手当、住居手当、通勤手当、特殊勤務手当、超過勤務手当、休日給、夜勤手当、期末手当、勤勉手当等がそれぞれの条件によって支給されます。

(2) 被服

制服等が現品で支給されます。

(3) 住宅

警察学校や各警察署には、職員住宅、独身寮があります。

(4) 医療

地方公務員等共済組合法により、本人・扶養する家族とも病気にかかったときは3割（義務教育就学前の場合は2割）負担で治療が受けられます。また、警察本部には保健室があり、常勤の保健師が健康相談に応じています。

7 受験手続

電子申請（インターネット申込み）で申し込んでください。（インターネットを利用できない方は、8月4日（金）正午までに栃木県警察本部警務課（TEL：0120-48-6106）にお問い合わせください。）

なお、車いすを使用するなど受験に際して要望のある場合は、会場準備の都合がありますので、申込みの際に必ずその旨を連絡してください。

申込方法	・栃木県人事委員会のホームページにアクセスして、「インターネット申込み」のページを**必ず最後まで読んでから**申し込んでください。 ・電子申請による申込み後、10分以内に「申込完了通知メール」（到達のお知らせ）が電子メールで送信されますので、必ず内容を確認してください。このメールが届かないときは、申込みがなされていませんので、すみやかに栃木県警察本部警務課（TEL：0120-48-6106）まで電話でお問い合わせください。
受付期間留意事項	**・7月14日（金）8時30分～8月18日（金）17時15分（受信有効）** ・手続に時間のかかる場合がありますので、余裕を持って早めに申込手続を行ってください。 ・電子申請システムの臨時保守のため、受付期間でも申込みができない場合があります。 ・パソコン等の機種や環境等により利用できない場合があります。 ・使用するパソコン等や通信回線上の障害等によるトラブルについては、一切責任を負いません。
受験票の作　成	・申込みの審査終了後、「審査終了と受験票発行予定のお知らせ」が電子メールで送信されます。（申請から3日以内（土・日・祝日は含まない）。 ・3日経過しても「審査終了と受験票発行予定のお知らせ」のメールが届かない場合は、直ちに栃木県警察本部警務課に電話でお問い合わせください。 ・A4サイズの用紙に印刷後、手順に沿ってはがきサイズにし、**写真を貼って署名の上、第1次試験当日に持参してください。**

8 試験結果の情報提供

試験の結果については、口頭で情報提供を求めることができます。情報提供を希望する場合は、受験者本人が顔写真付き身分証明書（マイナンバーカード、運転免許証、学生証等）を持参の上、土・日・祝日を除く8時30分から17時15分までの間に栃木県人事委員会事務局にお越しください。電話、はがき等による申出はできません。（棄権者は申出できません。また、作文試験を受験しなかった場合は、第1次試験を不合格とします。特別区分については、第1次試験において、教養試験を受験しても専門試験を受験しなかった場合は、棄権したものとみなします。）

申出のできる人	提供期間	提供する内容	提供場所
第1次試験不合格者	第1次合格者発表の日から1か月間	種目別得点、総合得点及び総合順位	栃木県人事委員会事務局（土・日・祝日を除く8：30～17：15）
第2次試験受験者	最終合格者発表の日から1か月間		

令和4（2022）年度栃木県警察官採用試験（第1回）実施状況

試験区分	受験者数	最終合格者数	競争倍率
大学卒業者（男性）	132名	40名	3.3倍
大学卒業者（女性）	50名	15名	3.3倍
高校卒業者等（男性）	59名	10名	5.9倍

令和4（2022）年度栃木県警察官採用試験（第2回）実施状況

試験区分	受験者数	最終合格者数	競争倍率
大学卒業者（男性）	20名	3名	6.7倍
高校卒業者等（男性）	89名	25名	3.6倍
高校卒業者等（女性）	31名	11名	2.8倍
武道指導（柔道）	0名	－	－
武道指導（剣道）	1名	1名	1.0倍

栃木県における交通事故の発生状況（令和4年12月末）

○月別発生状況

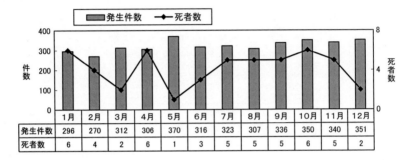

	1月	2月	3月	4月	5月	6月	7月	8月	9月	10月	11月	12月
発生件数	296	270	312	306	370	316	323	307	336	350	340	351
死者数	6	4	2	6	1	3	5	5	5	6	5	2

○時間帯別発生状況

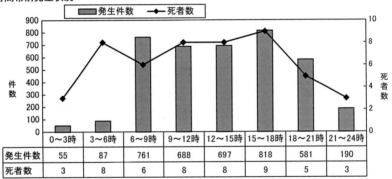

	0〜3時	3〜6時	6〜9時	9〜12時	12〜15時	15〜18時	18〜21時	21〜24時
発生件数	55	87	761	688	697	818	581	190
死者数	3	8	6	8	8	9	5	3

○曜日別発生状況

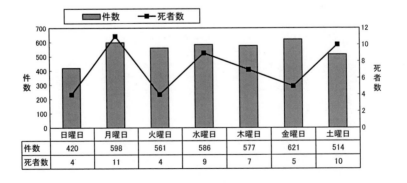

	日曜日	月曜日	火曜日	水曜日	木曜日	金曜日	土曜日
件数	420	598	561	586	577	621	514
死者数	4	11	4	9	7	5	10

18

○昼夜別発生状況

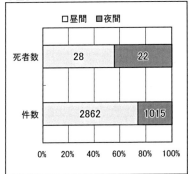

○道路形状別発生状況

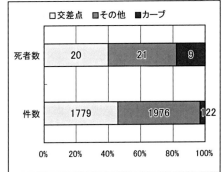

○第1当事者の年代別発生件数及び死者の年代別

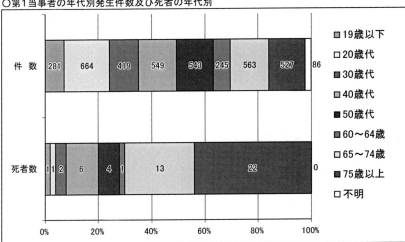

○状態別年齢別死者状況

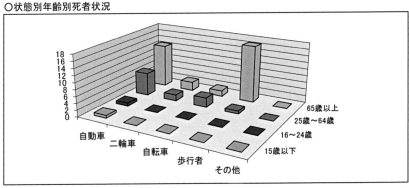

令和4年12月末現在の交通事故発生状況

1 県内の発生状況

区　分	令和4年	令和3年	増減数	増減率
発生件数	3,877	3,939	-62	-1.6%
死者数	50	56	-6	-10.7%
負傷者数	4,641	4,666	-25	-0.5%

2 警察署（隊）別死者数

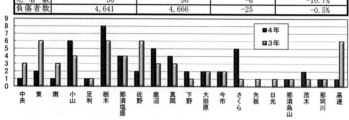

中央 東 南 小山 足利 栃木 那須塩原 佐野 鹿沼 真岡 下野 大田原 今市 さくら 矢板 日光 那須烏山 茂木 那珂川 高速

（■4年　□3年）

3 本県の全国位置
◎全国の死者数　**2,610人**（前年比　-26人　-1.0%）人口10万人あたりの死者数 2.08人
◎栃木県の人口10万人あたりの死者数

　　2.60人（全国ワースト23位）　　　　　　（増減率）

4 死亡事故の特徴

			前年比	増減率
◎発生状況	件　数	**49件**	-4件	-7.5%
	★死者数	**50人**	-6人	-10.7%
☆昼間	**28人**	（構成率 56.0%）前年比	-3人	-9.7%
★夜間	**22人**	（構成率 44.0%）前年比	-3人	-12.0%
●中学生以下	**1人**	（構成率 2.0%）前年比	0人	±0.0%
●高校生	**0人**	（構成率 0.0%）前年比	0人	±0.0%
●若者（16～24歳）	**1人**	（構成率 2.0%）前年比	-4人	-80.0%
●高齢者（65歳以上）	**35人**	（構成率 70.0%）前年比	5人	+16.7%
高齢者の当事者 ・四輪車 運転中	9人	前年比	-4人	-30.8%
・二輪車	3人	前年比	3人	+300.0%
・自転車	2人	前年比	-5人	-71.4%
・歩行者	17人	前年比	8人	+88.9%
・同乗中	4人	前年比	4人	+400.0%
・その他	0人	前年比	-1人	-100.0%
◆四輪車	**22人**	（構成率 44.0%）前年比	-7人	-24.1%
◆二輪車	**2人**	（構成率 4.0%）前年比	-6人	-75.0%
◆原付	**3人**	（構成率 6.0%）前年比	2人	+200.0%
◆自転車	**5人**	（構成率 10.0%）前年比	-2人	-28.6%
◆歩行者	**18人**	（構成率 36.0%）前年比	8人	+80.0%
◆その他	**0人**	（構成率 0.0%）前年比	-1人	-100.0%
◇交差点	**20人**	（構成率 40.0%）前年比	1人	+5.3%
◇カーブ	**9人**	（構成率 18.0%）前年比	0人	±0.0%
∮国道	**9人**	（構成率 18.0%）前年比	-7人	-43.8%
∮県道（主要地方道含む）	**19人**	（構成率 38.0%）前年比	2人	+11.8%
∮市町道	**18人**	（構成率 36.0%）前年比	1人	+5.9%
∮高速道	**1人**	（構成率 2.0%）前年比	-5人	-83.3%
§人対車両	**18人**	（構成率 36.0%）前年比	8人	+80.0%
§車両相互	**22人**	（構成率 44.0%）前年比	0人	±0.0%
§車両単独	**10人**	（構成率 20.0%）前年比	-14人	-58.3%
§列車	**0人**	（構成率 0.0%）前年比	0人	±0.0%
∬通行区分	**8人**	（構成率 16.0%）前年比	7人	+700.0%
∬歩行者妨害	**6人**	（構成率 12.0%）前年比	5人	+500.0%
∬運転操作不適	**8人**	（構成率 16.0%）前年比	-3人	-27.3%
∬その他	**28人**	（構成率 56.0%）前年比	-15人	-34.9%
※ベルト非着死者	**13人**	（ベルト着用時の生存可能性有は、 8人）		

5 飲酒運転が関係した事故

			前年比	
◎発生件数	☆件　数	**68件** 前年比	-1件	-1.4%
	★死者数	**2人** 前年比	-5人	-71.4%
	☆負傷数	**84人** 前年比	10人	+13.5%

市町別発生状況（令和4年12月末現在）

交通企画課

区分 / 市町名	人口	発生件数	人口10万人当の件数	ワースト順位	死者数	人口10万人当の死者	ワースト順位	負傷数	人口10万人当の負傷者	ワースト順位
宇都宮市	515,141	1,238	240	3	4	0.8	18	1,411	273.9	4
足利市	141,077	290	206	8	1	0.7	19	336	238.2	10
栃木市	152,662	266	174	13	6	3.9	10	341	223.4	13
佐野市	113,925	249	219	6	2	1.8	16	303	266.0	8
鹿沼市	92,275	184	199	10	5	5.4	6	214	231.9	12
日光市	74,957	97	129	20	2	2.7	15	127	169.4	18
小山市	166,576	373	224	4	6	3.6	12	448	268.9	7
真岡市	77,829	127	163	14	3	3.9	11	168	215.9	14
大田原市	71,049	105	148	16	2	2.8	14	131	184.4	16
矢板市	30,310	67	221	5	0	0.0	20	84	277.1	3
那須塩原市	114,754	221	193	11	1	0.9	17	270	235.3	11
さくら市	44,253	121	273	1	2	4.5	8	144	325.4	1
那須烏山市	23,818	23	97	23	1	4.2	9	28	117.6	21
下野市	59,467	78	131	18	2	3.4	13	88	148.0	20
河内郡 上三川町	30,460	65	213	7	0	0.0	20	82	269.2	6
芳賀郡 益子町	21,176	21	99	22	0	0.0	20	24	113.3	23
茂木町	11,352	12	106	21	2	17.6	1	13	114.5	22
市貝町	10,978	15	137	17	0	0.0	20	20	182.2	17
芳賀町	14,831	28	189	12	1	6.7	5	36	242.7	9
下都賀郡 壬生町	38,950	80	205	9	2	5.1	7	105	269.6	5
野木町	24,548	32	130	19	0	0.0	20	40	162.9	19
塩谷郡 塩谷町	9,816	6	61	25	0	0.0	20	6	61.1	25
高根沢町	28,864	75	260	3	3	10.4	3	83	287.6	2
那須郡 那須町	23,474	36	153	15	3	12.8	2	47	200.2	15
那珂川町	14,389	11	76	24	1	6.9	4	15	104.2	24
高速道路等		57			1			77		
合　計	1,906,931	3,877	203		50	2.62		4,641	243	

※人口は、令和4年12月1日現在の栃木県毎月人口推計月報第2表

刑法犯　罪種別　認知・検挙状況　対前年比較（令和4年 確定値）

	認知件数				検挙件数				検挙率			検挙人員			
	R4年	R3年	増減件数	率	R4年	R3年	増減件数	率	R4年	R3年	増減	R4年	R3年	増減人員	率
全刑法犯	8,883	9,027	▲144	-1.6%	3,762	3,845	▲83	-2.2%	42.4%	42.6%	-0.2	2,009	1,975	34	1.7%
凶悪犯	52	55	▲3	-5.5%	57	50	7	14.0%	109.6%	90.9%	18.7	48	46	2	4.3%
粗暴犯	563	529	34	6.4%	441	435	6	1.4%	78.3%	82.2%	-3.9	444	439	5	1.1%
窃盗犯	6,687	6,689	▲2	-0.0%	2,596	2,690	▲94	-3.5%	38.8%	40.2%	-1.4	1,090	1,055	35	3.3%
侵入盗	1,086	1,036	50	4.8%	472	477	▲5	-1.0%	43.5%	46.0%	-2.5	42	36	6	16.7%
乗り物盗	1,422	1,383	39	2.8%	247	141	106	75.2%	17.4%	10.2%	7.2	41	41	－	－
非侵入盗	4,179	4,270	▲91	-2.1%	1,877	2,072	▲195	-9.4%	44.9%	48.5%	-3.6	1,007	978	29	3.0%
知能犯	373	405	▲32	-7.9%	270	251	19	7.6%	72.4%	62.0%	10.4	155	135	20	14.8%
風俗犯	72	70	2	2.9%	48	61	▲13	-21.3%	66.7%	87.1%	-20.4	40	42	▲2	-4.8%
その他の刑法犯	1,136	1,279	▲143	-11.2%	350	358	▲8	-2.2%	30.8%	28.0%	2.8	232	258	▲26	-10.1%

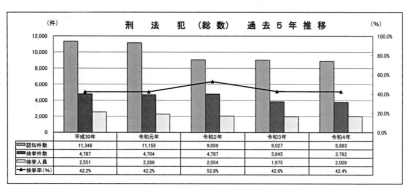

刑法犯（総数）過去5年推移

	平成30年	令和元年	令和2年	令和3年	令和4年
認知件数	11,346	11,155	9,059	9,027	8,883
検挙件数	4,787	4,704	4,787	3,845	3,762
検挙人員	2,551	2,289	2,054	1,975	2,009
検挙率(%)	42.2%	42.2%	52.8%	42.6%	42.4%

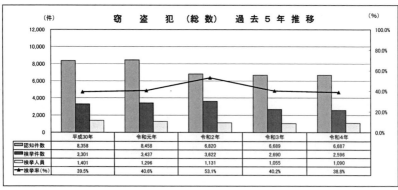

窃盗犯（総数）過去5年推移

	平成30年	令和元年	令和2年	令和3年	令和4年
認知件数	8,358	8,458	6,820	6,689	6,687
検挙件数	3,301	3,437	3,622	2,690	2,596
検挙人員	1,401	1,296	1,131	1,055	1,090
検挙率(%)	39.5%	40.6%	53.1%	40.2%	38.8%

重要犯罪 認知・検挙件数及び検挙人員 (前年比較) / 過去5年比較(令和4年 確定値)

区 分	認 知 件 数				検 挙 件 数				検 挙 率			検 挙 人 員			
	R4年	R3年	増減件数	率	R4年	R3年	増減件数	率	R4年	R3年	増減ポイント	R4年	R3年	増減人員	率
重 要 犯 罪	105	102	3	2.9%	94	96	▲2	-2.1%	89.5%	94.1%	-4.6	79	90	▲11	-12.2%
殺 人	13	13	-	-	13	14	▲1	-7.1%	100.0%	107.7%	-7.7	10	9	1	11.1%
強 盗	14	7	7	100.0%	15	7	8	114.3%	107.1%	100.0%	7.1	14	8	6	75.0%
放 火	8	17	▲9	-52.9%	11	13	▲2	-15.4%	137.5%	76.5%	61.0	7	10	▲3	-30.0%
強 制 性 交 等	17	18	▲1	-5.6%	18	16	2	12.5%	105.9%	88.9%	17.0	17	19	▲2	-10.5%
略取誘拐・人身売買	11	5	6	120.0%	10	5	5	100.0%	90.9%	100.0%	-9.1	10	15	▲5	-33.3%
強 制 わ い せ つ	42	42	-	-	27	41	▲14	-34.1%	64.3%	97.6%	-33.3	21	29	▲8	-27.6%

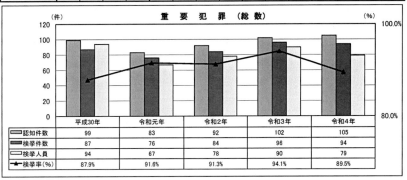

	平成30年	令和元年	令和2年	令和3年	令和4年
認知件数	99	83	92	102	105
検挙件数	87	76	84	96	94
検挙人員	94	67	78	90	79
検挙率(%)	87.9%	91.6%	91.3%	94.1%	89.5%

重要窃盗犯 認知・検挙件数及び検挙人員 (前年比較) / 過去5年比較(令和4年 確定値)

区 分	認 知 件 数				検 挙 件 数				検 挙 率			検 挙 人 員			
	R4年	R3年	増減件数	率	R4年	R3年	増減件数	率	R4年	R3年	増減ポイント	R4年	R3年	増減人員	率
重 要 窃 盗 犯	1,424	1,357	67	4.9%	646	536	110	20.5%	45.4%	39.5%	5.9	53	43	10	23.3%
侵 入 盗	1,086	1,036	50	4.8%	472	477	▲5	-1.0%	43.5%	46.0%	-2.5	42	36	6	16.7%
住 宅 対 象	454	547	▲93	-17.0%	240	227	13	5.7%	52.9%	41.5%	11.4	13	14	▲1	-7.1%
そ の 他	632	489	143	29.2%	232	250	▲18	-7.2%	36.7%	51.1%	-14.4	29	22	7	31.8%
自 動 車 盗	330	311	19	6.1%	167	58	109	187.9%	50.6%	18.6%	32.0	10	6	4	66.7%
ひ っ た く り	3	10	▲7	-70.0%	7	1	6	600.0%	233.3%	10.0%	223.3	1	1	-	-
す り	5	-	5	-	-	-	-	-	-	-	-	-	-	-	-

※注 侵入盗の「住宅対象」とは、空き巣、忍込み及び居空きをいう。

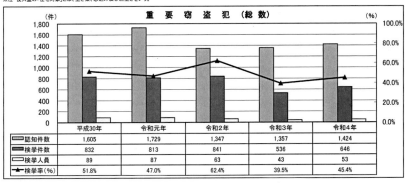

	平成30年	令和元年	令和2年	令和3年	令和4年
認知件数	1,605	1,729	1,347	1,357	1,424
検挙件数	832	813	841	536	646
検挙人員	89	87	63	43	53
検挙率(%)	51.8%	47.0%	62.4%	39.5%	45.4%

「栃木県警察ホームページ」より抜粋

第2部

教養試験
社会科学・人文科学

- 政治・経済・社会
- 歴　史
- 地　理
- 国語・文学・芸術

社会科学　政治・経済・社会

############### P O I N T ###############

政治：学習法としては，まず，出題傾向をしっかり把握すること。出題形式
や出題内容は当然変わっていくが，数年単位で見ると類似した内容を繰り
返していることが多い（後述の「狙われやすい！重要事項」参照）。そのよ
うな分野を集中的に学習すれば効果的である。学習の中心となるのは基礎・
基本の問題であるが，要点がまとまっているという点で，まずは本書の問
題にしっかり取り組むとよい。そしてその学習の中で問題点や疑問点が出
てきた場合に，教科書・学習参考書・辞典・専門書で学習内容をさらに高
めていこう。

経済：まず高等学校の「政治・経済」の教科書で，次の項目のような主要な
要点をまとめてみよう。

(1) 国内経済…金融政策・財政政策・景気変動・国民所得・GNIと
GDP・三面等価の原則・国家予算・独占禁止法・公正取引委員会など

(2) 第二次世界大戦後の国際経済の歩み…OECD・EEC→EC→EU・
GATT→WTO

(3) 国際経済機構…IMF・IBRD・IDA・UNCTAD・OPEC・OAPEC・
ケネディラウンド → ウルグアイラウンド → ドーハラウンド・FTA
→ EPA → TPP

　最新の動向については，ニュースや時事問題の問題集等で確認しておこ
う。

社会：社会の学習法は，問題を解くことと合わせて，新聞等を精読するに尽
きる。記事をスクラップするなどして，系統的に理解を深めていくことが
大切である。新聞などに掲載されている社会問題は，別の様々な問題と関
連していることが多い。1つのテーマを掘り下げて理解することにより，社
会で起きている時事的な問題をより横断的に結びつけてとらえることが可
能となる。そのためにも，様々なメディアを通じて日々新しい情報をチェッ
クし，政治・経済・社会・環境など，網羅的にニュースを把握しておくよ
うにしておきたい。

☞ **狙われやすい! 重要事項**
- ☑ 国会や選挙の制度
- ☑ 国際的な機構や国際政治
- ☑ 基本的人権 (各論まで)
- ☑ 金融政策や財政政策の制度と実情
- ☑ 少子高齢化や社会保障
- ☑ 日本経済の実情
- ☑ 日本と世界の国際関係
- ☑ 科学技術や医療などの進歩
- ☑ 社会的な課題

《 演 習 問 題 》

1 日本の選挙制度に関する記述として, 妥当なものはどれか。

1 比例代表制は, 他の制度に比べ, 少数政党の議席を確保しやすい特質を持つ一方, 死票が多くなりやすい。

2 比例代表制のうち, 日本の衆議院で導入されている制度は非拘束名簿式, 参議院において採用されている制度は拘束名簿式と呼ばれている。

3 近年の改正により, 参議院選挙において複数の県を一つの選挙区とする合区が解消され, 都道府県ごとの選挙区に再編された。

4 最高裁判所は, 国会議員の選挙において, 一票の格差が一定以上に拡大した際, 選挙を無効とする判決を下したことがある。

5 最高裁判所は, 衆議院の区割りにおいて採用されていた一人別枠方式について, その合理性は失われたと判断した。

2 アメリカの政治制度に関する記述として，妥当なものはどれか。

1　大統領は，有権者による直接選挙によって選出される。1回目の得票で過半数を得た者がいない場合には，上位2名による決選投票が行われる。

2　連邦議会は，上院と下院の二院制である。下院には予算先議権がある一方，上院には大統領による条約締結と人事の承認についての同意権がある。

3　大統領は，行政府の長として職務を行う。行政上必要な場合には，自ら連邦議会に対して，法律案や予算案を提出することができる。

4　連邦議会は，大統領の不信任を決議することができる。議会において3分の2以上の多数で不信任案が可決されると，大統領は失職する。

5　連邦最高裁判所の判事は，大統領によって任命される。なお，定年に達した場合，あるいは国民審査において罷免を可とする投票が多い場合には，失職する。

3 衆議院と参議院に関する記述として，妥当なものはどれか。

1　衆議院議員の任期は4年で，解散はなく，被選挙権は30歳以上である。

2　参議院議員は3年ごとに半数が改選され，小選挙区と比例代表により選出される。

3　予算の議決については，参議院が衆議院と異なる議決をし，両院協議会を開いても意見が一致しないときは，衆議院において再び審議のうえ採決して，参議院に諮らなければならない。

4　内閣総理大臣の指名については，参議院が衆議院の指名後10日以内に指名の議決をしないときは，両院協議会を開かなければならない。

5　衆議院で可決した法律案を参議院が否決した場合，衆議院において出席議員の3分の2以上の多数で再び可決したときは，法律となる。

4 日本の国会と内閣に関する記述として，妥当なものはどれか。

1　内閣総理大臣は，衆議院議員の中から国会によって指名される。その後，天皇による任命を経て就任する。

2　内閣が締結した条約は，国会の承認を得なければならない。この場合，衆議院，参議院の権限は対等である。

3　予算案は，内閣によって国会に提出される。法律案については，一定の要件の下，国会議員によって提出されることもあるが，内閣提出法案が多

くの割合を占める。
4　衆議院において内閣不信任決議案が提出された場合，内閣は10日以内に衆議院が解散されない限り，総辞職しなければならない。一方，参議院における内閣総理大臣への問責決議については，法的拘束力はない。
5　内閣は，天皇の国事行為への助言という形で，衆議院および参議院を解散することができる。ただし，参議院に対する解散権の行使の際には，衆議院の同意が必要となる。

5　政党に関する記述として，妥当なものはどれか。
1　政党は，特殊利益の実現のために活動する組織であり，政権を担ったり，それを批判し監視したりすることを目的としていないことが，他の社会集団と異なる点である。
2　政党は，利益集団等と比較して，組織的な失敗があった際にその責任が不明確になりにくいという特徴がある。
3　アメリカの政党は，組織の規律が厳格であり，所属議員が党の決定に反する行動に至ることはまれであるが，イギリスの政党は，組織としてのまとまりが緩やかである。
4　二大政党制は，小選挙区制が導入されている国においてみられる体制であるが，国民の支持の動向によってはそれが変動する場合がある。
5　一党制は，複数政党が選挙などを通じて競争した結果，特定の政党が大きな力を持つに至った体制である。

6　各国の議会に関する記述として，妥当なものはどれか。
1　アメリカは，上院，下院の二院制であるが，予算の先議権，大統領が決定する人事や条約についての承認権を下院が独占している。
2　イギリスでは，下院優位の原則が確立しており，内閣は下院の信任を前提に成り立ち，また首相は下院議員から任命される。
3　フランスの国民議会は，大統領に対する不信任権を持つ一方で，大統領は国民議会を解散することができる。
4　中国の人民代表大会は，国民からの直接選挙によって選出された代表によって構成されている。
5　ドイツの議会は，内閣に対する不信任権を持っているが，戦後その乱発によって首相のポストが空白になる事態を度々招いている。

[7] **欧州連合 (EU) に関する記述として，妥当なものはどれか。**

1　マーストリヒト条約の発効に伴い，大統領と外相のポストが新設された。

2　加盟国の国民には，直接投票によって欧州議会の議員を選出する権利が与えられている。

3　イギリスでは，国民投票において欧州連合に残留すべきとする票が多数を占めたことにより，世論を二分した論争が続いた。

4　閣僚理事会では，発足時に採用されていた特定多数決制は廃止され，原則として，各加盟国が議決について対等な権利を持っている。

5　欧州連合の加盟国には，自国において発行してきた通貨を廃止し，統一通貨ユーロを導入することが義務付けられる。

[8] **国際連合に関する記述として，妥当なものはどれか。**

1　総会において重要事項を決定する際，3分の2以上の賛成を得ることが要件となるが，議決の効力はその多くが勧告的なものにとどまる。

2　安全保障理事会において実質事項を決定する際，10カ国以上の賛成とともに，常任理事国が拒否権を行使しないことが要件となる。

3　経済社会理事会は，15カ国の理事国で構成され，経済および社会問題全般に関して必要な調査を行うが，議決や勧告を行う権限は与えられていない。

4　信託統治理事会は，信託統治の下に置かれた国の独立を支援する役割などを担ってきたが，このしくみの下で南スーダンが独立して以降，実質的な活動は行っていない。

5　国際司法裁判所は，国境をまたぐ個人や国が裁判の当事者となり，紛争の解決をはかる裁判所であるが，裁判の開始には双方の同意が必要となる。

[9] **政治思想に関する記述として，妥当なものはどれか。**

1　プラトンは，勇気を体現する防衛者と節制の徳に従う生産者を哲学者が統治するとき，理想の国家が成立するとした。

2　フィルマーやボシュエは，神がローマ教皇を通じて国王に統治権を与えたとする立場から，王権神授説を批判した。

　3　モンテスキューは，立法権を持つ議会が行政権や外交権を統制すること
　によって理想的な統治が実現するとした。
　4　ホッブズは，人々によって形成された一般意思に自然権を譲渡すべきと
　する思想を展開し，フランス革命に大きな影響を与えた。
　5　ルソーは，自然権を人々が保有したままでは万人の万人に対する闘争状
　態に陥るとして，自然権は個人や合議体に譲渡すべきであるとした。

10　日本の地方自治に関する記述として，妥当なものはどれか。
　1　地方自治の本旨のうち，住民の意思に基づいて地方自治体を運営すべき
　であるという原理は，団体自治と呼ばれる。
　2　法定受託事務とは，地方自治体が行う事務のうち，国によってその内
　容を定められ，委託される事務である。
　3　大日本帝国憲法の中には，地方自治に対する規定が盛り込まれていた
　が，その内容は極めて限定的なものであった。
　4　地方自治体の首長は，理由を明らかにした上で任意に地方議会を解散す
　る権限を持っている。
　5　条例の制定や改廃について，有権者の50分の1以上の署名が首長に提
　出されると，その制定や改廃が直ちに実施される。

11　警察の組織に関する記述として，妥当なものはどれか。
　1　国家公安委員会は，警察庁と都道府県警察を管理している。
　2　警察庁は，国家公安委員会の管理の下，重大サイバー事案に係る犯罪
　の捜査その他の重大サイバー事案に対処するための警察の活動に関する事
　務をつかさどっている。
　3　警察庁や都道府県警察の職員は，警察官及び一般職員で構成されてい
　る。
　4　女性警察官の数は頭打ちで，近年は減少傾向にある。
　5　警察庁には，その地方機関として，東京や北海道を含む六つの管区警
　察局が設置されている。

12 日本国憲法と大日本帝国憲法に関する記述として，妥当なものはどれか。

1　日本国憲法は民定憲法であるのに対して，大日本帝国憲法は欽定憲法である。両者の相違は，誰によって制定されたかという違いに基づくものである。

2　大日本帝国憲法にも，社会権，自由権，平等権などの権利が定められていた。ただし，それらには法律の留保が付されていた。

3　日本国憲法には，自由権，平等権，社会権，参政権，請求権といった人権が定められている。一方で，国会が公共の福祉に反すると判断した場合には，これらの権利を法律によって制限できる。

4　大日本帝国憲法においても，日本国憲法においても，地方自治についての規定が置かれた。一方で，戦前の地方自治は極めて限定されたものであった。

5　日本国憲法には，国民の義務の規定が置かれていないのに対して，大日本帝国憲法においては，兵役や納税の義務が定められていた。日本国憲法に国民の義務に関する条文がないのは，戦前の人権弾圧への反省を踏まえたものである。

13 日本の法に関する記述として，妥当なものはどれか。

1　最高法規である憲法の改正は，衆議院と参議院において総議員の3分の2以上の多数によって発議された後，国民投票の過半数の賛成によって成立する。

2　法律の制定や改正には，原則として衆議院と参議院における可決が求められ，衆議院には法律案についての先議権が認められている。

3　内閣が定める政令は，法律の範囲内で細部における規定を定めるものに過ぎないから，最高裁判所による違憲審査の対象外とされている。

4　裁判所において定められる訴訟規則は，司法権の独立をはかるために法律より優位に位置づける旨が憲法に規定されている。

5　同一の行為について，地方ごとに犯罪とされるケースや刑罰が異なることは，憲法上許されないと解釈されている。

14 日本の裁判制度に関する記述として，妥当なものはどれか。

1　司法権の独立を確保するため，裁判官には特別の身分保障があり，罷免されるのは，公の弾劾の場合，国民審査において罷免を可とする投票が

多数を占めた場合に限られる。

2　最高裁判所の長官を任命するのは天皇であり，最高裁判所の長官以外の裁判官および下級裁判所の裁判官を任命するのは内閣である。

3　裁判官の懲戒処分に行政機関が関与することはできないが，重大な事件に限り，例外的に内閣の決定によって懲戒処分が行われる。

4　重大な刑事裁判では，市民から選ばれた裁判員が有罪か無罪かを決定し，有罪の場合，裁判官が量刑を決定する。

5　最高裁判所において判決が確定した後，それを覆す新しい証拠などが発見された場合には，民事事件，刑事事件ともに再審が行われる。

[15]　令和4年4月1日に施行された改正警察法に関する記述として，妥当なものはどれか。

1　警察庁には，内部部局として，長官官房及び生活安全局，刑事局，交通局，警備局，情報通信局の5局が置かれている。

2　サイバーセキュリティが害されることその他情報技術を用いた不正な行為により生ずる個人の生命，身体及び財産並びに公共の安全と秩序を害し，又は害するおそれのある事案を重大サイバー事案という。

3　国家公安委員会は，サイバー事案に係る犯罪の捜査その他のサイバー事案に対処するための警察の活動に関することについて，警察庁を管理する。

4　国外に所在する者であってサイバー事案を生じさせる不正な活動を行うものが関与する事案は，重大サイバー事案である。

5　犯罪の取締りのための情報技術の解析に関することは，サイバー警察局の所掌事務に含まれない。

[16]　日本国憲法に定められた天皇の国事行為に関する記述として，妥当なものはどれか。

1　国会の指名に基づき，内閣総理大臣を任命する。

2　内閣の指名に基づき，下級裁判所の裁判官を任命する。

3　国会の議決に基づき，衆議院を解散する。

4　裁判所の助言に基づき，恩赦を決定する。

5　選挙結果に基づき，都道府県知事を任命する。

17　日本国憲法に定められた基本的人権に関する記述として，妥当なものはどれか。

1　幸福追求権を定めた条文の内容は，最高裁判所によってプログラム規定であるとされ，具体的な権利としての性質は否定されている。

2　行政機関などに対して平穏に請願する権利については，それを行使したことによって不利益な扱いを受けない旨が定められている。

3　表現の自由を保障するため，行政機関などによる検閲は許されない旨が定められており，裁判所による出版の差し止めも禁じられている。

4　平等権を保障し，特定の者に特権を与えることを防ぐために，国が栄典を授与することは禁じられている。

5　公務員の不法行為によって損害を受けた国民は，その公務員個人に対して損害賠償を請求できる旨が定められている。

18　日本国憲法の改正とその手続等に関する記述として，妥当なものはどれか。

1　日本国憲法は，日本が独立を回復したサンフランシスコ講和条約発効時にわずかな修正が行われたものの，それ以降に改正されたことがなかった。

2　日本国憲法は，形式的には大日本帝国憲法の改正手続を経て制定されたものの，連合国軍総司令部が示した原案に手を加えずに成立したため，そのことがいわゆる「押しつけ憲法論」の論拠となった。

3　日本国憲法改正案の発議にあたり，衆議院と参議院において総議員の3分の2以上の賛成が必要となるが，この点において衆参両院は対等の権限を持っている。

4　日本国憲法の改正にあたって行われる国民投票に参加する権利は，20歳以上の国民に与えられている。

5　憲法の改正が成立すると，内閣総理大臣は，国民の名において公布し，その後施行に向けた手続きが行われる。

19　日本の刑事訴訟手続に関する記述として，妥当なものはどれか。

1　日本では，刑事施設に収容している場合を除けば，検察官が発行する逮捕令状なしに身柄を拘束されることはない。

2　重大な刑事事件については，裁判官とともに希望者の中から選ばれた裁判員が参加する法廷において裁判が行われる。

3 検察官が起訴しなかった事件については，裁判員が起訴すべきであると 2度にわたって議決した場合，検察官役の弁護士を選出することにより刑 事裁判が行われる。

4 検察官は，証拠隠滅の恐れがあると判断した場合，被疑者が弁護人を 選出する権利を起訴するまでの間停止することができる。

5 本人にとって不利な自白が唯一の証拠である場合，有罪とされ刑罰を科 されることはない。

20 21世紀に行われた法改正に関する記述として，妥当なものはどれか。

1 外国人労働者の受け入れについての要件が厳格化され，単純労働者の受 け入れが禁止された。

2 成人年齢の引き下げにより，飲酒や喫煙についても可能となる年齢が18 歳以上と定められた。

3 婚内子と婚外子による相続については，婚内子がより多くの財産を取得 できるように規定された。

4 公職選挙法の改正により，候補者はインターネットを利用して政策を訴 え，投票の呼びかけを行うことができるようになった。

5 働き方改革関連法の成立により，一定以上の年収を得ている者について 労働時間に関する保護の対象から外す高度プロフェッショナル制度が廃止 された。

21 日本の刑事手続に関する記述として，妥当なものはどれか。

1 被疑者を逮捕する際には，裁判官が発行する逮捕令状が必要であるが， 一定の要件を満たした場合には，その令状が不要とされる場合がある。

2 抑留や拘禁を受ける場合，弁護人に依頼する権利が与えられるが，それ が犯罪の被害者に不利な影響を及ぼすことが明白な場合には，例外的にそ の権利の付与が停止される。

3 捜索や押収を行う際には，検察官が発行する令状が必要である。

4 被告人による自白のみが唯一の証拠である場合であっても，裁判官がそ れを信用に足るものであると判断すれば，その被告人を有罪とすることが できる。

5 抑留や拘禁後に無罪の判決を受けた場合であっても，それを補償する ルールや制度がないことが課題となっている。

22 国際金融制度に関する記述として，妥当なものはどれか。

1　IBRDは，主として，短期資金の融資と為替と通貨に関するルールの策
定などを任務としている。

2　IMFは，途上国などに対し，長期資金を融資することを任務としてお
り，ブレトンウッズ協定に基づいて設立された。

3　BISは，銀行の自己資本比率について，一定の要件を満たさないと国際
業務ができないルールを定めている。

4　IFCは，比較的緩やかな条件で途上国に対する融資をおこなうことを任
務としているが，原則として，政府機関以外が融資を受けることはできな
い。

5　外国の政府，企業，個人等に国債を売却した場合，その支払いを免れ
ることはできず，債務不履行に陥った例は存在しない。

23 国民所得計算に関する記述として，妥当なものはどれか。

1　家事やボランティアによる労働分は，国民所得計算に算入される。

2　農家の自家消費や持ち家について計算された家賃は，国民所得計算に算
入されない。

3　外国企業が日本において生産し，その利益を送金した分は，国内総生
産（GDP）には含まれない。

4　国内純生産（NDP）から間接税を差し引き，補助金を加えると，国内所
得（DI）が求められる。

5　国民総生産（GNP）は，一国の経済規模を計算するために，フローとス
トックの数値を合算して求められる。

24 日本の国債に関する記述として，妥当なものはどれか。

1　財政法には，公共事業，貸付金や出資金の原資として特例国債を発行
できる旨が定められている。

2　国債は，第二次世界大戦後になって初めて発行された有価証券である。

3　金融秩序を守るため，国債は，額面以外での取引が禁じられている。

4　原則として，政府が発行した国債を日本銀行が直接引き受けることはで
きない。

5　国債の償還期限が到来した場合，その償還の財源として新たな国債を発
行することはできない。

25 景気に関する記述として，妥当なものはどれか。
1 好景気になると企業の資金需要は活発となるが，不良債権も拡大するので，銀行の貸し渋りが目立つようになる。
2 景気循環のうち，コンドラチェフの波とは，企業の在庫調整に起因するとされる短期波動の波で，約40ヵ月周期で起きる。
3 一般に景気が悪化すると，貿易収支も赤字になる。
4 雇用が悪化し賃金が低下する一方で，インフレーションが起こり，貨幣や預貯金の価値が低下するため生活水準も下がることをデフレスパイラルという。
5 景気を刺激するため，日銀が市場から債権を買い上げて資金の供給量を増やすことを，買いオペレーションという。

26 経済指標に関する記述として，妥当なものはどれか。
1 消費者物価指数は，消費者が購入する財やサービスの価格の変動を示す指数であり，日本銀行によって発表される。
2 企業物価指数は，企業間相互で取引される財やサービスの価格の変動を示す指標であり，総務省によって発表される。
3 物価の上昇が継続すると，実質国内総生産が名目国内総生産を下回る状態が続く。
4 海外からの純要素所得がプラスであれば，国民総所得が国内総生産を下回る。
5 各国のマクロ経済の動向を示すために用いられている経済成長率は，国民総生産の変化率をもとに算出されている。

27 外国為替市場に関する記述として，妥当なものはどれか。
1 変動為替相場制は，各国通貨の交換比率を固定し，その比率以外での取引を禁ずる制度である。
2 一般に，ある国の通貨が市場において売却される動きが加速すると，その通貨の価値は上昇する。
3 外国為替市場において円安が急速に進むと，輸出に依存する日本企業には有利な影響を及ぼす。
4 日本は，固定為替相場制と国際金本位制を柱とするブレトンウッズ協定に当初より参加していた。

5　スミソニアン合意によって，主要国は固定為替相場制から変動為替相場制に移行した。

28　日本の財政に関する記述として，妥当なものはどれか。

1　予算が年度当初までに成立しない場合には，補正予算が編成され，当面必要な歳出等がまかなわれる。

2　予算の執行の途上において情勢の変化などがあった場合には，暫定予算が編成され，歳出等の変更が行われる。

3　国債の元本の償還や利子の支払を除いた歳出が，国債により調達した資金を除く歳入より大きい場合，プライマリーバランスは赤字の状況である。

4　国債残高の増加に伴い，21世紀に入り，国債費が日本の一般会計予算における最大の歳出項目となる状況が続いている。

5　財政投融資について，年金など公的な信用によって集めた資金は，その全額が財務省資金運用部に預託される。

29　日本の地方財政に関する記述として，妥当なものはどれか。

1　三位一体の改革は，地方の自立性を高める目的で実施された。その一環として，地方交付税が見直される一方，国から地方に使途を定めて交付する補助金が廃止された。

2　地方自治体の財政が破綻すると，財政再生団体の指定を受ける。この場合，国などによって債務の全額が減免される一方，それ以降の予算編成については，大きな制約を受ける。

3　地方債の発行による資金は，使途が限定される特定財源である。地方債の発行の際には，財務大臣による許可が必要になる。

4　地方財政の歳入は，自主財源と依存財源に大別される。前者の代表的なものは，地方税や手数料による収入などであり，後者の例としては，地方債や地方交付税交付金などが挙げられる。

5　たばこに関する税は，地方財政における貴重な財源となっている。近年，地方の財政基盤を強固なものとするために，国のたばこ税を廃止し，その分，地方の税収を増やす措置が講じられた。

30 令和4年警察白書におけるサイバー犯罪に関する記述として, 妥当なものはどれか。

1 令和3年中において, サイバー犯罪の検挙件数が過去最多を記録した。

2 令和3年中において, ランサムウェアによる被害は前年に比べて減少したものの, インターネットバンキングに係る不正送金事犯による被害が拡大した。

3 ランサムウェアによる被害の報告件数について, 被害企業・団体等の規模別にみると, 大企業の方が圧倒的に多くなっている。

4 我が国においては, 不正プログラムや不正アクセスにより機密情報が窃取された可能性のあるサイバーテロが発生している。

5 都道府県警察のサイバー事案対策部門へ技術的な面から支援を行う部隊であるサイバーフォースは, 重要インフラ事業者等に対する情報提供等, もっぱら未然防止に努める機関である。

31 経済学説に関する記述として, 妥当なものはどれか。

1 マンは, 国家が保有する金を増やすべきであるとする説を批判し, 重商主義の立場から, 自由貿易によって国家を富ませることを経済政策の中心に据えるべきであると主張した。

2 アダム・スミスは, 国家による経済の統制を「見えざる手」と呼び, 自由放任主義的な政策を批判した。

3 リカードは, 貧困の防止や解決のためには人口増加の抑制が不可欠であることを明らかにした。

4 マルクスは, 資本主義の下では利潤率が上昇することは避けられず, その反動としての恐慌の必然性を説いた。

5 ケインズは, 有効需要の不足が不況の原因であると指摘し, 公共投資の増額は乗数倍の国民所得の増加をもたらすと主張した。

32 完全競争市場と市場の失敗に関する記述として, 妥当なものはどれか。

1 完全競争市場では, 消費者が価格受容者として行動するのに対し, 生産者は価格先導者として行動する。

2 完全競争市場の下で通常の財の生産について技術革新が進むと, その価格は低下し, 取引量は増加する。

3　ある財の生産が1つの経済主体によって担われた場合，その利潤は必ず正となる。

4　ある経済主体の行動が市場を介さずに他に好ましい影響を与えている場合，望ましい均衡点に比べ，価格は過小に，取引量は過大となる。

5　レモンの原理とは，売り手と買い手に情報の非対称があった場合において，品質の悪い財が市場に出回らなくなる事象を意味する語である。

33　**金融に関する記述として，妥当なものはどれか。**

1　資金が過剰な部門から不足する部門への融通を金融といい，そのうち，銀行を介在させる形態は直接金融に分類される。

2　中央銀行は，発券銀行，銀行の銀行，政府の銀行としての役割などを担う銀行であり，日本では日本銀行，アメリカでは連邦準備制度理事会がこれにあたる。

3　信用創造とは，預金のうち準備金の部分を貸し付け，それが再び預金として預け入れられるといったプロセスを繰り返すことによる生じる現象であり，近代化の中で，急速に衰退した。

4　中央銀行が有価証券の買入を急速に増加させることは，市場の金利を引き上げる要因となる。

5　中央銀行が市中銀行から預かった預金にマイナスの金利を適用することは，国際的な取り決めによって禁止された。

34　**日本の税制に関する記述として，妥当なものはどれか。**

1　日本の税収における直間比率は，戦後のシャウプ勧告を反映して間接税の方が高かったものの，消費税の導入を契機として直接税の比率が高まった。

2　アベノミクスは，機動的な財政政策，大胆な金融緩和，成長戦略などを柱にしていたが，これらの政策を実現するための財源を調達するため，法人税は大幅に引き上げられた。

3　当初，申告と納税を求める対象は売上高1,000万円以上の事業者とされていたが，中小企業の負担を減らすためにその基準額が3,000万円以上に引き上げられた。

4　2019年の10月に消費税率が10％に引き上げられる一方，外食や一部の嗜好品を除く食料品については8％に据え置く措置が講じられた。

5 軽減税率の導入にあたり，定期購読の日刊新聞の料金については，その対象から除外された。

35 **国際経済に関する記述として，妥当なものはどれか。**

1 ブレトンウッズ協定に基づき，国際金本位制と固定為替相場制を柱とするルールが定められるとともに，国際復興開発銀行と国際通貨基金が設立された。

2 アメリカのニクソン大統領は，独自の基準に基づいて金とドルを一定割合で交換することを宣言し，いわゆるニクソン・ショックと呼ばれる混乱をもたらした。

3 スミソニアン合意は，オイルショックによってもたらされた混乱を収束させるために，国際金本位制を廃止することを定めた合意である。

4 キングストン合意により，主要国間の為替取引における固定為替相場制が復活したものの，合意から数年後にこの合意が破棄されるに至った。

5 プラザ合意は，ドル安を是正するための協調介入を柱としており，その後の推移は日本経済にも大きな影響を与えた。

36 **貿易に関する記述として，妥当なものはどれか。**

1 経済連携協定（EPA）は，途上国相互が先進国と対抗することを目的として結ばれる協定であり，先進国の製品に高い率の関税をかけることが特徴である。

2 世界貿易機関（WTO）は，戦後貿易のルールの策定や交渉を担ってきたITO（国際貿易機関）における交渉分野を拡大するとともに，紛争処理能力を向上させることなどを目的として設立された。

3 自由貿易協定（FTA）は，特定の国や地域と財やサービスの取引の自由化を図ることなどを柱とした協定であり，日本が戦後初めてこれを結んだ相手はシンガポールである。

4 環太平洋パートナーシップ協定（TPP）は，自由貿易や経済交流を強力に進める内容を含んでおり，アメリカは原加盟国として主導的な役割を果たした。

5 リカードは，『経済学および課税の原理』において，保護貿易によって幼稚な産業を保護すべきであるとの主張を展開した。

37　日本の労働法制や労働事情に関する記述として，妥当なものはどれか。

1　労働基準法，労働関係調整法，労働安全衛生法を総称して，労働三法という。

2　労働者に時間外労働をさせる場合には，原則として通常より割り増した賃金を払うことが事業主に義務付けられている。

3　非正規雇用が増加したこと，それに伴う労働条件が厳しさを増したことから，労働組合の組織率が上昇し，4割を上回った。

4　労働組合に対する不当労働行為の典型例として，ストライキに対抗して事業者が作業所を閉鎖するロックアウトが挙げられる。

5　労働争議が生活に深刻な影響を与えることが懸念される場合，都道府県知事は緊急調整を宣言し，一定期間争議行為を禁止することができる。

38　日本の環境についての施策等に関する記述として，妥当なものはどれか。

1　公害の深刻化を受けて環境基本法が廃止され，公害対策基本法が制定された。

2　地球温暖化防止のための新しいルールを定めたパリ協定について，日本政府代表団は採択にあたり賛成の立場を表明し，その内容を高く評価した。

3　温室効果ガスの排出に対して課税する環境税の導入については，日本経済への悪影響が懸念されることから見送られた。

4　容器包装リサイクル法が改正されたものの，店舗においてレジ袋を使用する際，店舗が負担する形式は変わらなかった。

5　家電リサイクル法が改正され，廃棄される特定の家電について，事業者が消費者に引き取りの際に対価を支払う制度が新設された。

39　日本の情報通信産業に関する記述として，妥当なものはどれか。

1　2020年の情報通信産業の名目GDPは51.0兆円であり，前年と比較すると2.5％の増加となった。

2　2020年度の日本の民間ICT市場（ICT投資額）は，新型コロナウイルス感染症の感染拡大を背景とした業績不振などにより，前年度より減少した。

3　2020年度の電気通信事業の売上高は，前年度に引き続き増加傾向となっている。

4　2021年度末の電気通信事業者数は，前年度に引き続き減少傾向となっている。

5　2021年11月時点での10km²当たりの5G基地局数は，地域によって整備状況に差が見られない。

[40]　**日本の社会保険や公的扶助に関する記述として，妥当なものはどれか。**

1　最高裁判所によれば，日本国憲法には健康で文化的な最低限度の生活を営む権利が規定されており，これを下回ると考えた国民は，この条文を根拠として訴訟を提起することができる。

2　日本の医療保険は，戦前においては，自営業者などが加入する国民健康保険，被用者が加入する健康保険，公務員などが加入する共済保険が併存していたが，戦後国民健康保険に統合された。

3　日本の年金制度は，自営業者，公務員，民間の被用者などが，一元的に国民年金に加入することによって成り立っており，負担・給付ともに一律となっている。

4　民間の被用者は労災保険に加入しているが，この特徴として業務上の傷病の際，原則として本人の負担なしで医療サービスが受けられ，また，保険料も本人負担がないことが挙げられる。

5　生活保護は，一定の所得に満たない者に対し生活費相当分を一律に支給する制度である。

[41]　**わが国の社会保険制度に関する記述として，妥当なものはどれか。**

1　年金保険は，現役世代から徴収した保険料でまかなう賦課方式がとられているが，保険料の未納が深刻化していることから，制度が見直された。

2　年金保険には国民年金，厚生年金があり，いずれも収入に応じた保険料が徴収される。

3　わが国の健康保険は国民皆保険制度が土台となっているが，高齢化が進んで医療費が増大するなか，いかに国民皆保険を持続可能としていくかが課題となっている。

4　健康保険法の改正を受けて，現役並みの所得を有する70歳以上の窓口負担が2割から1割になった。

5　介護保険の財源は，被保険者からの保険料と国費でまかなわれている。

42 **日本の雇用と労働に関する記述として，妥当なものはどれか。**

1　男性の育児休業取得率は年々増加していて，令和3年度は民間企業で約25％に達した。

2　令和4年度のパートタイム労働者比率は，前年度より下がった。

3　令和4年度の所定外労働時間（就業形態計）は，前年度より減少した。

4　労働者全体の賃金の動きを見ると，令和4年度の名目賃金は増加したが，実質賃金は減少している。

5　テレワークの導入状況を見ると，コロナ下の令和2年に急増し，令和4年には企業の約7割が導入している。

43 **日本の少子高齢化に関する記述として，妥当なものはどれか。**

1　70歳以上の老年人口が総人口に占める割合を，高齢化率という。

2　高齢化率が14％を超えた社会を，高齢化社会という。

3　日本は，2007年以降，超高齢社会となっている。

4　第2次ベビーブーム以降，出生数は減少傾向にあり，合計特殊出生率も年々低下している。

5　少子化に伴い，年少人口は減少しているが，高齢者数が増えているため，総人口は減少していない。

44 **労働組合と労働運動に関する記述として，妥当なものはどれか。**

1　戦前の日本では，大日本帝国憲法において労働者の団結権などの諸権利が定められていたものの，労働運動は治安警察法や治安維持法を根拠に激しい弾圧にさらされた。

2　国際労働機関（ILO）は国際連盟と同時に発足したが，日本が初めて加盟したのは，日本国憲法が制定された後であった。

3　使用者側が労働組合に対して財政援助を行うことは，労働組合法により不当労働行為の1つとして禁じられている。

4　日本の労働組合の組織率は，非正規雇用の割合の増加に伴って上昇する傾向にあり，概ね4割前後で推移している。

5　労働争議に関する中央労働委員会による決定は，その事件については終審とされ，法的拘束力を持つ。

45 2020年に行われた国勢調査に関する記述として，妥当なものはどれか。

1 2020年10月1日現在における日本の人口は，1億2千万人を下回った。

2 15歳未満人口の割合は世界で最も低い水準であり，65歳以上人口の割合は世界で最も高い水準となった。

3 一般世帯数及び一般世帯の1世帯当たり人員は，2015年に引き続きどちらも減少した。

4 東京圏（東京都，神奈川県，埼玉県，千葉県）を除く43道府県では，人口が減少した。

5 労働力率は，男性，女性とも，2015年に比べて低下した。

46 日本における消費者保護に関する記述として，妥当なものはどれか。

1 独占禁止法には，私的独占の禁止など，消費者の保護に関連する内容も定められており，同法の運用については消費者安全調査委員会が担当している。

2 製造物責任法により，欠陥のある製品の製造に関わった企業等は，故意や過失が被害者により立証されなくても，賠償責任を負う場合がある。

3 クーリングオフとは，取引の不当性を立証することを前提に，消費者が定められた期間内であれば一方的に契約を解除できるしくみである。

4 消費者保護，安全の確保，消費者啓発を目的として，経済産業省の下に消費者庁が置かれている。

5 各地方自治体には，消費者からの苦情などを受け付け，問題の解決をはかるため，国民生活センターが置かれている。

47 環境問題に関する記述として，妥当なものはどれか。

1 パリ協定は，温室効果ガスの排出削減について，初めて数値目標を定めた国際的なルールである。

2 京都議定書が期限切れを迎える際，日本政府はその延長を強く主張し，新たな枠組みをつくるために積極的な役割を果たした。

3 1972年に開かれた国連人間環境会議を踏まえ，世界環境保護基金が設立された。

4 2017年に発効した水俣条約により，水銀および水銀を使用した製品の製造と輸出入は規制されることになった。

5 バーゼル条約により，有害な紫外線から人間や自然を守るはたらきを担ってきたオゾン層を破壊する物質の排出は，国際的に規制されている。

48 日本の犯罪や事故に関する記述として，妥当なものはどれか。

1　刑法犯の認知件数は，平成8年から毎年戦後最多を更新し，令和3年も戦後最多となった。

2　刑法犯の検挙率は，平成7年から毎年低下し，令和3年には戦後最低を記録した。

3　殺人の認知件数は，平成16年から28年までは減少傾向にあり，その後はおおむね横ばいで推移していたが，令和3年は戦後最少であった。

4　令和3年中の交通事故による死者数は6年連続で増加し，前年に引き続き，警察庁が統計を保有する昭和23年以降の最多を更新した。

5　状態別人口10万人当たり死者数をみると，自動車乗車中，二輪車乗車中，自転車乗用中，歩行中の順に多い。

49 社会集団の類型についての諸学説に関する記述として，妥当なものはどれか。

1　高田保馬は，自然的な結び付きをもとに血縁や地縁により成立する社会を基礎社会と呼び，そこから発展する派生社会と区別した。

2　ギディングスは，本質意志によって支えられる社会をゲマインシャフト，選択意志によって成り立つ社会をゲゼルシャフトと分類した。

3　テンニースは，自然発生的に生じる社会を生成社会，人為的に形成される社会を組成社会と呼び，後者の例として教会や職業集団などを挙げた。

4　マッキーバーは，包括的な共同関心に支えられた社会をアソシエーションと呼び，その例として村や町を挙げた。

5　クーリーは，成員相互の間接的接触によって特徴づけられる集団を第2次集団とする説を提唱した。

50 マイナンバーカードに関する記述として，妥当なものはどれか。

1　マイナンバーとは，外国人を除き，日本に住民票を有する人が持つ12桁の番号である。

2　マイナンバーは，社会保障，税，災害対策の3分野で，複数の機関に存在する個人の情報が同一人の情報であることを確認するために活用される。

3　マイナンバーカードは，マイナンバーの通知後，全員に交付される顔写真入りのプラスチック製カードである。

4　マイナンバーカードの電子証明書（公的個人認証）の利用には，マイナンバーが使用される。

5　小学生・中学生がマイナンバーカードを受け取る際には，子ども（申請者本人）と一緒に親（法定代理人）も同伴しなければならない。

《 解　答・解　説 》

[1] 5

解説　1．比例代表制は，落選者への投票である死票が他の制度より少なくなる傾向にある。　2．衆議院と参議院の記述が逆である。　3．2016年に行われた参議院選挙から，一部の選挙区において合区が導入された。　4．国会議員の選挙が無効とされた判決はない。なお，一票の格差について「違憲」あるいは「違憲状態」と判断したことはある。　5．正しい。なお，一人別枠方式とは，小選挙区の議席を決める際，はじめに各都道府県に1議席ずつ割り振り，残りを人口において配分するものである。

[2] 2

解説　1．誤り。アメリカの大統領は，有権者による一般投票により大統領選挙人が選出され，大統領選挙人によって大統領が選ばれるため，間接選挙に分類される。　2．正しい。アメリカの連邦議会は，州ごとに人口に比例して議席が配分される下院（代議院）と，州ごとに2名ずつ選出される上院（元老院）の二院によって構成されている。　3．誤り。アメリカの大統領は，法律案や予算案を提出することはできない。ただし，教書を送付することによって議会に協力を要請することができる。　4．誤り。連邦議会は，大統領に対する不信任権を持たない。ただし，大統領が収賄罪，国家反逆罪などの罪を犯したときには，弾劾できる旨が憲法に定められている。　5．誤り。アメリカの連邦最高裁判所の判事が大統領によって任命されるという点は正しいが，その任期は終身であるため，定年はない。また，日本のような国民審査の制度はない。しかし，弾劾裁判制度はあるので，罷免される可能性がある。

3 5

解説　1．誤り。衆議院議員の任期は4年であるが，解散があれば任期途中でも資格を失う。また，被選挙権は，衆議院議員は25歳以上，参議院議員は30歳以上である。なお，参議院の任期は6年で，解散はない。　2．誤り。参議院議員は3年ごとに半数が改選され，合区を含めた都道府県単位の選挙区選挙と比例代表選挙により選出される。　3．誤り。予算の議決については，参議院が衆議院と異なる議決をし，両院協議会を開いても意見が一致しないときは，衆議院の議決がそのまま国会の議決となる。　4．誤り。内閣総理大臣の指名については，参議院が衆議院の指名後10日以内に指名の議決をしないときは，衆議院の議決がそのまま国会の議決となる。　5．正しい。衆議院で可決した法律案を参議院が否決した場合は，衆議院において出席議員の3分の2以上の多数で再び可決すれば，法律案は成立する。衆議院の議員総数ではなく，出席議員の3分の2であることに注意すること。なお，両院の意思の調整を図るため，両院協議会の開催を求めることもできる。

4 3

解説　1．誤り。内閣総理大臣は，国会議員の中から国会によって指名される。　2．誤り。衆議院が承認した条約については，参議院が30日以内に議決しない場合，および参議院が承認せず，両院協議会において意見が一致しない場合には，衆議院の議決が国会の議決となる。　3．正しい。法律案は，国会議員によって提出されることもあるが，成立している多くの法律が内閣によって提出されている。　4．誤り。10日以内に衆議院が解散されない限り内閣が総辞職しなければならないのは，内閣不信任決議案が可決された場合，または内閣信任決議案が否決された場合である。つまり，「提出された場合」ではなく，「可決された場合」である。第2文については正しい。
5．誤り。参議院には解散の制度がないので，誤りである。衆議院については，天皇の国事行為への助言と承認という条文を援用して，内閣が衆議院の解散を決定できるという解釈や運用が定着している。

⑤ 4

解説 1. 誤り。選択肢の文は，利益集団・圧力団体についての記述である。政党は，政権の獲得やその批判・監視を主な目的としている。 2. 誤り。政党は，組織的な失敗があった場合，選挙の敗北という形で責任が明確になる。 3. 誤り。アメリカとイギリスについての記述が逆である。 4. 正しい。小選挙区制が導入されているアメリカやイギリスは二大政党制の代表例とされてきたが，イギリスでは，地域政党なども台頭しつつある。 5. 誤り。選択肢の記述は，一党優位政党制についての説明である。一党制は，政権を持つ政党と競合する政党の存在や活動が事実上困難な体制であり，その国の例として，中国などが挙げられる。

⑥ 2

解説 1. 誤り。アメリカにおいて，予算の先議権は下院（代議院）にあるものの，大統領が決定する人事や条約についての承認権は上院（元老院）が持つ。 2. 正しい。イギリスでは，上院（貴族院）と下院（庶民院）による二院制が採用されているが，議会としての実質的な権限は，下院（庶民院）に集中している。 3. 誤り。国民議会が不信任権を持つのは，大統領ではなく，内閣に対してである。 4. 誤り。中国の人民代表大会の代表は，直接選挙によって選ばれているわけではない。各地域の大会の代表が選出されることによって上位の大会が開かれ，全国人民代表の選出に至る。 5. 誤り。ドイツの首相は，別の首相が選出されることによってその職を失うので，「ポストが空白になる事態」という記述は誤りである。なお，ドイツにおいて，次の首相を選出することによって首相の職を失わせる仕組みは「建設的不信任」と呼ばれる。

⑦ 2

解説 1. 誤り。欧州連合は，マーストリヒト条約の発効によって設立された。その後，リスボン条約の発効によって，欧州理事会議長（通称EU大統領）と欧州連合外務・安全保障政策上級代表（通称EU外相）のポストが新設された。 2. 正しい。欧州議会は，加盟国の国民による直接選挙において議員が選出される。 3. 誤り。イギリスの国民投票では，欧州連合から離脱すべきとする票が多数を占めた。 4. 誤り。閣僚理事会における特定多数

決が廃止されたという事実はない。なお，特定多数決とは，賛成が加盟国数の55％以上，EU加盟国人口の65％以上に達することを要件とする多数決である。　5．誤り。欧州連合の加盟国であっても，統一通貨ユーロの導入が義務付けられるわけではない。

8 1

解説 1．正しい。安全保障理事会と異なり，議決の効力は勧告的なものにとどまる。ただし，加盟の承認や予算についての議決には拘束力がある。2．誤り。「10カ国以上」を「9カ国以上」とすると正しい記述になる。　3．誤り。経済社会理事会の理事国は54カ国である。また，必要に応じ，議決や勧告を行う。　4．誤り。信託統治の下に置かれた国が独立した最後の例は，南スーダンではなく，パラオである。　5．誤り。国際司法裁判所において，裁判の当事者となるのは原則として国であり，個人は対象となっていない。

9 1

解説 1．正しい。プラトンによる哲人支配についての記述である。　2．誤り。フィルマーやボシュエは，国王の統治権は神から直接授けられているとする王権神授説を提唱した。　3．誤り。選択肢の文はロックの思想を説明したものである。モンテスキューは，立法権，司法権，行政権の三権を相互に抑制と均衡の関係の下に置く三権分立を説いた。　4．誤り。選択肢の文は，ホッブズではなく，ルソーの思想についての記述である。　5．誤り。選択肢の文は，ルソーではなく，ホッブズの思想についての記述である。

10 2

解説 1．誤り。「団体自治」を「住民自治」とすると正しい記述になる。「団体自治」とは，地方自治体の運営は国などからある程度の独立性を認められるという原理である。　2．正しい。法定受託事務以外の事務は，自治事務と呼ばれる。　3．誤り。大日本帝国憲法には，地方自治についての条文はなかった。　4．誤り。地方自治体の首長が地方議会を解散できるのは，自らに対する不信任決議に対抗する場合に限られる。なお，その解散に伴う選挙後の議会において，再び不信任決議がなされた場合，首長は失職する。5．誤り。条例の制定や改廃について，有権者の50分の1以上の署名が首長に

提出された際，首長は意見を付してそれを議会にはかる。その後，最終的な決定は，議会に委ねられる。つまり，「直ちに実施」という記述は誤りである。

11 2

解説 1. 誤り。国家公安委員会は警察庁を管理し，都道府県警察は都道府県公安委員会が管理している。 2. 正しい。令和4年4月から，国家公安委員会の管理の下，警察庁が重大サイバー事案に係る犯罪の捜査その他の重大サイバー事案に対処するための警察の活動に関する事務をつかさどることとなり，関東管区警察局に新設されたサイバー特別捜査隊が執行事務を担うこととなった。 3. 誤り。警察庁の職員には，このほかに皇宮護衛官が含まれる。 4. 誤り。警察では，毎年度1,000人を超える女性警察官を採用し，女性警察官数は年々増加している。 5. 誤り。東京都と北海道の区域は，管区警察局の管轄外とされ，必要に応じ，警察庁が直接に指揮監督等を行う。六つの管区警察局は，東北，関東，中部，近畿，中国四国，九州の六管区に分かれて設置されている。

12 1

解説 1. 正しい。君主によって制定された憲法を欽定憲法，国民やその代表者によって制定された憲法を民定憲法という。 2. 誤り。大日本帝国憲法に，社会権の規定はなかった。他の記述については正しい。 3. 誤り。日本国憲法は，基本的人権について「侵すことのできない永久の権利」と定めている。一方で，憲法の条文において，経済活動の自由について，公共の福祉による制限があることが示唆されているが，国会の判断によって人権が制限できるというわけではない。 4. 誤り。大日本帝国憲法に地方自治についての規定はない。一方，日本国憲法には，地方自治についての条文が置かれている。 5. 誤り。日本国憲法には，納税の義務，勤労の義務，保護する子女に普通教育を受けさせる義務が定められている。

13 1

解説 1. 正しい。憲法改正が成立すると，天皇によって公布される。
2. 法律案について，衆議院に先議権はない。また，衆議院で可決された後，参議院で否決された場合や参議院に送付されてから60日経過した場合には，

衆議院において出席議員の3分の2以上で可決されると成立する。　3．政令も違憲審査の対象となる。　4．訴訟規則が法律より優位に立つという規定は憲法に存在しない。　5．地方の条例により，一定の要件について，刑罰を含む罰則を課すことができる。

14 2

解説　1．誤り。裁判官は，分限裁判において心身の故障により職務にあたることができないと決定された場合にも罷免される。なお，国民審査の対象となるのは，最高裁判所の裁判官に限られる。　2．正しい。ただし，下級裁判所の裁判官の任命は，最高裁判所が名簿によって指名した者に対して行われる。　3．誤り。日本国憲法の規定により，内閣を含む行政機関は裁判官の懲戒処分を行うことができない。　4．誤り。重大な刑事事件の第一審において，裁判官と裁判員が「有罪・無罪」「有罪の場合の量刑」を決定する。　5．誤り。再審の対象は刑事事件のみである。

15 4

解説　1．誤り。改正により，情報通信局はサイバー警察局になった。2．誤り。サイバーセキュリティが害されること，その他情報技術を用いた不正な行為により生ずる個人の生命，身体及び財産並びに公共の安全と秩序を害し，又は害するおそれのある事案は，サイバー事案といい，そのうち国又は地方公共団体の重要な情報の管理又は重要な情報システムの運用に関する事務等の実施に重大な支障が生じ，又は生ずるおそれのある事案を重大サイバー事案という。　3．誤り。国家公安委員会は，重大サイバー事案に係る犯罪の捜査その他の重大サイバー事案に対処するための警察の活動に関することについて，警察庁を管理する。　4．正しい。そのほか，高度な技術的手法が用いられる事案その他のその対処に高度な技術を要する事案も重大サイバー事案である。　5．誤り。サイバー警察局の所掌事務は，サイバー事案に関する警察に関すること及び犯罪の取締りのための情報技術の解析に関することである。

16　1

解説　1．正しい。天皇は内閣総理大臣の任命，他の国務大臣に対する認証を行う。　2．誤り。天皇によって任命されるのは，最高裁判所の長たる裁判官である。他の裁判官は，内閣によって任命される。　3．誤り。衆議院を解散することは天皇の国事行為であるが，これは内閣の助言と承認に基づく。具体的には，内閣総理大臣の意向に基づき，閣議決定を経る。　4．誤り。恩赦とは，大赦，特赦，減刑，刑の執行の免除などを指すが，これは，内閣によって決定され，天皇によって認証される。　5．誤り。都道府県知事の任命に天皇は関与しない。

17　2

解説　1．誤り。最高裁判所によってプログラム規定であるとされ，具体的権利としての性質が否定されていると考えられているのは，生存権である。しかし近年これを否定する説も有力となってきている。　2．正しい。日本国憲法第16条についての記述である。一般に，請願権と呼ばれる。　3．誤り。名誉を著しく傷つけるなど，出版による影響が甚大な場合などには，裁判所が出版差し止めを命ずることがあり，このことが憲法で禁じられているわけではない。　4．誤り。憲法第14条において，栄典に特権が伴わないこと，その効力が一代に限ることなどが定められているが，栄典の授与そのものが禁じられているわけではない。　5．誤り。公務員の不法行為によって損害を受けた国民は，国または公共団体にその賠償を請求できる。

18　3

解説　1．誤り。日本国憲法は制定以来改正されたことがなく，サンフランシスコ講和条約の発行の際に修正がおこなわれたという事実もない。　2．誤り。連合国軍総司令部（GHQ）が示した原案が今日の憲法のもとになったが，制定手続において修正が加えられた。　3．正しい。憲法改正案は，衆議院と参議院において総議員の3分の2以上の賛成により発議され，国民投票に付される。　4．誤り。憲法改正にあたっての国民投票に参加する権利を与えられるのは満18歳以上の日本国民である。　5．誤り。憲法の改正後，公布を行うのは内閣総理大臣ではなく天皇である。

19 5

解説　1. 誤り。逮捕令状は司法官憲（憲法上は裁判官を指す）によって発行される。また，現行犯の場合など，逮捕令状なしに身柄を拘束される場合もある。　2. 誤り。裁判員は，希望者の中から選ばれるのではなく，無作為に選出される。ただし，辞退できる場合もある。　3. 誤り。検察官が起訴しなかった事件についての審査や起訴すべきである旨を議決する機関は，検察審査会である。　4. 誤り。被疑者が弁護人を選出する権利を停止することはできない。　5. 正しい。日本国憲法第38条についての記述である。

20 4

解説　1. 誤り。単純労働者も受け入れることができるようになった。2. 誤り。成人年齢が引き下げられたものの，飲酒や喫煙については，「20歳以上」という制限が据え置かれた。　3. 誤り。婚内子と婚外子の間の相続に関する差別が違憲とされ，それを平等とするよう，民法が改正された。　4. 正しい。候補者は，インターネットやSNSなどを利用して選挙運動を行うことができる。　5. 誤り。働き方改革関連法の成立に合わせ，本人の同意や健康への配慮についての義務を課すことを前提に，一定以上の年収を得ている者について労働時間に関する保護の対象から外す高度プロフェッショナル制度が導入された。

21 1

解説　1. 正しい。現に犯行に及んでいる，または犯行直後の逮捕，つまり，現行犯逮捕の場合には，令状は不要である。日本憲法第33条には，逮捕の際に令状が必要である旨が定められているが，その条文には「何人も，現行犯として逮捕される場合を除いては」という文言が含まれている。　2. 誤り。選択肢に示されたような事由で弁護人に依頼する権利の付与が停止されることはない。日本国憲法第34条には，「何人も，理由を直ちに告げられ，且つ，直ちに弁護人に依頼する権利を与えられなければ，抑留又は拘禁されない」と定められている。　3. 誤り。捜索や押収を行うための令状は，検察官ではなく，裁判官が発行する。　4. 誤り。日本国憲法第38条第3項において，「何人も，自己に不利益な唯一の証拠が本人の自白である場合には，有罪とされ，又は刑罰を科せられない」とされている。　5. 誤り。日本国憲法第40条に，

「何人も，抑留又は拘禁された後，無罪の裁判を受けたときは，法律の定めるところにより，国にその補償を求めることができる」と定められている。この権利は，刑事補償請求権と呼ばれている。

22 3

解説 1. 選択肢の説明は，IMF（国際通貨基金）についてのものである。2. 選択肢の説明は，IBRD（国際復興開発銀行）についてのものである。3. 正しい。BIS（国際決済銀行）による規制により，銀行は自己資本比率が8％以上でないと国際業務ができない。 4. IFC（国際金融公社）は，途上国の民間企業に対して融資をおこなう。 5. 国債がデフォルト（債務不履行）になった国として，アルゼンチンが挙げられる。

23 4

解説 1. 家事やボランティアによる労働分は，国民所得計算に算入されない。ただし，国民純福祉（NNW）には算入される。 2. 農家の自家消費や持ち家について計算された家賃は，国民所得計算に算入される。これを帰属計算という。 3. 国内総生産（GDP）は，財やサービスの付加価値が生産された場所を重視するため，選択肢の例については，「国内総生産（GDP）には含まれるが，国民総生産（GNP）には含まれない」とするのが正しい。4. 正しい。計算を必要とする問題が出題される場合もあるので，「国内純生産（NDP）＝国内総生産（GDP）−固定資本減耗分（減価償却費）」「国内所得（DI）＝NDP−（間接税−補助金）」といった式を覚えておくとよい。 5. 国民総生産（GNP）や国内総生産（GDP）などの国民所得計算は，一定期間（1年間）のフローの概念であり，一定時点の存在量を示すストックの概念は含まない。ストックの概念の例として，国富が挙げられる。なお，国際比較などの際には，国民総生産（GNP）の名称を用いることは少なく，国民総所得（GNI）が用いられる。

24 4

解説 1. 誤り。財政法第4条において，公共事業，貸付金や出資金の原資として国債を発行できる旨が定められているが，同法に基づいて発行される国債は，建設国債，または4条国債と呼ばれる。 2. 誤り。国債は，第二

次世界大戦以前にも発行されていた。特に戦時中は，戦費調達のために多くの国債が発行された。　3．誤り。国債価格は日々変動しており，額面以外での取引は日常的に行われている。　4．正しい。日本銀行は，原則として，国債の引き受けを禁じられている。ただし，例外として，予算総則で定めた場合などは日本銀行が引き受ける。また，日本銀行が市場を通じて国債を売買することは認められている。　5．誤り。国債の償還期限になっても償還ができない場合，借換債が発行される。

25 5

解説 1．不良債権の拡大や銀行の貸し渋りは，不況時に見られる特徴である。　2．コンドラチェフの波とは，50〜60年周期の技術革新の時期に起きる景気変動の周期。選択肢の説明はキチンの波という。　3．不景気になると，国内で物が売れなくなり，輸出で補おうとするため，貿易収支は黒字の傾向となる。貿易黒字を減らすには内需の拡大が有効である。　4．景気が悪いのに物価が上がるのは，スタグフレーションという。デフレスパイラルとは，デフレによって物価が下がり企業の収益も下がって賃金の削減やリストラが進み，さらに物価が下がるという悪循環のことである。　5．正しい。景気を刺激するために行う買いオペレーションは，日銀が行う金融緩和策のひとつ。反対に過熱気味の景気を抑制するために行うのが売りオペレーションで，市中に出回る資金が減少する。この二つの操作を合わせて公開市場操作という。

26 3

解説 1．誤り。消費者物価指数についての説明は正しいが，発表するのは総務省である。　2．誤り。企業物価指数についての説明は正しいが，発表するのは日本銀行である。　3．正しい。選択肢とは逆に，物価の低下が継続すると，実質国内総生産が名目国内総生産を上回る状態が続く。　4．誤り。国内総生産に海外からの純要素所得を加えると，国民総所得が求められる。つまり，海外からの純要素所得がプラスであれば，国民総所得が国内総生産を上回る。　5．誤り。経済成長率は，国内総生産の変化率をもとに算出される。なお，国民総生産は，現在原則として用いられず，同じ値を示す指標として国民総所得が使われている。

[27] 3

解説 1．誤り。変動為替相場制は，通貨間の交換比率を一定にせず，市場の需要と供給のバランスにより変動させることによって成立する。　2．誤り。市場で売却された通貨の価値は低下する。　3．正しい。日本にとって，円安は輸出に有利に，円高は輸入に有利にはたらく。　4．誤り。ブレトンウッズ協定が結ばれたのは1944年であり，日本が当初から参加していたという事実はない。　5．誤り。スミソニアン合意は，ニクソン・ショック（ドル・ショック）によって崩壊した秩序を立て直し，為替レートを変更しつつ，固定為替相場制の新たなルールを定めたものであった。

[28] 3

解説 1．選択肢の説明は，暫定予算についてのものである。　2．選択肢の説明は，補正予算についてのものである。　3．正しい。日本において，プライマリーバランス（基礎的財政収支）の赤字からの脱却が課題となっている。　4．最大の歳出項目は社会保障関係費である。　5．公的年金等の資金を旧大蔵省資金運用部に預託する制度は廃止され，自主運用が原則とされている。

[29] 4

解説 1．誤り。三位一体の改革は，国から地方への税源移譲，補助金削減，地方交付税の見直しを指す。補助金が廃止されたという事実はない。2．誤り。財政再生団体の指定を受けると，国などによる指導と支援を受けながら債務返済計画を立て，それに基づいた財政運営を行う。債務の利子を肩代わりしてもらう例はあるが，「債務の全額が減免される」との記述は誤りである。　3．誤り。第1文は正しい。一方，市町村が市町村債を発行する際には都道府県知事と，都道府県が都道府県債を発行する際には総務大臣と事前に協議することが求められる。　4．正しい。依存財源の例として，他に，国庫支出金・補助金が挙げられる。　5．誤り。国のたばこ税が廃止されたという事実はない。

30 1

解説 1．正しい。令和3年中にサイバー犯罪の検挙件数が1万2,209件と，前年より2,334件（23.6％）増加し，過去最多を記録した。　2．誤り。インターネットバンキングに係る不正送金事犯による被害は前年に比べて減少したものの，ランサムウェアによる被害が拡大するなど，その手口を深刻化・巧妙化させたサイバー事案が多数発生した。　3．誤り。ランサムウェアによる被害の報告件数について，被害企業・団体等の規模別にみると，大企業は49件，中小企業は79件と，被害企業の規模を問わず，被害が発生している。4．誤り。サイバーテロとは，重要インフラの基幹システムを機能不全に陥れ，社会の機能を麻痺させることをいう。情報通信技術を用いて政府機関や先端技術を有する企業から機密情報を窃取することは，サイバーインテリジェンスという。なお，我が国では社会的混乱が生じるようなサイバーテロは発生していない。　5．誤り。サイバーフォースは，未然防止のみならず，サイバー事案発生時には，都道府県警察と連携し，被害状況の把握，被害拡大の防止，証拠保全等について技術的な緊急対処を行っている。

31 5

解説 1．誤り。マンは，重商主義の立場から，差額貿易によって金を増やすべきであると主張したが，自由貿易を肯定したわけではない。　2．誤り。アダム・スミスは，自由放任主義を主張し，各経済主体の利己的な行動が「見えざる手」に導かれた望ましい調和をもたらすとした。　3．誤り。人口の幾何級数的な増加が貧困の原因であり，人口の抑制の必要性を説いたのはマルサスである。　4．誤り。マルクスは，資本主義の下で利潤率が低下していくことを指摘した。なお，マルクスは，資本主義の下，労働者は自ら生み出した剰余価値が資本家によって搾取されていることを明らかにし，社会主義運動に大きな影響を与えた。　5．正しい。ケインズの有効需要の原理と乗数理論についての記述である。

32 2

解説 1．誤り。完全競争市場では，消費者も生産者も価格受容者として行動する。　2．正しい。技術進歩は，費用の低下や生産性の上昇をもたらすため，価格は低下し，取引量は増加する。　3．誤り。利潤の値は，収入と

費用によって決定されるため，独占が成立しているからといって必ずしも正となるとは限らない。　4．誤り。ある経済主体の行動が市場を介さずに他に好ましい影響を与えている場合は，外部経済と呼ばれる。この場合，望ましい均衡点に比べて，価格は過大に，取引量は過小となるため，補助金の給付などによる調整が必要となる。例としては，教育などが挙げられる。　5．誤り。「品質の悪い財」を「品質の良い財」に置き換えると正しい記述になる。

33　2

解説　1．誤り。預金や貸付などによって銀行を介在させる金融は，間接金融である。直接金融は，株式や社債による資金の調達を意味する。　2．正しい。銀行券の発行，市中銀行などとの預金のやり取り，国庫金の取り扱いなどが中央銀行の主要な役割である。中央銀行の例としては，日本銀行，アメリカの連邦準備制度理事会（FRB），イギリスのイングランド銀行，欧州連合の欧州中央銀行（ECB）が挙げられる。　3．誤り。信用創造についての説明は正しいが，近代化の中で急速に衰退したという部分は誤りである。　4．誤り。中央銀行が有価証券を市場から買う操作は，買いオペレーションと呼ばれる。これを行うことは，中央銀行から市場に資金が供給されるため，市場の金利を引き下げる要因となる。　5．誤り。マイナス金利は，日本を含む一部の国々で導入されており，禁止された事実はない。

34　4

解説　1．誤り。「間接税」と「直接税」を入れ替えると正しい記述である。なお，シャウプ勧告により，直接税中心の税体系の構築に加え，地方平衡税や青色申告制度などが提言された。　2．誤り。アベノミクスにより，法人税率は引き下げられた。　3．誤り。消費税の導入時は，申告と納税を求める事業者は売上高3,000万円以上の事業者とされていたが，2004年にその基準が1,000万円以上に引き下げられた。　4．正しい。食料品の場合，同じ商品であっても，店内で飲食する場合には10％，持ち帰りの場合には8％の税率となる。　5．誤り。週2回以上発行する新聞を定期購読する際の料金については，軽減税率の対象とされた。

[35] 1

解説 1．正しい。ブレトンウッズ協定の内容は，国際金本位制，固定為替相場制，国際復興開発銀行 (IBRD) と国際通貨基金 (IMF) の設立などである。　2．誤り。ニクソン・ショックは，金とドルの交換を停止することを柱としていた。　3．誤り。スミソニアン合意は，ニクソン・ショックによる混乱を収束させるため，ドルの切り下げと許容する変動幅を拡大させた上で固定相場制と国際金本位制を維持する内容であった。　4．誤り。キングストン合意は，主要国間の為替取引が実質的に変動為替相場制に移行していたことを踏まえ，それを追認する内容であった。　5．誤り。プラザ合意の柱は「ドル高是正」であり，その後急速に進んだ円高・ドル安により，日本は「円高不況」に陥った。

[36] 3

解説 1．誤り。経済連携協定 (EPA) は，自由貿易協定 (FTA) を中核として，投資や人材の交流を含む包括的な連携を定めた協定である。　2．誤り。「ITO（国際貿易機関）」を「GATT（関税と貿易に関する一般協定）」とすると正しい記述になる。ITO（国際貿易機関）は，設立の準備が進められたものの，発足には至らなかった。　3．正しい。日本は，2002年にシンガポールと自由貿易協定 (FTA) を結んだ。その後，メキシコ，マレーシア，チリ，タイなどがそれに続いた。なお，これらの国々は，包括的な内容を含む経済連携協定 (EPA) も結んでいる。　4．誤り。環太平洋パートナーシップ協定 (TPP) が自由貿易や経済交流を強力に進める内容を含んでいる点は正しい。しかし，アメリカは準備の交渉などにおいて重要な役割を果たしたものの，発足時には離脱していた。　5．誤り。保護貿易によって幼稚な産業を保護すべきであると主張した経済学者として，リストなどが挙げられる。リカードは，『経済学および課税の原理』において，比較生産費説を展開し，各国が比較優位にある生産物に特化し自由貿易を行うことが，各国に利益をもたらすことを示した。

[37] 2

解説 1. 労働三法とは，労働基準法，労働関係調整法，労働組合法を総称した名称である。　2. 正しい。原則として25％の割増賃金を払わなければならない。　3. 労働組合の組織率は，長期的に低下を続け，2割を下回っている。　4. ロックアウトは不当労働行為ではない。不当労働行為は，労働組合からの脱退を促したり，組合に加入しないことを条件に雇用したりすることなどである。　5. 緊急調整を宣言するのは，都道府県知事ではなく，内閣総理大臣である。

[38] 2

解説 1. 1993年に公害対策基本法が廃止され，環境基本法が制定された。2. 正しい。日本政府代表団は，「我が国としては，全ての国が参加し，公平かつ実効的な枠組みとなるパリ協定が採択されたことを高く評価する」との立場を表明した。なお，パリ協定は，各国に温暖化防止のための計画の策定と国連に対してその取り組みについて報告する義務を課すことなどが柱となっている。　3. 日本においては，2012年10月1日から「地球温暖化対策のための税」が段階的に施行され，2016年4月1日に全面的に導入された。　4. レジ袋については，2020年7月1日よりレジ袋有料化は義務になり，消費者が負担するようになった。　5. 家電リサイクル法により，消費者から事業者に引き取りの対価を支払うことが義務付けられている。

[39] 3

解説 1. 誤り。2020年の情報通信産業の名目GDPは51.0兆円で正しいが，前年（52.3兆円）と比較すると2.5％の減少となった。　2. 誤り。日本の民間ICT市場（ICT投資額）は，2020年度は12兆9,700億円（前年度比0.6％増）となっている。　3. 正しい。2020年度の電気通信事業の売上高は15兆2,405億円（前年度比2.5％増）であり，前年度に引き続き増加傾向となっている。　4. 誤り。2021年度末の電気通信事業者数は2万3,111者（登録事業者330者，届出事業者2万2,781者）であり，前年度に引き続き増加傾向となっている。　5. 誤り。2021年11月時点での10km²当たりの5G基地局数は，全国平均が約1.0局であるのに対し，東京都が約41.3局であるなど，地域によって整備状況に差がある。

40 4

　解説 ＼ 1．最高裁判所によれば，日本国憲法第25条に規定された「健康で文化的な最低限度の生活を営む権利」は具体的な権利ではなく，国の責務を示すプログラム規定であるとされている。　2．日本の医療保険は，自営業者などが加入する国民健康保険，民間の被用者が加入する健康保険，公務員などが加入する共済保険（短期給付）などが併存している。統合されたという事実はない。また，戦前はこのような制度自体が整備されていない。いずれにしても誤りである。　3．年金は，すべての国民が基礎年金（国民年金）に加入することによって成り立っている。自営業者などは，国民年金に加入し，任意で国民年金基金を上乗せすることができる。被用者の厚生年金，公務員などの共済年金は一元化に向けた準備が進んでいる。報酬に比例して掛け金と給付額が決定される制度も含まれている。　4．正しい。労災保険は，保険料についても，業務上の傷病に伴う医療サービスについても，本人の負担は原則として不要である。　5．生活保護の支給額は，基準額から所得を差し引いた金額である。よって，一律に支給するわけではない。

41 3

　解説 ＼ 1．年金保険は，現役世代から徴収した保険料でまかなう賦課方式と，受給者自らが支払う積み立て方式を折衷したものになっている。少子高齢化や保険料の未納が深刻化していることから，年金確保支援法が公布された。　2．国民年金は収入に関係なく，定額が徴収される。　3．正しい。特に70歳以上の高齢者を対象とした医療保険制度の見直しが検討されている。4．2006年の健康保険法改正により，現役並みの所得を有する70歳以上の窓口負担は2割から3割に増した。現在，負担軽減が検討されている。　5．介護保険の財源は，被保険者と公費（国2：都道府県1：市町村・特別区1）でまかなわれ，公費が50％を占めている。

42 4

　解説 ＼ 1．誤り。令和3年度の民間企業の男性の育児休業取得率は増加傾向にあるものの，13.97％である。　2．誤り。令和4年度のパートタイム労働者比率は，31.80％で，前年度より0.49ポイント上昇した。　3．誤り。令和4年度の所定外労働時間（就業形態計）は，前年度より3.9％増加した。　4．正し

い。令和4年度の名目賃金は1.9％上昇したが，実質賃金は1.8％減少した。
5．誤り。令和4年度にテレワークを導入している企業は，全体の51.7％である。

43 3

解説 1．誤り。高齢化率とは，65歳以上の老年人口が総人口に占める割合をいう。 2．誤り。高齢化率が14％を超えた社会は，高齢社会という。高齢化社会は，高齢化率が7％以上14％未満の社会である。 3．正しい。日本は，2007年に高齢化率21％を超え，超高齢社会となっている。 4．誤り。出生数は第2次ベビーブーム以降減少傾向にあるが，合計特殊出生率は2005年以降，おおむね横ばいである。 5．誤り。日本の総人口は，2008年をピークに減少を続けている。

44 3

解説 1．誤り。大日本帝国憲法に労働者の団結権などの諸権利を定めた条文はない。なお，労働運動が激しく弾圧されたのは事実である。 2．誤り。日本が国際労働機関（ILO）に加盟したのは発足時の1919年である。その後，1940年に脱退し，1951年に再加盟した。 3．正しい。不当労働行為には他に，労働組合に加入しないこと・脱退することを採用の要件とすることなどが挙げられる。 4．誤り。日本の労働組合の組織率は低下傾向にあり，近年では18％を下回っている。 5．誤り。中央労働委員会における決定には法的拘束力があるものの，終審ではなく訴訟により，裁判所が取り消す可能性がある。なお，日本国憲法の規定により，行政機関は終審としての裁判的行為を行うことができない。

45 2

解説 1．誤り。2020年10月1日現在における我が国の人口は，1億2614万6千人で，2015年に比べて94万9千人減少したが，1億2千万人を下回ってはいない。 2．正しい。総人口に占める15歳未満人口の割合を諸外国と比べると，我が国（11.9％）は韓国（12.5％）及びイタリア（13.0％）よりも低く，世界で最も低い水準であり，65歳以上人口の割合は，我が国（28.6％）はイタリア（23.3％）及びドイツ（21.7％）よりも高く，世界で最も高い水準である。 3．誤り。1世帯当たり人員は2015年に引き続き減少したが，一般世帯数は

237万3千世帯増加した。　4．誤り。東京圏及び，沖縄県，愛知県，福岡県，滋賀県では，人口が増加した。　5．誤り。15歳以上人口に占める労働力人口の割合である労働力率は，男性，女性とも，2015年に比べて上昇した。

46　2

解説 ▶ 1．誤り。消費者安全調査委員会は消費者が関わる事故や被害について調査する機関であり，独占禁止法の運用を担当しているのは，公正取引委員会である。　2．正しい。製造物責任（PL）法は，製品の欠陥によって生命，身体又は財産に損害を被ったことを証明した場合に，被害者が製造会社などに対して損害賠償を求めることができる法律である。　3．誤り。クーリングオフは，理由のいかんにかかわらず，一定期間内であれば消費者が一方的に契約を解除できるしくみである。　4．誤り。消費者庁は内閣の外局である。　5．誤り。国民生活センターは，消費者庁が所管する独立行政法人である。都道府県や一部の市町村には，消費生活センターが置かれている。

47　4

解説 ▶ 1．誤り。温室効果ガスの排出削減について初めて数値目標を定めたのは京都議定書であった。　2．誤り。日本政府は，京都議定書の延長に反対した。　3．誤り。世界環境保護基金（WWF）は，1961年に設立された非政府組織（NGO）であり，国連人間環境会議を踏まえて設立されたのは国連環境計画（UNEP）である。　4．正しい。水俣条約の正式名称は「水銀に関する水俣条約」であり，2013年に署名され，2017年に発効した。　5．誤り。オゾン層の保護に関する国際的なルールは，ウィーン条約とそれに基づくモントリオール議定書などである。

48　3

解説 ▶ 1．誤り。刑法犯の認知件数は，平成8年から毎年戦後最多を更新して14年に戦後最多となったが，15年に減少に転じて以降19年連続で減少し，令和3年は戦後最少を更新した。　2．誤り。刑法犯の検挙率は，平成7年から毎年低下し，13年には戦後最低を記録したが，14年から回復傾向にあり，令和3年は前年比で1.1pt上昇した。　3．正しい。殺人の認知件数は，平成16年から28年までは減少傾向にあり，その後はおおむね横ばいで推移し

ていたが，令和3年は戦後最少の874件（前年比5.9％減）であった。　4．誤り。令和3年中の交通事故による死者数は2,636人と，6年連続で減少し，前年に引き続き，警察庁が統計を保有する昭和23年以降の最少を更新した。5．誤り。状態別人口10万人当たり死者数をみると，歩行中，自動車乗車中，二輪車乗車中，自転車乗用中の順に多い。

49 1

解説　1．正しい。高田保馬によれば，家族．部族，村落などが基礎社会の例である。　2．誤り。ギディングスではなく，テンニースについての記述である。テンニースは，結合についての意志のあり方を基準として集団を分類した。　3．誤り。テンニースではなく，ギディングスについての記述である。ギディングスによる類型化は，「社会集団が何をもとに成立するか」という点に着目するのが特徴である。　4．誤り。「アソシエーション」を「コミュニティ」とすると正しい記述になる。　5．誤り。クーリーは，直接的接触を特徴とする社会を第1次集団と呼んだが，選択肢に示された「第2次集団」という概念は，彼自身によるものではなく，彼の弟子たちによって提唱されたものである。

50 2

解説　1．誤り。マイナンバーとは，日本に住民票を有するすべての人が持つ12桁の番号で，外国人も含まれる。　2．正しい。マイナンバーは，社会保障，税，災害対策の3分野で，複数の機関に存在する個人の情報が同一人の情報であることを確認するために活用され，分野横断的な共通の番号を導入することで，個人の特定を確実かつ迅速に行うことが可能になるとされている。　3．誤り。マイナンバーカードは，マイナンバーの通知後，個人の申請により交付される。　4．誤り。マイナンバーカードの電子証明書（公的個人認証）の利用には，マイナンバーは使用されない。　5．誤り。中学生の場合でも15歳以上であれば，親（法定代理人）の同伴は不要である。

社会科学　　歴　史

########################## P O I N T ##########################

日本史：日本史の対策としては以下の3点が挙げられる。

　　まず，高校時代に使用した日本史の教科書を何度も読み返すことが必要
となってくる。その際，各時代の特色や歴史の流れを大まかにつかむよう
にする。その上で，枝葉にあたる部分へと学習を進めていってもらいたい。
なぜなら，時代の特色や時代の流れを理解することで，それぞれの歴史事
象における，重要性の軽重を判断できるようになるからである。闇雲に全
てを暗記しようと思っても，なかなか思うようにはいかないのが実情であ
ろう。

　　次に，テーマ別に整理し直すという学習をすすめる。高校時代の教科書
はある時代について政治・社会・文化などを一通り記述した後に，次の時
代に移るという構成になっている。そこで各時代のあるテーマだけを順に
みてその流れを整理することで，分野別にみた歴史の変化をとらえやすく
なる。そうすることで，分野別に焦点化した歴史理解が可能となろう。

　　最後に，出題形式からみて，空欄補充や記述問題にきちんと答えられる
ようになってもらいたい。空欄補充問題や記述問題に答えられるようになっ
ていれば，選択問題に答えることが容易となる。難易度の高い問題形式に
慣れていくためにも，まずは土台となる基礎用語の理解が不可欠となって
くる。

世界史：世界の歴史の流れを理解し，歴史的な考え方を身につけることが「世
界史」を学習する上で最も重要となってくる。しかし，広範囲にわたる個々
ばらばらの細かい歴史的事項を学習するだけでは，「世界史」が理解できた
とは言えない。それぞれの歴史的事項が，どのような背景や原因で起こり，
どのような結果や影響を与え，また他地域との結びつきはどうだったのか
など，世界の歴史の大まかな流れと全体のメカニズムについて理解するよ
う努めたい。そうすることが，世界史の試験対策となる。

　　特に，日本と世界の結びつきについては，各々の時代背景を比較しなが
ら理解することが必要である。また，近現代が重視されるのは，現代の社

会の形成に直接的に影響を与えているからである。その観点から考えると，近現代の出来事を理解するとともにその影響についても考察し，現在の社会といかなるかかわりを持つのか，把握することも必要となってこよう。

狙われやすい！重要事項

☑江戸時代の幕藩体制～現代までの日本の変遷

☑産業革命

☑市民革命

☑第一次世界大戦～現代までの世界の変遷

☑中国王朝の変遷

《　演 習 問 題　》

1 江戸幕府によって進められた改革や諸施策に関する記述として，妥当なものはどれか。

1　享保の改革は，18世紀前半，徳川吉宗によって進められた改革である。新田の開発，年貢の増徴などによる財政の再建，商業の統制，法制の整備などが進められた。

2　田沼意次が幕政の実権を握った18世紀後半には，商業資本の利用や専売制の拡大などにより，当時の経済発展に一定の貢献をした。一方，賄賂を厳禁し，緊縮財政を強化しことが不評の原因となった。

3　寛政の改革は，18世紀後半，老中松平定信によって進められた改革である。享保の改革が幕政や経済の停滞を招いたという反省の下，田沼意次による政治を再評価する立場から，様々な施策が進められた。

4　天保の改革は，19世紀後半，水野忠邦によって進められた改革である。緊縮財政，綱紀粛正などの取り組みが功を奏し，幕府の権力が強固なものとなった。

5　江戸時代には，経済の変容の中で，各地域や各分野で人手不足が深刻化した。水野忠邦は，積極的に出稼ぎを奨励し，その事態に対応しようとした。

2 日本の古代史に関する記述として，妥当なものはどれか。

1　佐賀県にある吉野ヶ里遺跡は，縄文時代に形成された大環濠集落であり，銅剣，銅矛，銅鐸などが大量に発掘された。

2　弥生時代は，紀元前7世紀から紀元3世紀頃までの約1000年の時代のことを指し，この時代の遺跡は北海道地方を除く各地で発掘されている。

3　群馬県にある岩宿遺跡は，縄文時代後期から弥生時代にかけての遺跡であり，その遺跡から水田跡が発見され，この頃から水稲耕作が始まっていたと判断されている。

4　奈良県にある高松塚古墳は，7世紀末から8世紀初めにかけての古墳であり，横口式内からは，中国や韓国との関係も指摘される彩色壁画が発見された。

5　弥生時代になると，高地の拡大や農耕技術の改良が図られ生産力が向上したものの，収穫物は集落の構成員に平等に配られ，貧富の差が生じないような工夫がなされていた。

3 平安時代の歴史に関する記述として，妥当なものはどれか。

1　自らの娘を天皇の后とすることなどを通じて藤原氏の全盛期を築いた藤原道長は，天皇が幼少のときは関白，成人した後は摂政の位を得て，権力を維持した。

2　源氏における相続争いに清原氏が介入することをきっかけとした後三年の役を通じ，源氏の地位は東国において強固なものとなった。

3　天皇の位を譲った後に上皇となり，専制的に政治を行うのが院政であり，鳥羽上皇の下で開始された。

4　藤原通憲は，保元の乱の後，平清盛に接近して権力を握ったが，平治の乱において，対立していた藤原信頼の側に捕らえられた。

5　平宗盛は，壇の浦の戦いにおいて劣勢であった平家軍を盛り立てることに成功したが，屋島の戦いに敗れたことによって平家は滅亡した。

4 室町時代の農村や土地制度に関する記述として，妥当なものはどれか。

1　田畑永代売買禁止令が出され，田畑の売買が禁止された。

2　農村で，自治的性格をもった惣や惣村とよばれる結びつきが発達した。

3　墾田永年私財法が出され，開墾した土地の永年私有が認められた。

4　農村で，農民は五人組とよばれる数戸ずつで編成した組合を作らされた。
5　地租改正が行われ，土地所有者が米ではなく現金で納税することとなった。

5　次のA～Dのうち，文化文政年間に起きたことについて述べているものを全てあげているものはどれか。
A　葛飾北斎や歌川広重が旅ブームを背景に多くの風景画を発表した。
B　近松門左衛門が世話物や時代物で多くの作品を残した。
C　井原西鶴が町人人情を題材とした浮世草子を著わした。
D　俵屋宗達らが様々な装飾画を残した。
　1　A　　　2　A，B　　　3　C　　　4　D　　　5　A，D

6　幕末から明治維新にかけての歴史に関する記述として，妥当なものはどれか。
1　井伊直弼は，彦根藩主から1858年に大老に就任し，桜田門外の変を首謀して専制的な体制を強化した。
2　吉田松陰は，一人の君主の下で万民が団結する一君万民論を説くとともに，幕府による外交政策を擁護した。
3　安藤信正は，磐城平藩主から老中首座につき，公武合体運動を推し進めて和宮の降嫁の実現に貢献した。
4　西郷隆盛は，尊王攘夷運動において下級武士として活躍し，西南戦争の参謀を務めた後，戊辰戦争を起こしたものの，敗北した。
5　木戸孝允は，倒幕運動において活躍したが，版籍奉還に強く反対したことをとがめられ，明治維新後に主要な役職に就くことはなかった。

7　日本における自由民権運動に関する記述として，妥当なものはどれか。
1　自由民権運動は，社会や各機関の民主的改革を求める一連の運動である。一般に，江戸末期の倒幕運動から，大正デモクラシーまでを指す。
2　自由民権運動の過程で，政党や政社が設立された。民撰議院設立の建白書を提出した愛国公党は，日本最初の政党であった。
3　自由民権運動は，度々，弾圧の対象となった。一方，運動の成果として，新聞紙条例などにみられるように，限定的ながら言論の自由を盛り込んだ法規も制定された。

4　自由民権運動が進められる過程で，その方針や路線をめぐり，諸団体間の対立もみられた。特に，愛国社と国会期成同盟の対立は運動に深刻な分裂をもたらした。

5　自由民権運動を支えた思想を広げるのに貢献したのは，政談演説会であった。当時の法の網の中で，政府は，この会を取り締まることができず，多くの人々が集う場となった。

8　**大正時代と昭和時代の出来事に関する記述として，妥当なものはどれか。**

1　第一次世界大戦では，日本は日露協約を口実にヨーロッパの大戦に参戦して中国の山東半島への進出に成功し，中国に対して21か条の要求を突きつけた。

2　第一次世界大戦の後，戦後処理を行うためにヴェルサイユ会議が開かれたが，アジアでは独立が認められなかったので，朝鮮で五・四運動が発生した。

3　大正デモクラシーの流れの中で，国内でも普通選挙を求める動きが強まり，男女平等の参政権を認めた普通選挙法が施行された。

4　1920年代の日本は恐慌の時代といわれ，日本では関東大震災を原因とする震災恐慌や台湾銀行の破綻を原因とする金融恐慌などが発生した。

5　昭和恐慌の後，日本は大陸への進出を強めていったが，その大きなものが盧溝橋事件を端とする日中戦争である。

9　**第二次世界大戦後の日本に関する記述として，妥当なものはどれか。**

1　女性解放運動の影響を受け，男女の本質的平等の理念に基づき，戸主制度の廃止などを盛り込んだ民法改正が行われたほか，1946年には女性が初めて選挙権を行使した総選挙が行われたが，この選挙の結果女性代議士は生まれなかった。

2　国内政治に関しては，第一党自由民主党と第二党の社会党との連立政権が一時的に成立し，この政治体制は55年体制とよばれた。

3　外交関係に関しては，日米相互協力及び安全保障条約の締結に反対する安保闘争が起きたために，岸信介内閣は本条約の調印を断念した。

4　教育改革に関しては，1947年の教育基本法と同時に制定された学校教育法により，新制の6・3・3・4の学制が導入され，単線型構造へと大きく変更された。

5　経済の民主化に関しては，持株会社整理委員会が設定され，財閥本社

所有の有価証券の処分が進められたものの，財閥の解体作業が徹底的に進められることはなかった。

10 中国の歴史に関する記述として，妥当なものはどれか。

1 秦では，支配の基盤を固めるために，それまで行われていた焚書や坑儒を廃止し，積極的に儒者を登用した。

2 要職に就く者を厳しい試験によって選抜した科挙は，隋の時代に廃止されたものの，後に復活し，中国の王朝を人材の面から支えた。

3 楊貴妃の一族である楊国忠を重用したことなどにより，玄宗の権威は失われつつあったが，黄巣の乱を鎮圧することにより，唐は最盛期を迎えた。

4 清は，征服王朝ではあったものの，一定数の漢人を要職に就け，書物の編纂事業に漢人の学者を参加させるなどの配慮も行った。

5 中華民国の建国に貢献した孫文は，民の平等，民生の安定，民権を強化することを目指す三民主義を掲げ，多くの人々の共感を得た。

11 フランス革命からナポレオン戦争の時期に起きた出来事として，妥当なものはどれか。

1 ルターらによって宗教改革が行われた。

2 壬辰・丁酉の倭乱が発生した。

3 イングランドで名誉革命が発生した。

4 ナントの王令が廃止された。

5 白蓮教徒の乱が発生した。

12 近代ドイツに関する記述として，妥当なものはどれか。

1 フランスとモロッコ事件を起こしたドイツは，フランスの譲歩によりついにモロッコを得た。

2 3B政策とは，ベルリン・イスタンブル・バーゼルを結ぶ鉄道を建設し，西アジアへ進出の足掛かりにしようとした事業である。

3 第一次世界大戦中のタンネンベルクの戦いでは，ヒンデンブルクの活躍によりロシアに勝利した。

4 1933年にヒトラーは，ドイツの国際連盟加入を強行した。

5 第二次世界大戦では，オランダ・ベルギーに侵入後，ポーランドに侵攻した。

13 十字軍に関する記述として，妥当なものはどれか。

1　十字軍は，イスラームの支配から聖地エルサレムを奪回するために結成されたキリスト教の勢力による軍であった。度重なる遠征にもかかわらず，一度も成功することはなく，ローマ教皇の権威を失墜させた。

2　十字軍の遠征は，経済の発展に貢献する側面を持っていた。十字軍の輸送により，イタリアの海港都市が発達し，東方貿易が盛んになった。

3　セルジューク朝は，ビザンツ帝国による小アジアへの進出に苦悩していた。それを背景に，セルジューク朝がローマ教皇を通じて西ヨーロッパの君主や諸侯に救援を求めたことが，十字軍遠征の契機になった。

4　十字軍の遠征は，度々，過酷を極めた。そのため，軍の構成は成人男子に限定され，少年らが参加することはなかった。

5　第7回十字軍が，最後の十字軍となった。この遠征は，ルイ9世が海路チュニスを攻撃することによって始まったものの，王の死没などによって壊滅し，以降，キリスト教徒による聖地の巡礼は行われなくなった。

14 ムガル帝国とインド帝国に関する記述として，妥当なものはどれか。

1　ムガル帝国は，ティムールの子孫といわれるバーブルと，トルコ・モンゴル系の人々によって建国された。

2　ムガル帝国において，アクバル帝のとき，税収の確保のため，史上初めて非イスラーム教徒に対して課税するジズヤを導入した。

3　イギリスがインドに進出したきっかけは，アンボイナ事件においてオランダとの競争に勝利し，対外進出の機運が高まったことであった。

4　イギリスとフランスは激しい植民地獲得競争をインドにおいて展開し，フランスはプラッシーの戦いで勝利するなど，イギリスを度々おびやかした。

5　イギリスとの関係を深める中で，ムガル帝国の綿業は大きく発展し，それを恐れたイギリスが武力による支配力を強め，インド帝国を成立させた。

15 ギリシアの歴史に関する記述として，妥当なものはどれか。

1　古代ギリシアにおいて，ギリシア人は，自らのことをバルバロイと呼ぶとともに，他の民族をヘレネスと称して蔑んでいた。

2　デロス同盟において主導的な役割を果たしていたアテネを警戒したポリスにより，スパルタを中心とするペロポネソス同盟が成立し，ペロポネソ

ス戦争が勃発した。

3　紀元前2世紀，ギリシアが新興勢力であったローマによって滅ぼされると，直ちにギリシア語の使用が禁じられるなど，文化的にも厳しい弾圧を受けた。

4　19世紀，オスマン帝国からの独立を求めたギリシアは，それに激しく反対したイギリス，フランス，ロシアの影響を乗り越え，1830年に正式な独立を果たした。

5　第二次世界大戦後，ソビエト連邦によるトルーマン・ドクトリンの発表を契機として，ギリシアへの支援を表明したことを契機に，ギリシアは冷戦体制に組み込まれた。

16　イスラムと中世のヨーロッパに関する記述として，妥当なものはどれか。

1　イスラム世界で成立したゼロの概念は，インドにおいて十進法と結合し計算方法や数学の発展に大きく寄与した。

2　イスラム文化において，特に発達したのは彫刻や絵画であり，オマル＝ハイヤームは彫刻の名作を数多く残したことで知られる。

3　中世ヨーロッパの大学等において，共通の学術語としてギリシア語を用いたことが，中世の学問において民族差が小さい要因になったと指摘されている。

4　『神学大全』を著したトマス＝アクィナスは，神学と哲学を結合させたスコラ哲学の大成者として知られている。

5　ドイツを起源とするゴシック様式の代表的な建築物として，サン＝ドニ修道院やノートルダム大聖堂などが挙げられる。

17　第二次世界大戦前後の世界状況に関する記述として，妥当なものはどれか。

1　アメリカでは，フランクリン＝ローズヴェルトによってブロック経済政策が進められ，世界恐慌からの脱出に成功した。

2　ドイツではアドルフ＝ヒトラーがナチスを基盤に政権を取り，彼によるベルギーへの侵略が第二次世界大戦勃発の原因となった。

3　イギリスでは，ウィンストン＝チャーチルに率いられた労働党が福祉国家への転換を表明し，「ゆりかごから墓場まで」がその施策の標語になった。

4　ソビエト連邦では，スターリンが指導者になって以降，共産党の一党独
　裁政治が行われていたが，彼の死後，ニキータ＝フルシチョフが「スター
　リン批判」を行った。

5　日本は，終戦後，連合国によって占領されていたが，鳩山一郎がサン
　フランシスコ平和条約を締結し，再独立を果たした。

18 **アメリカ合衆国の歴史に関する記述として，妥当なものはどれか。**

1　イギリスは，北アメリカに成立した植民地を原料供給と製品市場の有益
　な場と考えていた。一方，植民地側はそれに激しく反発したものの，武力
　衝突は回避され，平和裏に独立の手続が進められた。

2　フィラデルフィアにおいて発表されたアメリカ独立宣言は，ジェファー
　ソンらによって起草された。この宣言は，フランス人権宣言の影響を強く
　受けたものであった。

3　第5代大統領のモンローは，ヨーロッパと新大陸の相互不干渉を唱えた。
　一方，ラテン・アメリカ諸国の植民地化については，容認する姿勢を貫い
　た。

4　南北戦争は，19世紀後半以降の社会や政策に大きな影響を及ぼした。
　この戦争の一方の当事者である北部諸州は，アメリカ連合国を結成し，奴
　隷制存続，自由貿易などを強く求めた。

5　南北戦争を経て，共和党政権の下で産業保護政策が進められた。この
　政策は，石炭，石油，鉄鋼などを基本とする重工業の発展に貢献した。

解答・解説

1 1

解説 1. 正しい。刑事，行政などに関わる幕府の成文法である公事方御定書は，この時期に編纂された。 2. 誤り。第1文は正しい。第2文については，田沼意次は当時の緊縮財政を転換し，また，一連の施策の中で賄賂が横行したことが不評であったので，誤りである。 3. 誤り。第1文については正しいが，寛政の改革を進めた松平定信は，田沼政治を否定しており，また，享保の改革を否定したとはいえないので，第2文は誤りである。 4. 誤り。天保の改革において，幕府の権力を強化するための施策は失敗した。 5. 誤り。水野忠邦は，「人返しの法（人返し令）」によって，他地域から江戸に流入した農民に帰農を命じ，出稼ぎを禁止した。

2 4

解説 1. 吉野ヶ里遺跡は，弥生時代に形成された遺跡である。銅剣，銅矛，銅鐸などが大量に発掘されたのは，島根県にある弥生時代の荒神谷遺跡である。 2. 弥生時代は，紀元前4世紀から紀元3世紀頃までの時代のことである。 3. 岩宿遺跡は，縄文時代後期から弥生時代にかけての遺跡ではなく，旧石器時代の遺跡である。 4. 正しい。特に西壁の女子群像が有名である。 5. 水稲農耕は多くの共同作業を必要とすることから，集団をまとめる指導者が必要とされ，その指導者とそれに従う作業者との間で身分の差が発生するようになった。

3 4

解説 1. 誤り。関白と摂政についての記述が逆である。また，道長は関白には就任していない。 2. 誤り。後三年の役のきっかけは，清原氏の相続争いに源義家が介入したことであった。 3. 誤り。院政は，鳥羽上皇ではなく，白河上皇によって開始された。 4. 正しい。なお，藤原信頼の側は，最終的に平清盛側に敗れ，信頼は斬罪となった。 5. 誤り。屋島の戦いは1185年2月，壇の浦の戦いは1185年3月のことであり，ともに平家軍が敗れた。

4 2

解説　1．田畑永代売買禁止令は江戸幕府が出したものである。田畑の分割を制限した分地制限令とともに近世農政の基本をなす。ただし，田畑永代売買禁止令は完全には守られておらず，明治時代になって廃止されるまでは名目上効力をもっていたものの，江戸時代を通じて土地の売買は行われていた。　2．正しい。　3．墾田永年私財法が出されたのは，奈良時代である。これによって公地公民が完全に崩れ，荘園発生の基礎となった。　4．五人組は江戸時代の農民統制のひとつである。犯罪の防止や年貢の納入に連帯責任を負わしたもの。　5．地租改正は明治維新の諸改革のひとつである。租税制度の改革だが，この改革により，日本で初めて土地の私的所有権が確立したことから，土地制度改革の側面ももつ。

5 1

解説　A．葛飾北斎や歌川広重は化政文化で活躍した人物である。この時代は江戸を中心に町人の経済力が向上し，多色刷りの錦絵が広まった。
B．近松門左衛門は井原西鶴や松尾芭蕉と並ぶ元禄文化を代表する文人である。　C．Bと同じく，井原西鶴は元禄文化の人物である。町人者や好色物が代表的な作品群である。　D．俵屋宗達は17世紀前半の人物で元禄文化に影響を与えた。つまり，江戸時代初めの寛永期の文化人である。　以上より正解は1である。

6 3

解説　1．誤り。井伊直弼は桜田門外の変によって暗殺された。　2．誤り。吉田松陰が一君万民論を説いたという点は正しいが，彼は幕府の外交政策を強く批判した。　3．正しい。安藤信正は，坂下門外の変によって失脚した。　4．誤り。西南戦争と戊辰戦争についての記述が逆である。　5．誤り。木戸孝允は，版籍奉還や廃藩置県の実現に貢献し，明治維新後は参与などに就いた。

7　2

解説　1．誤り。第1文については正しいが，自由民権運動は，政府の民主的改革を求めて1870年代から1880年代にかけて展開された一連の運動である。　2．正しい。愛国公党には，板垣退助，後藤象二郎らが参加した。3．誤り。新聞紙条例は，政府を批判する新聞を弾圧する内容を柱としていた。　4．誤り。国会期成同盟は，愛国社が改称した組織である。　5．誤り。政談演説会は，集会条例によって弾圧された。

8　4

解説　1．日本は第一次世界大戦に参戦し，袁世凱に21か条の要求を突きつけたが，参戦の口実にしたのは日露協約ではなく日英同盟である。　2．ヴェルサイユ体制の結果を受けて，朝鮮で発生したのは三・一（独立）運動であり，中国で発生したのが五・四運動である。　3．1925年に治安維持法と同年に普通選挙法が制定された。この法律は財産資格を撤廃したのみで，女性に参政権は与えられていない。　4．正しい。第一次世界大戦の後，日本は深刻な戦後恐慌に見舞われる。その後，震災恐慌・金融恐慌・昭和恐慌と続発し，日本は戦争を恐慌解決の手立てとして考えるようになったといわれている。5．4の解説に続き，満州事変は昭和恐慌からの脱出の手立てと考えられ，その発端が柳条湖事件だった。盧溝橋事件は日中戦争のきっかけとなった事件である。

9　4

解説　1．1946年に女性が初めて選挙権を行使した総選挙が行われ，その際に39人の女性代議士が誕生した。　2．1955年に左派と右派に分裂していた社会党が統一し，次いで日本民主党と自由党も合併して自由民主党となった。55年体制と呼ばれたのは，連立政権ではなく，自由民主党を政権党，日本社会党を野党第一党とした政治体制のことである。　3．1960年に岸信介内閣は，日米相互協力及び安全保障条約に調印した。国会での審議を自民党が単独で強行採決したため，反対運動が急速に激化し，大規模な安保闘争が展開されることとなった。　4．正しい。1947年の教育基本法と同時に制定された学校教育法により，従来の学校系統であった6年間の尋常小学校，中学校，高等女学校，高等小学校，実業学校などが並置される複線型構造から，

単線型構造へと大きく変更された。　5．1946年8月に持株会社整理委員会が活動を開始してからは，財閥の解体作業も徹底的に実施された。そのため，財閥家族の所有する有価証券の処分や財閥家族の本社役員辞任まで行われ，財閥解体の効果は大きかった。

10　4

解説 1．誤り。秦では，一部を除いて民間による書物の私蔵を禁止する焚書や，儒者などを厳しく弾圧する坑儒などが行われた。　2．誤り。科挙は隋の時代に実施され，後世に受け継がれた。　3．誤り。黄巣の乱は，唐を実質的に滅亡させたできごとである。　4．正しい。ただし，清は，辮髪（べんぱつ）の強制や当時の体制を批判する者を厳しく弾圧するなどの側面もあった。　5．誤り。「民の平等」を「民族の独立」とすると正しい記述になる。

11　5

解説 1．フランス革命が勃発したのは1789年，ナポレオンが敗れたのが1815年。この時期に自由権や平等権がナポレオン法典によって明文化された。宗教改革について，ルターやカルヴァンが活躍したのは16世紀のはじめである。　2．壬辰・丁酉の倭乱とは「豊臣秀吉の朝鮮侵略」の別名であり，16世紀の末のことである。　3．17世紀にイングランドでは，2つの市民革命があった。前半は清教徒革命であり，後半は名誉革命である。　4．ナントの王令の発布は16世紀の末，廃止は17世紀の末のことである。　5．正しい。白蓮教徒の乱は乾隆帝の時代であり，ナポレオンの活躍と同時期である。

12　3

解説 1．モロッコ事件はフランスとドイツがアフリカ進出のためモロッコ獲得を狙ったものであるが，最終的にドイツはコンゴの一部を得るにとどまった。　2．3B政策はベルリン・ビザンティウム（イスタンブル）・バグダードを結ぶもので，ドイツ帝国主義政策の一環として実施された。イギリスはこれに対し，3C政策を実施した。　3．正しい。タンネンベルクの戦いは1914年8月29日で，のち大統領となるヒンデンブルクの活躍により侵入してきたロシア軍を撃破した。タンネンベルクはポーランド東北部の村である。　4．国際連盟に加入ではなく脱退した。ヴェルサイユ条約により軍備制限などがなさ

れていたため，ヒトラーはこれに強く反発していた。　5．ドイツ軍はポーランドに侵入（1939年9月1日開始）し，その後オランダ・ベルギーを侵略（1940年5月）した。第二次世界大戦中のドイツ軍の動きは非常に複雑なので，いつどこを侵入・占領したかを覚えておく必要がある。

13　2

解説　1．誤り。第1回十字軍により，一時的に聖地が奪回された。また，第5回十字軍の後にも，一時的に聖地が回復した。なお，後に相次ぐ十字軍の失敗や指揮官であった国王の活躍が，教皇の権威が失墜する要因となった。2．正しい。ヨーロッパからエルサレムへの遠征は，交易を発達させるという側面を持っていた。　3．誤り。セルジューク朝とビザンツ帝国を入れ替えれば正しい記述となる。　4．誤り。第4回十字軍と第5回十字軍の間に，少年十字軍がエルサレムに向かったが，失敗した。　5．誤り。聖地への巡礼は，十字軍の終了後も続き，巡礼者を保護するための騎士団が活躍した。

14　1

解説　1．正しい。ムガル帝国を建国したのは，トルコ・モンゴル系（トゥーラーン系）の人々であった。　2．アクバル帝のときに，非イスラーム教徒との融和策としてジズヤ（不信仰税）の廃止などが進められた。なお，ジズヤはアウランブゼーブ帝のときに復活された。　3．アンボイナ事件において，イギリスはオランダとの競争に敗れている。　4．フランスとイギリスの植民地獲得競争は，当初フランスが優勢だったものの，プラッシーの戦いにおいてイギリスが勝利し，優位な立場を確立した。　5．ムガル帝国は，イギリスの綿製品の市場，そして原料供給地となり，イギリスの資本主義の体制の中に組みこまれた。これによりインドの綿業は大きな打撃を受け，多くの不満を抱えた民衆はシパーヒーの反乱を起こした。しかし反乱はイギリス軍により鎮圧され，ムガル帝国は消滅。イギリスが直接統治するインド帝国が成立した。

15 2

解説 1. 誤り。バルバロイとヘレネスが逆になっている。　2. 正しい。ペロポネソス戦争において，アテネが敗北しスパルタが勝利した。　3. 誤り。ギリシア語は知識人などによって使われ，ローマの民衆もギリシア文化の影響を受けた。　4. 誤り。1830年にギリシアが独立した際，イギリス，フランス，ロシアは，これを支援した。　5. 誤り。トルーマン・ドクトリンは，アメリカによる対外政策である。これによりアメリカは，ギリシアとトルコへの軍事支援を表明し，ギリシアは冷戦の体制の下，アメリカによる東側諸国への対抗の拠点の1つとされた。

16 4

解説 1. ゼロの概念はインドにおいて成立した。それがイスラム世界において，アラビア数字や十進法と結合し，数学などの発展に大きく寄与した。2. イスラム教において，偶像崇拝は最も厳しく禁じられている。その影響を受け，イスラム世界では絵画や彫刻なども発達しなかった。オマル＝ハイヤームは詩集『ルバイヤード』などで知られる詩人である。　3. 中世のヨーロッパにおいて，共通の学術語として用いられたのはラテン語である。　4. 正しい。トマス＝アクィナスは，アリストテレスによる哲学を，キリスト教神学に調和させることを試みた。「哲学は神学の侍女」として，神学の優位性を主張した。　5. ゴシック様式は12世紀の北フランスに起源をもつ建築様式である。サン＝ドニ修道院やノートルダム大聖堂はパリにある代表的なゴシック式の建築物である。

17 4

解説 1. 世界恐慌から脱出したのはフランクリン＝ローズヴェルトであるが，彼がとった政策はニューディール政策である。ブロック経済政策は，同時期にイギリスやフランスがとった政策のこと。　2. アドルフ＝ヒトラーはナチスを基盤にして共産党などを弾圧し，政権を確立した。その後，ポーランドへと侵攻し第二次世界大戦が勃発した。ドイツのベルギーへの侵攻は，第一次世界大戦のヴィルヘルム2世のときである。　3. ウィンストン＝チャーチルは，保守党を率いて第二次世界大戦を戦い抜いた首相である。「ゆりかごから墓場まで」ということばで知られる諸施策は労働党政権の下で実施され

た。　4．正しい。ニキータ＝フルシチョフはスターリン批判を行い，結果的に社会主義陣営の分裂を招いた。　5．サンフランシスコ平和条約を締結したのは吉田茂である。鳩山一郎は，国際連合への加盟とソビエト連邦との国交回復を行った人物である。

18　5

解説　1．誤り。1775年，植民地側と本国イギリスの間で武力衝突が勃発し，植民地側はワシントンを総司令官として戦った。　2．誤り。アメリカ独立宣言がフランス人権宣言に影響を与えた。　3．誤り。モンローは，ラテン・アメリカ諸国の独立を支援し，ヨーロッパ諸国による植民地化に反対した。4．誤り。「北部諸州」を「南部諸州」とすると正しい記述になる。　5．正しい。アメリカが有数の工業国に成長した要因として，南北戦争後の共和党政権における産業保護政策，天然資源の豊富さなどが挙げられる。

社会科学　　　地理

||||||||||||||||||||||||||||| P O I N T |||||||||||||||||||||||||||||

地図と地形図：地理において地図と地形図は，頻出事項の分野である。まず
地図の図法は，用途と特徴を確実に把握し，地形図は，土地利用や距離な
どを読み取ることができるようになる必要がある。

世界の地形：地形に関する問題は，かなり多く取り上げられる。地形の特色・
土地利用・その代表例は押さえておきたい。また，大地形・沈水海岸・海
岸地形なども，よく理解しておくこと。試験対策としては，地形図と関連
させながら，農業・工業とのかかわりを整理しておくとよい。

世界の気候：気候に関しては，ケッペンの気候区分が最頻出問題となる。次
いで農業とのかかわりで，土壌や植生の問題も出題される。気候区の特徴
とその位置は明確に把握しておこう。気候区とあわせて土壌・植生なども
確認しておくことも大切である。

世界の地域：アメリカ合衆国は，最大の工業国・農業国であり，南米やカナ
ダとのかかわりを問う問題も多い。また東南アジア，特にASEAN諸国で
の工業・鉱物資源などは広範に出題される。EU主要国に関しては，でき
るだけ広く深く学習しておく必要がある。資源・農業・工業・交通・貿易
など総合的に見ておこう。

日本の自然：地形・気候を中心とした自然環境は頻出である。地形や山地・
平野などの特徴は理解しておきたい。

日本の現状：農業・工業などに関する問題は，今日本が抱えている問題を中
心に整理するとよい。農産物の自由化が進み，労働生産性の低い日本の農
業は，苦しい状況に追い込まれている。工業においては，競争力を維持し
ていく手段を選んでいかざるを得ない状況に陥っている。環境問題も大き
な課題である。このような時事的な繋がりのある問題を取り上げた出題に
も対処する必要がある。

狙われやすい! 重要事項

☑地図・地形
☑土壌・環境・気候
☑人種・民族
☑人口・交通
☑アジア・オセアニア
☑ヨーロッパ
☑南北アメリカ
☑アフリカ

《 演 習 問 題 》

1 **世界各地に分布する土壌に関する記述として，妥当なものはどれか。**

　1　ポドゾルは，冷帯にみられる土壌である。酸性の成帯土壌であり，灰白色で，肥沃度が低いという特徴がある。

　2　ラテライトは，熱帯にみられる土壌である。熱帯の中では，例外的に肥沃度が低いため，熱帯林の間のまばらな草原に分布する。

　3　間帯土壌の中で代表的なものとして，テラロッサが挙げられる。デカン高原に分布する黒色土であり，綿花の栽培に適している。

　4　レグール土は，ブラジル高原に分布する紅色土である。コーヒー栽培に適しており，同地域における農業を特徴付ける要因の一つである。

　5　土壌は，大別すると，成帯土壌と間帯土壌に分類される。火山灰土は，典型的な成帯土壌である。

2 **世界の気候に関する記述として，妥当なものはどれか。**

　1　イギリスやアイルランドでは，年間を通じて季節風の影響を受けることから，比較的降水量が多く，特に冬の降水量が多い。

　2　フランスのパリは，中緯度地方の大陸西岸に位置し，降水量が比較的少なく，その大半が冬に降り，夏は乾燥するため，それに適応した密な灌木林やオリーブなどが見られる。

3　シンガポールでは，気温の年較差が小さいものの，日較差が比較的大きいうえ雨量が多く，気温や湿度が高いため，多種類の常緑広葉樹からなる熱帯雨林に覆われている。

4　グリーンランドや南極大陸はツンドラ気候に属し，一年中氷と雪に閉ざされており，人間の定住は困難とされている。

5　ブラジル高原や赤道アフリカ周辺は，ステップ気候に属し，明瞭な雨季と乾季があることを特徴としている。

3　地図に関する記述として，妥当なものはどれか。

1　正距方位図法は，図の中心から任意の一点までの距離と方位が正しく表される。この図法は，航海図などによく用いられる。

2　メルカトル図法は，経線と緯線がともに平行な直線で互いに直交し，もっともよく見られる。この図法は，航空図によく用いられる。

3　モルワイデ図法は，緯線が平行だが経線は楕円曲線からなる図法であり，面積を正しく表す。この図法は，分布図によく用いられる。

4　水準点とは，各地点間の方位と距離を正確に測定するために設けられた地点である。

5　三角点とは，水準測量に用いるときに，その標高の基準とされている点である。

4　地形に関する記述として，妥当なものはどれか。

1　カルスト地形は，石灰岩からなる地形が雨水の溶食により分解・溶解されて作られる地形である。

2　氾濫原は，河川の氾濫で運ばれた堆積物によって形成され，自然堤防と呼ばれる微高地にはおもに水田が立地する。

3　河口付近で見られる三角州は，河口が沈水して形成された地形であり，地盤が軟弱であるため都市の形成は難しい。

4　扇状地は，扇頂・扇央・扇端の区別があり，扇頂で伏流した水が湧水となり地上に出て水が得やすいことから，ここでは主に集落や水田が立地する。

5　氷河が削ったU字谷に海水が入って形成される地形をフィヨルドといい，北極圏特有の地形である。

5 世界の農業地域に関する記述として，妥当なものはどれか。

1 小麦は，米とならぶ二大穀物の一つであり，国際商品として流通する小麦の量は国内流通分よりはるかに多く，また，収穫期については北半球では3〜10月であるのに対して，オーストラリアやアルゼンチンなどの南半球の生産国では11〜2月である。

2 とうもろこしは，本来熱帯アメリカの原産であるが，気候に対する適応力が強く，世界各地に広まり，現在では全世界収穫量の約35％を生産する中国をはじめ，主として混合農業地帯で栽培され，北アメリカ・ヨーロッパでは飼料用に利用されている。

3 綿花の栽培に適した気候は，生育期の乾燥と成熟期の高温多雨であり，インドのデカン高原やエジプトなどで良質な綿花が栽培されている。

4 茶は，主にアジアのモンスーン地帯で栽培されており，世界一の栽培国であるインドでは，北東部のアッサム地方での収穫量が多く，日本に関しては静岡県での栽培が盛んで日本の全収穫量の約40％を占めている。

5 じゃがいもは，新大陸の原産の作物であったが，現在では世界各地で栽培され，ロシアではウォッカの原料として多く用いられている。また，日本に関しては，九州地方で最も多く生産されている。

6 東南アジア諸国に関する記述として，妥当なものはどれか。

1 フィリピンは，アメリカから独立したため，公用語は英語とされており，宗教については，プロテスタントの信者が多い。

2 300を超える種族の民族が住むインドネシアは，インドネシア語を公用語とし，国民の8割を超える人々がイスラム教徒である。

3 社会主義を放棄するドイモイ政策を進めてきたベトナムは，フランス語を公用語とし，国民の多くが仏教を信じている。

4 マレー語など複数の言語を公用語とするシンガポールは，マレー系の住民が過半数を占め，中国系の住民がそれに続く。

5 タイは，国民の多くがタイ族であり，また，イスラム教徒が大半を占め，仏教徒がそれに次いで多い。

7　**中国に関する記述として，妥当なものはどれか。**
1　中国は，ロシアに次いで世界で2番目に広い国土を有している。
2　中国の人口は世界第1位であったが，人口が減少傾向となり，インドに
　1位の座を奪われると予測されている。
3　中国の主要産業は，農業などの第一次産業である。
4　中国は55の少数民族を抱え，少数民族の人口は中国の全人口の約4割
　を占める。
5　中国人の多くは仏教徒である。

8　**南北アメリカ大陸の産業に関する記述として，妥当なものはどれか。**
1　カナダは，最も鉱産資源に恵まれた国のひとつであり，その恵まれた石
　油資源を利用して火力発電の割合が最も大きくなっている。
2　アメリカは，全ての面で世界最大級の工業国であり，宇宙産業から食品
　業，繊維産業まで世界最大の生産量を誇っている。
3　メキシコは，南北アメリカ最大級の産油国であり，そのほとんどは国内
　で利用され，石油化学工業が極めて高度に発展している。
4　ブラジルは，南アメリカ最大の工業国であり，豊富な鉄鉱石や水力発電
　を利用した鉄鋼業や航空機産業が発展している。
5　アルゼンチンは，最も農業が発展している国であり，地力豊かなパンパ
　において肉牛や米を生産して，多くを輸出している。

9　**世界の海洋に関する記述として，妥当なものはどれか。**
1　海底の地形については，長い間未知の領域が多かったものの，観測が進
　められてきた。大陸棚から大洋底にかけて急傾斜した海底地形は，海山と
　呼ばれる。
2　インド洋，太平洋，大西洋を合わせて，三大洋と呼ぶ。面積は，最も
　広いのが大西洋であり，太平洋，インド洋と続く。
3　地中海は，ヨーロッパ，アジア，アフリカに囲まれた海である。他の海
　と隔絶された領域であったが，スエズ運河により，紅海につながっている。
4　南シナ海は，中国の東南に広がるアジア大陸の沿海である。深度が他の
　海と比べて極めて浅いため，トロール漁業には適さないものの，浅瀬に好
　漁場が点在する。

5 黒海は，ヨーロッパとアジアの間に位置する。深部は，海水の循環が停滞しているため，溶存している酸素の量が少なく，硫化水素が比較的多く含まれている。

10 次の地図に示したA～Dとそれに対応する説明として，妥当なものの組み合わせはどれか。

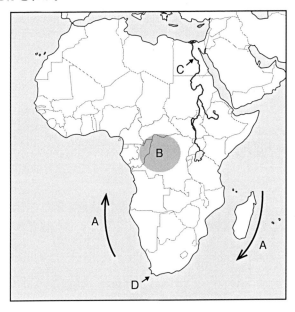

A　アフリカでは，同緯度の地域を東西で比較すると，海流の影響により，西岸の気候が比較的温暖であるのに対して，東側は寒冷である。

B　アフリカの中央部に位置する盆地には，全域に熱帯雨林が広がり，野生動物や地下資源が分布する。

C　アフリカ東海岸を南から北に流れる世界で最も長い川は，灌漑や発電など，多くの目的に用いられ，産業の発展に貢献している。

D　ヨーロッパ人が12世紀の末に到達したことにより，新たな航路が開かれた。

　　1　A，B　　　2　A，C　　　3　B，C　　　4　B，D　　　5　C，D

11 都市と都市圏に関する記述として，妥当なものはどれか。

1　1950年代末以降，フランス中北部のラ・デファンス地区において進められた都市開発では，古い住宅を維持して伝統的な景観を守りながら新しい公共施設や事務所を建設する一方，住宅群には高さに関する厳しい制限が設けられた。

2　働く場と住む土地をできる限り一体化させた都市がベッドタウンであり，労働者の通勤の負担の軽減を図るために各地で建設された。

3　都心の人口が空洞化するドーナツ化現象や，虫食い状に無秩序に都市が形成されるスプロール現象が生じるのを回避するため，世界各国において，メトロポリタンエリアが形成されてきた。

4　高原は，人の移動や物資の輸送に困難を伴うため，都市の建設は避けられてきたが，特に，その傾向は低緯度地方において顕著であった。

5　大ロンドン計画では，既に存在する市街地の周囲にグリーンベルトと呼ばれる公園や植樹帯を設けたが，これは，美観を維持し，防災，防火などに役立てるとともに，市街地の膨張を抑制することを目的としていた。

12 次の表は，2019年における主要国の輸出状況を示したものである。A～Dに当てはまる国名の組み合わせとして，正しいものはどれか。

（単位　百万ドル）

A		B		C		D	
機械類	111294	鉄鉱石	66496	機械類	110323	大豆	26077
航空機	53289	石炭	44237	衣類	30888	原油	24200
自動車	51092	金（非貨幣用）	16245	はきもの	18990	鉄鉱石	22682
医薬品	36218	肉類	11456	繊維品	9073	肉類	16325
精密機械	16158	機械類	8236	家具	8929	機械類	16299

（『世界国勢図絵2021/22』より）

	A	B	C	D
1	ブラジル	ベトナム	フランス	オーストラリア
2	ベトナム	オーストラリア	ブラジル	フランス
3	オーストラリア	ブラジル	フランス	ベトナム
4	フランス	オーストラリア	ベトナム	ブラジル
5	オーストラリア	ベトナム	フランス	ブラジル

13 世界の農業に関する記述として，妥当なものはどれか。
1 混合農業は，飼料や穀物の栽培と家畜の飼育を組み合わせた形態の農業
であり，ヨーロッパの中緯度地域において盛んである。
2 アメリカ合衆国では，機械化が進んでいる一方，比較的小規模な営農
が主流であり，類似した気候等の条件の下でも，多様な作物が栽培されて
いる。
3 酪農は，乳牛を飼育し，乳製品を販売することよって成り立つ農業であ
るが，冷涼な地域においては適さない。
4 プランテーション農業は，主に温帯地域において特定の一次産品を栽培
する大規模な農園農業であり，主に輸出向けに生産されている。
5 地中海式農業が営まれている地域では，夏に小麦などを栽培し，乾燥す
る冬にはオリーブなどを栽培している。

14 日本の工業に関する記述として，妥当なものはどれか。
1 日本の工業は生産拠点を海外に移してきたが，海外生産比率が最も高い
のは情報通信機械である。
2 製造品出荷額が最も大きい中京工業地帯では，機械工業が製造品出荷
額の約7割を占めている。
3 日本の自動車生産台数は，中国，アメリカに次いで世界第3位であり，
国内生産が海外生産を上回っている。
4 アルミニウムや銅などの非鉄金属は，近年需要が高まり，製造品出荷
額では非鉄金属製造業が鉄鋼業を上回っている。
5 デジタル産業の成長により，半導体の重要性が高まり，日本の半導体
メーカーは，世界シェアの50％を占めている。

《 解 答 ・ 解 説 》

1 1

解説 1．正しい。ポドゾルは，タイガにみられる成帯土壌である。　2．誤り。ラテライトは，紅土ともよばれる赤褐色の土壌である。植物養分が乏しく，サバナ気候の地域に分布する。　3．誤り。選択肢の文章は，レグール土についての説明である。テロラッサは，石灰岩地域に特有の赤色土である。4．誤り。選択肢の文章は，テラローシャについての説明である。　5．誤り。火山灰土は，間帯土壌に分類される。

2 3

解説 1．イギリスやアイルランドは，西岸海洋性気候に属し，年間を通じて偏西風の影響を受け，降水量の季節的変動が少なく，気温の年較差が小さい。　2．選択肢は，地中海性気候に関する記述であり，ギリシアのアテネなどがこれにあたる。パリは西岸海洋性気候に属する。　3．正しい。シンガポールは熱帯雨林気候に属する。　4．選択肢は，ツンドラ気候ではなく氷雪気候に関する記述である。グリーンランドや南極大陸は氷雪気候に属する。ツンドラ気候は，最暖月平均気温が0℃以上10℃未満なのに対して，氷雪気候は0℃未満である。　5．選択肢は，サバナ気候に関する記述である。ステップ気候はアルゼンチンの乾燥パンパや，オーストラリアの内陸部に分布し，砂漠気候の周辺に分布する乾燥気候のことである。

3 3

解説 1．正距方位図法は距離が正しいため，燃料を節約するために航空図に用いられることが多い。なお，よく見る国際連合のマークは，北極点を中心においた正距方位図法の地図である。　2．メルカトル図法は最も多く見られる世界地図であるが，面積も距離も方位もゆがみが存在する。ただし，羅針盤を併用することで航海図に利用することができる。　3．正しい。モルワイデ図法は地図全体が楕円形であり，形の歪みはあるものの面積が正しく表されている。この図法とサンソン図法を合わせたものがグード図法になる。4．選択肢は三角点についての説明である。　5．選択肢は水準点についての説明である。

4 1

解説 1. 正しい。石灰岩の主成分である炭酸カルシウム$CaCO_3$が炭酸ガスを含む雨水によって徐々に分解，溶解されることでカルスト地形が形成される。この溶食によってすり鉢状の凹地であるドリーネや，地下にできた空洞の鍾乳洞などが見られる。 2. 氾濫原の微高地を自然堤防といい，ここでは集落や畑地が形成される。水田が立地されるのは，この自然堤防の背後に形成される後背湿地である。 3. 河口付近で見られる三角州では，地盤は軟弱であるが，多くの都市が形成されている。また，河口が沈水して形成される土地は三角江である。 4. 伏流した水が湧水となって地上に出るのは，扇端である。そのため，集落や水田が立地されるのは扇端である。 5. フィヨルドは，北極圏のみならずチリやニュージーランドの南島の海岸など，南半球でもみられる。

5 1

解説 1. 正しい。2021年時点で米の輸出量は約4700万トンであるのに対して，小麦の輸出量は約20547万トンである。 2. とうもろこしは，アメリカ，中国が二大生産国であるが，全世界収穫量の約34.7％を生産しているのはアメリカであり，中国の生産量は約21.5％である。 3. 綿花の栽培に適した気候は，生育期の高温多雨と成熟期の乾燥である。なお，灌漑ができる場合は，乾燥地でも栽培できる。 4. 2020年度，日本における茶の全収穫量が最も多いのは鹿児島県であり，約36％を占めている。静岡県は2番目に多く茶を収穫しており，日本の全収穫量の約34％を占めている。 5. 日本に関しては，北海道での生産量が最も多い。

6 2

解説 1. 誤り。フィリピンがアメリカから独立したという点，公用語の1つが英語であるという点は正しい。なお，もう1つの公用語は，フィリピン語である。一方，信者が多いのは，プロテスタントではなくカトリックである。南部にはイスラム教徒が多い。 2. 正しい。インドネシアにおいて，イスラム教徒が占める割合は約87％である。 3. 誤り。ドイモイ（刷新）は，社会主義を放棄するものではなく，改革や開放を進める政策である。また，公用語はベトナム語である。仏教の信者が多いという点は正しい。 4. 誤り。

シンガポールでは，中国系の住民が7割を超える。なお，公用語は，マレー
語，英語，中国語，タミール語である。　5．誤り。タイでは，仏教徒が国
民の大半を占める。民族についてはタイ族が大多数であるが，中国系，マレー
系，山岳系少数民族の人々もいる。

7 2

解説　1．誤り。中国の国土面積は，ロシア，カナダ，アメリカに次いで，
世界第4位である。　2．正しい。国連の「世界人口推計2022」によると，中
国の人口は2022年に減少に転じ，2023年にはインドの人口が中国を上回る見
込みである。　3．誤り。中国は，「世界の工場」として第二次産業を中心に
発展してきたが，2012年に，情報通信産業などの第三次産業の比率が第二次
産業の比率を逆転した。　4．誤り。中国は，55の少数民族を抱えるが，そ
の人口は，1割にも満たない。9割以上が漢民族である。　5．誤り。中国に
は，仏教，道教，イスラム教，カトリック，プロテスタントの5つの公式に
認められた宗教があるが，人口の多くはいかなる宗教組織にも加盟していな
い。

8 4

解説　1．カナダは石油やレアメタルなどの鉱産資源が豊富である。それゆ
え，火力発電は行われるが，それ以上に水力発電の割合が大きい。　2．アメ
リカは最大の工業国だが，人件費が相対的に高く，安価な人件費が必要な繊
維産業については，中国，インド，パキスタンなどの方がその生産量は大き
い。　3．メキシコはOPECには加盟していないが，メキシコ湾を中心に多く
の油田が存在する。ただし，その多くはアメリカに輸出されており，高度に
石油化学工業が発展しているとはいえない。　4．正しい。ブラジルは鉄鉱石
が豊富であり，また降水が多いことから水力発電も盛んである。安価な水力
によるエネルギーは，航空機産業を発展させるのに役立っている。　5．アル
ゼンチンは欧州からの移民が作った国であり，パンパでは米ではなく小麦を
生産する。

地 理

9 5

解説 1. 誤り。選択肢の第2文は、大陸斜面についての説明である。海山は、大洋底にそびえる独立した海中の山である。 2. 誤り。三大洋の面積については、広いものから、順に、太平洋、大西洋、インド洋の順となっている。 3. 誤り。地中海は、ジブラルタル海峡により、大西洋とつながっている。 4. 誤り。南シナ海は、最大深度が5,400mある。また、トロール漁業の好漁場となっている。 5. 正しい。ヨーロッパとアジアの間にある、地中海の付属海である黒海についての記述である。

10 3

解説 A. 誤り。東西の記述が逆である。なお、一般に、南半球では、南から北に流れるのが寒流であり、北から南に流れるのが暖流である。 B. 正しい。 C. 正しい。 D. 誤り。喜望峰は、1488年にバルトロメウ・ディアスが、1497年にヴァスコ・ダ・ガマが到達し、インド航路の確立に貢献した。 以上より、正解は3である。

11 5

解説 1. 誤り。ラ・デファンス地区では、古い住宅は破壊され、公共施設や事務所、高層住宅などが建設された。 2. 誤り。ベッドタウンは、都心に通勤する者や家族の住宅を中心として発達した都市である。 3. 誤り。ドーナツ化現象やスプロール現象はメトロポリタンエリア（大都市圏）において生じやすい。なお、ドーナツ化現象とスプロール現象の意味についての記述は正しい。 4. 誤り。低緯度地方では、暑さを避けて高原に都市が建設されてきた例がある。コロンビアのボゴタ、ボリビアのラパスはその典型である。 5. 正しい。イギリスのニュータウンは、グリーンベルト（緑地帯）の外側に設けられた。

12 4

解説 A. 航空機の輸出が多いのはフランスである。 B. オーストラリアは、鉄鉱石の埋蔵量と生産量が世界第1位である。 C. 衣類やはきもの、繊維品の輸出がおおいことから、4ヶ国の中でベトナムであるとわかる。 D. ブラジルは、大豆の生産量が世界第1位である。また、鉄鉱石の埋蔵量と生産

93

量も，オーストラリアに次いで，世界第2位である。　以上より，正解は4である。

13　1

解説 1．正しい。混合農業は，ヨーロッパの中緯度地域において盛んな農業の形態である。　2．誤り。アメリカ合衆国では，規模の大きな企業的経営による農業が盛んである。また，「適地適作」と呼ばれるように，各地帯において盛んな作物があるため，「多様な作物」などとする記述は誤りである。3　誤り。酪農は，冷涼な地域で盛んである。　4．誤り。プランテーション農業は，主に熱帯や亜熱帯において営まれている。　5．誤り。「夏」と「冬」を入れ替えると正しい記述になる。

14　2

解説 1．誤り。海外生産比率が最も高いのは，自動車を含む輸送機械である。　2．正しい。中京工業地帯は，自動車をはじめとする機械工業が盛んで，製造品出荷額の約7割を占めている。　3．誤り。日本の自動車生産台数は世界第3位だが，アジア各国やアメリカなどに生産拠点を移していて，海外生産が国内生産を上回っている。　4．誤り。製造品出荷額では，鉄鋼業が非鉄金属製造業の2倍弱で上回っている。　5．誤り。日本の半導体メーカーは，1980年代には世界シェアの50％程度を占めていたが，メモリーからロジックへの転換に乗り遅れ，2020年には世界の総生産額に占める日本メーカーの割合は10％に満たなかった。

人文科学　　国語・文学・芸術

||||||||||||||||||||||||||||　P O I N T　||||||||||||||||||||||||||||

文学：日本古典文学と日本近現代文学，世界の文学からの出題が多い。年表に出てくる著名な作品名と作者名ぐらいは覚えておくようにしたい。余裕があれば各作品の冒頭の文章も併せて覚えておくとよい。短歌・和歌や俳句は，百人一首や俳句集で有名な作品を暗記しておこう。

　　学習法としては，高校の問題集，参考書を使って，全領域に関する基礎的な知識を身につけることである。そうすれば十分に対応できるだろう。それと同時に重要なのは，とにかく問題に多く当たることである。問題の分析から出題の傾向，レベル，解答のパターンを熟知し，効率的な学習を行うことが，短期決戦の姿勢として求められる。

美術：出題される内容は，高校の「世界史」や「日本史」の教科書に掲載されているレベルのものも多いので，文化史の芸術分野について読み返し，覚えるのもよい。

　　日本美術史では，歴史の流れとともにそれぞれの時代の文化や宗教的な影響を考えながら，様式の特徴と代表的な建築や作品を覚える。近代以降では，作者個人の考え方や特徴がポイントになるので，作者と作品を併せて理解しておこう。特に西欧文化とのかかわりで見ていくとよい。

　　西洋美術史の古代から中世までは，建築物や彫刻作品を中心に作者と作品を押さえておきたい。近代以降は，各主義とその特徴，代表的な作者や作品について図版と共に覚える。まれに工芸やデザインにかかわる分野から出題されることがあるので，「アールヌーボー」や「バウハウス」などの用語については，調べておいた方がよい。

音楽：例えば，次のような一般教養的な知識が問われやすい傾向にある。

■有名な音楽家の作品，楽譜が誰の作品か，いつの時代かを問うもの

①バロック音楽 … ヴィヴァルディ，バッハ，ヘンデル

②古典派 … モーツァルト，ベートーヴェン，ハイドン

③ロマン派／国民楽派 … シューベルト，ショパン，ワグナー，ヴェルディ，ビゼー，チャイコフスキー／ムソルグスキー，スメタナ，ドボルザーク，グリーグ，シベリウス

④近・現代音楽 … ドビュッシー，ラヴェル，ガーシュイン

■楽曲の種類や様式を問うもの

①有名なオペラの作品名や作曲者…プッチーニ〈蝶々夫人「ある晴れた日に」〉，ヴェルディ〈「アイーダ」凱旋行進曲〉など

②交響曲と協奏曲の違い…交響曲はソナタ形式の楽章を含む4楽章の管弦楽作品，協奏曲は独奏楽器＋管弦楽で3楽章の作品

③交響曲と交響詩の違い…前者は古典派（ベートーヴェン）時代に完成した様式，後者はロマン派（リスト）以後に作られた管弦楽曲で，自由な形式の一般的には1楽章のみの楽曲

■日本人作曲家の有名な作品名，楽譜が誰の作品かを問うもの

①歌曲作品…滝廉太郎（「荒城の月」「花」「箱根の山」），山田耕筰（「赤とんぼ」「待ちぼうけ」「からたちの花」），中田喜直（「夏の思い出」「雪の降る町を」「めだかの学校」），成田為三（「浜辺の歌」），團伊玖磨（「花の街」）

②その他…宮城道雄「春の海」，日本古謡「越天楽今様」「さくら」

狙われやすい！ 重要事項

☑ 西洋美術
☑ 西洋音楽
☑ 日本美術や芸能

1 **日本の古典文学に関する記述として，妥当なものはどれか。**

1 万葉集は，現存する最古の和歌集であり，天皇，貴族，下級役人，漁民，農民など，多様な作者による和歌が収録されている

2 新古今和歌集は，平安時代の初頭に成立した和歌集であり，短歌に加え，長歌や旋頭歌を含む作品が配列されている。

3 伊勢物語は，伊勢斎宮を主人公とする歌物語であり，格調高い漢文で記された物語である。

4 国風文化が栄えた時期，紫式部によって書かれた源氏物語は，特に，物語の最終場面である光源氏の死の描写の評価が高い。

5 平安時代中期以降，随筆が発達し，特に，吉田兼好と鴨長明の合作による優れた作品として名高い方丈記は，災厄や草庵生活が巧みに描かれている。

2 **近代の短歌・俳句に関する記述として，妥当なものはどれか。**

1 俳句の革新的先駆者，与謝野鉄幹とその妻晶子らは『ホトトギス』を創刊した。

2 正岡子規は，『明星』の創刊に携わった。

3 伊藤左千夫は，正岡子規に師事し，『アララギ』を刊行した。

4 高浜虚子に師事した斎藤茂吉は，歌集『赤光』『あらたま』によって文壇を瞠目させ，『馬酔木（あしび）』を刊行した。

5 石川啄木は，伊藤左千夫の知遇を得てアララギ派の詩人として出発し，貧困に苦しみながら，歌集『海の声』『別離』などを発表した。

3 **日本において各時代に栄えた文化に関する記述として，妥当なものはどれか。**

1 白鳳文化は，大化の改新から平城京への遷都に至る時代に栄えた文化である。その特徴として，律令国家を建設する時期の清新さや，初唐文化の影響が挙げられる。

2 天平文化は，聖武天皇の時代を中心とした8世紀の文化である。仏教の影響から離れる一方，盛唐文化をはじめとした国際色に富んだ特色を持っていた。

3　国風文化は，摂関時代を中心として栄えた文化である。この時代につくられた多くの作品に共通するのは，真名を用いていることである。

4　東山文化は，15世紀後半に栄えた文化である。この文化は，当時広がりつつあった浄土系仏教の影響を強く受けていた。

5　江戸時代には，各地に，町人による文化が栄えた。元禄文化が江戸を中心に栄えたのに対して，化政文化は，大阪や京都を中心として繁栄した。

4　日本の文学作品に関する記述として，妥当なものはどれか。

1　安部公房は，カトリック信者の立場から，人間にとって宗教とは何かという問いを主題とした作品を多く執筆し，『白い人』で芥川賞を受賞した。

2　小林多喜二は，社会主義思想に基づく政治的な文学であるプロレタリア文学の代表者であり，『太陽のない街』などの作品を残した。

3　坪内逍遙は，文学は既成の道徳に従属するものではないという文学の自律性を主張し，小説論『小説神髄』を著した人物である。

4　尾崎紅葉は，理想主義的傾向をもつ擬古典主義の立場から，芸道に精進する男性を描いた『一口剣』などを著した。

5　三島由紀夫は，敗戦直後から執筆活動を始めた作家の1人であり，歴史的寺社仏閣の炎上を題材とした『豊饒の海』などを残した。

5　日本の芸術に関する記述として，妥当なものはどれか。

1　江戸時代初期の画家である狩野派の狩野探幽は，『雪汀水禽図』を描いた。

2　尾形光琳は，俳味を取り入れた詩情ある洒脱な画風を翻案し琳派となり『風雨草花図』などの作品を残した。

3　江戸時代の後期には，円山派の円山応挙が，写生を重視した親しみやすい画風を用いた『雪松図屏風』などの作品を描いた。

4　平賀源内は，日本における洋画の開拓者であり，その代表的な作品には，銅版画を用いた作品である『三囲景図』などがある。

5　鈴木春信は，日本を代表する浮世絵師であり，『婦人図』などの美人画を描き残した。

6 諸外国の文学作品とその著者に関する記述として，妥当なものはどれか。

1 ワーズワースは，風刺などを巧みに用いた作風で知られ，『人間の絆』や『月と六ペンス』などの作品を残した。

2 カミュは，不条理こそが人間の生の本質であるととらえ，それを『ペスト』や『異邦人』などの作品を通じて描いた。

3 スタンダールは，人間が自由を求める心情と宗教的モラルの対立をテーマとした作品を残したことで知られ，代表作として，『狭き門』や『背徳者』が挙げられる。

4 ヘッセは，「疾風怒濤」という文学運動の先駆者として知られ，ノーベル文学賞を辞退したことで知られている。

5 ヘミングウェイは，当時流行していたハードボイルドという文体に対する反発から，修飾的な表現を多用してすぐれた作品を残した。

7 次のA～Eについて，画家と作品名を選んだ組み合わせとして，妥当なものはどれか。

A セザンヌ ————『サント・ヴィクトワール山』

B マネ ————『楽屋の踊り子達』

C ルノワール ———『糸杉』

D レンブラント ——『夜警』

E ゴッホ ————『タヒチの女』

1 AとB　2 AとD　3 BとC　4 BとE　5 DとE

8 次の西洋の音楽作品を年代順に並び替えたものとして，妥当なものはどれか。

A 子犬のワルツ

B 運命

C 詩人の恋

D トッカータとフーガ

E 白鳥の湖

1 D－B－A－E－C　　2 D－B－C－A－E
3 B－D－A－E－C　　4 C－A－E－B－D
5 B－E－C－A－D

9 日本の歌集に関する記述として，妥当なものはどれか。

1　小倉百人一首は，奈良時代から平安時代にかけて活躍した藤原定家によって選ばれた秀歌撰である。当時，女流文学が隆盛であったことを背景に，作者の多くは女性であった。

2　金槐和歌集は，源親行による歌集である。格調高く，力強い歌風の和歌が多く含まれていることが特徴的であった。

3　百練抄は，藤原定家，家隆らが編集した和歌集である。当時において新しい歌風を取り入れ，情趣や技巧に富んだ歌風の和歌が収められた。

4　勅撰和歌集は，天皇，上皇，法皇の命を受け，歌人によって編集された和歌集である。最初の勅撰和歌集は，醍醐天皇の命による古今和歌集であった。

5　万葉集は，8世紀後半に成立した歌集である。形式や作者ともに幅が広く，相聞歌，挽歌などが，当時成立した平仮名によって記された。

10 四字熟語が用いられた次の文のうち，漢字の用法がすべて妥当なものはどれか。

1　五里夢中の状態で進まなければならなかった。

2　茶道では，一機一会の気持ちを持って，相手に接することを説く。

3　3年前のできごとは，絶体絶命の危機であった。

4　友人との間の関係では，お互いに切磋拓磨する姿勢を持つことが大切である。

5　武道に取り組む際は，精神を統一し，心を名鏡止水の状態にすべきである。

《 解 答 ・ 解 説 》

1 1

解説 1．正しい。万葉集の編集が開始されたのは奈良時代初期，成立したのは奈良時代の末から平安時代初頭と考えられている。　2．誤り。選択肢の記述は，古今和歌集についてのものである。新古今和歌集が成立したのは鎌倉時代初頭であり，収録されている和歌はすべて短歌である。　3．誤り。伊勢物語の中心となっているのは，在原業平と思われる男を主人公とする物語であり，彼の恋の相手が伊勢斎宮である。また，簡潔な和文体で書かれている。　4．誤り。源氏物語は，光源氏亡き後，薫を主人公として続いているので，「最終場面である光源氏の死」という記述は誤りである。　5．誤り。方丈記は鴨長明によって書かれたが，合作ではない。なお，吉田兼好は徒然草の作者である。

2 3

解説 1．与謝野鉄幹とその妻晶子は，俳句ではなく短歌を詠んだ。また，与謝野夫妻が創刊にかかわった歌誌は『明星』である。　2．正岡子規が創刊にかかわった俳誌は『ホトトギス』である。　3．正しい。歌人で小説家でもある伊藤左千夫は，正岡子規に師事し，『馬酔木』『アララギ』を刊行した。短歌の生命を「叫び」であると主張した。小説に『野菊之墓』などがある。4．斎藤茂吉が師事したのは，正岡子規と伊藤左千夫である。また，『馬酔木』は伊藤左千夫によって創刊された。　5．石川啄木は与謝野鉄幹と知り合い，明星派の詩人として出発した。また，石川啄木が発表した代表的な歌集は『一握の砂』『悲しき玩具』など。『海の声』『別離』は若山牧水の歌集。

3 1

解説 1．正しい。特に薬師寺は，白鳳文化における美術の宝庫と評価されている。　2．誤り。天平文化は，仏教的色彩の強い文化であった。　3．誤り。国風文化が栄えた時代には，特に女性は仮名文字を用いるようになった。4．誤り。東山文化は，禅宗の影響を強く受けていた。　5．誤り。各文化が栄えた地が逆の記述となっている。

4 3

解説 1. 遠藤周作に関する記述である。安部公房は，東京生まれの純文学作家である。その代表作としては，『壁』『砂の女』などがある。　2. 前半の文章は正しいが，小林多喜二の代表作は『蟹工船』などである。また，『太陽のない街』の作者は徳永直である。　3. 正しい。坪内逍遥は，『当世書生気質』で選択肢の理論の具体化を試みたが，人間の内面を捉えることはできなかった。　4. 幸田露伴に関する記述である。尾崎紅葉も擬古典主義派であったが，山田美妙らとともに硯友社を結成し，機関誌『我楽多文庫』を発刊したことで知られる。　5. 金閣寺の炎上を題材とした三島由紀夫の作品は『金閣寺』である。『豊饒の海』は『浜松中納言物語』を典拠とした夢と転生の物語である。なお，執筆は戦前から始めており，小説も発表していた。

5 3

解説 1. 選択肢は同じ狩野派の狩野山雪に関する記述である。狩野探幽の作品としては『探幽縮図』などが挙げられる。　2. 選択肢は酒井抱一についての説明である。尾形光琳の作品としては『紅白梅図屏風』などが挙げられる。　3. 円山応挙の他の作品としては『花鳥写生図巻』や『写生帖』などが挙げられる。　4. 選択肢は司馬江漢に関する記述である。平賀源内は画家のほか，発明家としても活躍した人物であり，その作品として『エレキテル（静電気発生機）』などがある。　5. 喜多川歌麿に関する記述である。鈴木春信の作品としては『お仙茶屋』などがある。

6 2

解説 1. 誤り。選択肢の記述は，モームに関するものである。ワーズワースは，『叙情民謡集』や『序曲』などの詩集で知られる。　2. 正しい。カミュの他の作品として，『カリギュラ』などが挙げられる。また，ノーベル文学賞を受賞したことでも知られる。　3. 誤り。選択肢の記述はジッドに関するものである。スタンダールは，『赤と黒』や『パルムの僧院』などの作品で知られる。　4. 誤り。「疾風怒濤」の文学運動の先駆的存在として知られているのはゲーテやシラーである。また，ヘッセはノーベル文学賞を辞退していない。　5. 誤り。ヘミングウェイの作品における文体は，簡潔で飾り気のない「ハードボイルド」として知られる。彼の代表作として，『武器よさらば』『老

人と海』などが挙げられる。

7 2

解説 A．正しい。セザンヌは後期印象派に類別される。代表作はほかに『大水浴』など。　B．マネの代表作は『草上の昼食』『オランピア』『笛を吹く少年』など。『楽屋の踊り子達』はドガの作品。　C．ルノワールの代表作は『桟敷席』『ムーラン・ド・ラ・ギャレット』など。裸婦などの人物画を多く描いている。糸杉はゴッホが好んで描いたモチーフの一つである。　D．正しい。レンブラントは光と影の対比による劇的な表現を特徴とし，『光の画家』と称される。　E．『タヒチの女』はタヒチ島で制作を行ったゴーギャンの作品。ゴッホとゴーギャンは共同生活をしていた時期もあり，同時代の画家である。ゴッホの代表作は『ひまわり』『糸杉』など。　よって正答は2。

8 2

解説 Aは1846年から1848年にショパンにより作曲された作品である。ピアノの詩人とも呼ばれ『英雄ポロネーズ』などの作品も作曲した。Bは1807年から1808年にベートーベンにより作曲された作品である。ベートーベンは古典音楽を集大成し，ロマン派への道を開いた。Cは1840年にシューマンによって作曲された作品である。ドイツロマン主義を代表する作曲家である。Dは1708から1717年にかけてバッハが作曲した作品である。バッハの音楽はルネサンス音楽やそれまでのバロック音楽の集大成ともいわれ，教会音楽，管弦楽曲など数多く作曲した。Eは1875年から1876年にチャイコフスキーが作曲した作品である。交響曲やバレエ音楽を得意とした。

9 4

解説 1．誤り。時代については，「平安時代末期から鎌倉時代に活躍した」が正しい。また，女流歌人の優れた作品が収録されているものの，その数は21首であり，男性によるものの方が多い。　2．誤り。金槐和歌集は，源親行ではなく，源実朝による歌集である。源親行については，『源氏物語』の研究で著名な人物である。　3．誤り。選択肢の記述は，新古今和歌集についてのものである。『百練抄』は，冷泉天皇から後深草天皇までを記した歴史書である。　4．正しい。古今和歌集の歌風の特徴として，優美さ，繊細

さなどが挙げられる。　5．誤り。万葉集の和歌は，平仮名ではなく，万葉仮名で記された。

10　3

解説　1．誤り。「五里霧中」が正しい。なお，「五里霧中」は，手がかりや物事の様子がつかめず，方針や見込みが立たない様子を表す。　2．誤り。「一期一会」が正しい。なお，「一期一会」とは，一生の一度の大切な機会という意味である。　3．正しい。「絶体絶命」とは，困難や危機から逃れるのが極めて難しい状況を表す。　4．誤り。「切磋琢磨」が正しい。なお，「切磋琢磨」とは，学問や人徳をよりいっそう磨き上げることである。また，仲間同士が互いを励まし合って向上すること。　5．誤り。「明鏡止水」が正しい。「明鏡止水」は，邪念がなく澄み切って落ち着いた心の様子を表す。

第3部

教養試験
自然科学

- 数　学
- 物　理
- 化　学
- 生　物
- 地　学

自然科学　　　　数 学

||||||||||||||||||||||| **POINT** |||||||||||||||||||||||

　数学の分野では，高校までの学習内容が出題される。教科書に出てくる公式を覚えるだけではなく，応用問題への対応が必要となる。以下に示す単元ごとの最重要事項を確実に押さえ，本書でその利用法を習得しよう。

　「数と式」の内容では，一見何をしたらよいか分かりづらい問題が出てくるが，「因数分解」，「因数定理」，「剰余の定理」，「相加平均・相乗平均の関係」などを用いることが多い。その他にも，「分母の有理化」や根号，絶対値の扱い方などをしっかり確認しておこう。

　「方程式と不等式」の内容では，特に二次方程式や二次不等式を扱う問題が頻出である。「二次方程式の解と係数の関係」，「解の公式」，「判別式」を用いた実数解や虚数解の数を求める問題は確実にできるようにしたい。また，「二次不等式の解」，「連立不等式の解の範囲」については，不等号の向きを間違えないように注意しよう。余裕があれば，「三次方程式の解と係数の関係」や「円の方程式」なども知っておきたい。

　「関数」の内容でも，中心となるのは二次関数である。「二次関数のグラフの頂点」，「最大値と最小値」，「x軸との共有点」は確実に求められるようにしよう。また，グラフを「対称移動」や「平行移動」させたときの式の変形もできるようにしたい。その他にも，「点と直線の距離」，「三角関数」の基本的な公式なども知っておきたい。

　「数の性質」の内容では，「倍数と約数」，「剰余系」，「n進法」などの問題が出題される。これらについては，とにかく多くの問題を解いてパターンを覚えることが重要である。

　「微分・積分」の内容では，グラフのある点における「接線の方程式」，グラフに囲まれた「面積」が求められるようになっておきたい。

　「場合の数と確率」の内容では，まずは順列・組合せと確率計算が正しくできなければならない。その際，場合の数が多かったり抽象的であったりして考えにくいようであれば，樹形図の活用や問題の具体的な内容を書き出すことで，一般的な規則性が見つかり解法が分かることがある。余事象を利用す

ることで，容易に解ける問題もある。「同じものを含む順列」，「円順列」など
もできるようにしたい。

　「数列」の内容では，等差数列，等比数列，階差数列の一般項や和の公式
を覚えよう。余裕があれば，群数列にも慣れておこう。

　「図形」の内容では，三角形の合同条件・相似条件，平行線と角に関する性
質，三角形・四角形・円などの基本的性質や，面積の計算方法などは必ずと
言ってよいほど必要となるので，しっかりと整理しておくこと。

　数学の知識は「判断推理」や「数的推理」の問題を解く際にも必要となるた
め，これらと並行して取り組むようにしたい。

☞ 狙われやすい! 重要事項

☑二次方程式・不等式
☑二次関数の最大値・最小値
☑平面図形の面積

《 演 習 問 題 》

1　下の図の空欄のマスに1～4の数字を一つずつ記入する。ただし，上
のマスと同じ数字を記入してはならない。このような記入の仕方は何通り
あるか。

1	2	3	4

　　1　6通り　　2　9通り　　3　12通り　　4　15通り　　5　18通り

2　ある中学校の生徒全員のうち，男子の7.5%，女子の6.4%を合わせた
37人がバドミントン部員であり，男子の2.5%，女子の7.2%を合わせた
25人が吹奏楽部員である。この中学校の女子全員の人数は何人か。
　　1　246人　　2　248人　　3　250人　　4　252人　　5　254人

3 和が756，最大公約数が126であるような2つの正の整数として正しいものはどれか。

  1　118，638   2　120，636   3　123，633
  4　126，630   5　106，650

4 xの方程式$kx^2 - 2(k-1)x + k + 2 = 0$が解をもつような$k$の値の範囲を求めよ。

  1　$k \leqq \dfrac{1}{4}$ 2　$k \leqq \dfrac{1}{3}$ 3　$k \leqq 1$ 4　$k \leqq -\dfrac{1}{4}$ 5　$k \leqq -\dfrac{1}{3}$

5 nを100までの自然数とするとき，$\sqrt{40n}$が自然数となるようなnの値として正しいものはどれか。

  1　10，20，60   2　10，30，70   3　10，40，80
  4　10，40，90   5　10，50，80

6 図の立体KLMN－OPQRは，一辺の長さが12cmの立方体である。辺KNの中点をX，辺OPの中点をYとするとき，線分XYの長さとして，正しいものはどれか。

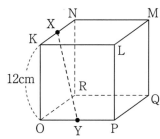

  1　$3\sqrt{3}$ 2　$3\sqrt{6}$ 3　$6\sqrt{3}$ 4　$6\sqrt{6}$ 5　$7\sqrt{7}$

7 2直線$y = 2(x+1)$，$y = -x + 8$とy軸とで囲まれる部分の面積として正しいものはどれか。

  1　5   2　6   3　7   4　8   5　9

8 点Aがx軸上を，点Bがy軸上を，
AB＝2であるように動くとき，ABの
中点Pの軌跡として正しいものはどれ
か。

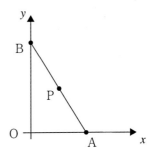

  1　点Aを中心とする半径1の円
  2　点Aを中心とする半径2の円
  3　原点を中心とする半径1の円
  4　原点を中心とする半径2の円
  5　原点を中心とする半径3の円

9 放物線 $y＝2x^2－4x＋7$ のグラフを，放物線 $y＝2x^2＋12x＋17$ のグ
ラフに重なるように平行移動させるとき，x軸方向及びy軸方向にどれだ
け移動させればよいか。

  1　x軸方向に－4，y軸方向に6
  2　x軸方向に6，y軸方向に4
  3　x軸方向に－4，y軸方向に－6
  4　x軸方向に－6，y軸方向に6
  5　x軸方向に4，y軸方向に－6

10 図の五角形HIJKLにおいて，HL//IJ，HI//LKであるとき，xの値とし
て，正しいものはどれか。

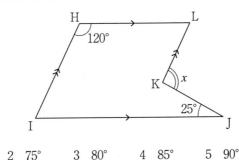

  1　70°　　　　2　75°　　　3　80°　　　4　85°　　　5　90°

11 図において，KL＝KO＝KN，∠LKM＝32°，∠MKN＝86°のとき，∠OLMの大きさとして，正しいものはどれか。

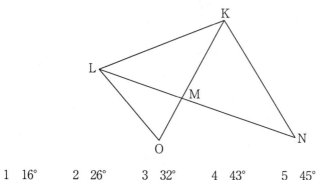

1　16°　　　2　26°　　　3　32°　　　4　43°　　　5　45°

12 側面がいずれも1辺の長さ2の正三角形である正四角すいO－ABCD
の体積は次のうちどれか。

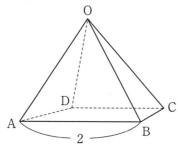

1　$\dfrac{3}{4}$　　2　$\dfrac{4\sqrt{2}}{3}$　　3　$\dfrac{1}{6}$　　4　$\dfrac{\sqrt{2}}{6}$　　5　$\dfrac{3\sqrt{2}}{4}$

《 解 答 ・ 解 説 》

1 2

解説 左から順に，空欄に記入する数字の樹形図を描くと以下のようになる。

$$2 \begin{cases} 1 - 4 - 3 \\ 3 - 4 - 1 \\ 4 - 1 - 3 \end{cases}$$

$$3 \begin{cases} 1 - 4 - 2 \\ 4 \begin{cases} 1 - 2 \\ 2 - 1 \end{cases} \end{cases}$$

$$4 \begin{cases} 1 - 2 - 3 \\ 3 \begin{cases} 1 - 2 \\ 2 - 1 \end{cases} \end{cases}$$

よって，求める記入の仕方は9通りである。

2 3

解説 男子全員の人数をx，女子全員の人数をyとすると，

$0.075x + 0.064y = 37 \cdots ①$

$0.025x + 0.072y = 25 \cdots ②$

① $- ② \times 3$ より

$$\begin{array}{r} 0.075x + 0.064y = 37 \\ -)\quad 0.075x + 0.216y = 75 \\ \hline -0.152y = -38 \end{array}$$

より，$y = 250$

これを①に代入して，$x = 280$

よって，女子全員の人数は250人。

以上より，正解は3。

3 4

解説 2つの正の整数をA，B（$A \leqq B$）とすると，$A = 126a$，$B = 126b$（a, bは互いに素）とおける。

$126a + 126b = 756$ より，$a + b = 6$

a, bは互いに素であり，$A \leqq B$より，$a < b$であるから，$a = 1$, $b = 5$

よって，$A = 126$, $B = 630$

以上より，正解は4。

4 1

解説 $k = 0$ のとき，与えられた方程式は $2x + 2 = 0$ となるので，$x = -1$ が解となる。よって，$k = 0 \cdots$① は条件を満たす。

$k \neq 0$ のとき，$kx^2 - 2(k-1)x + k + 2 = 0$ の判別式を D とすると，解をもつための条件は，

$$\frac{D}{4} = (k-1)^2 - k(k+2) \geqq 0$$

$$-4k + 1 \geqq 0$$

$$k \leqq \frac{1}{4} \cdots②$$

①②より，k の範囲は $k \leqq \dfrac{1}{4}$ となる。

以上より，正解は1。

5 4

解説 m を自然数として，$n = 10 \times m^2$ とおくと，
$$\sqrt{40n} = \sqrt{4} \times \sqrt{10} \times \sqrt{n} = 2\sqrt{10} \times \sqrt{10} \times \sqrt{m^2} = 20m, \quad n = 10m^2$$
となる。

$m = 1$ のとき，$n = 10 \times 1^2 = 10$（このとき，$\sqrt{40n} = \sqrt{400} = 20$）
$m = 2$ のとき，$n = 10 \times 2^2 = 40$（このとき，$\sqrt{40n} = \sqrt{1600} = 40$）
$m = 3$ のとき，$n = 10 \times 3^2 = 90$（このとき，$\sqrt{40n} = \sqrt{3600} = 60$）
$m = 4$ のとき，$n = 10 \times 4^2 = 160$ となり，$n > 100$ となるため不適である。
$m \geqq 5$ についても同様のため，
$n = 10, \ 40, \ 90$
以上より，正解4。

6 4

解説 設問の図において，線分 OY は面 KORN に垂直だから，$\angle YOX = 90°$ となり，$\triangle XOY$ は直角三角形であるから，三平方の定理より，
$$XY^2 = XO^2 + OY^2 \quad \cdots①$$
また，$\triangle KOX$ も直角三角形であるから，三平方の定理より，
$$XO^2 = KX^2 + KO^2 = 6^2 + 12^2 = 36 + 144 = 180 \quad \cdots②$$
①，②より，$XY^2 = 180 + 36 = 216$

XY＞0より　XY $= 6\sqrt{6}$

以上より，正解は4。

7 2

解説 まず，2直線の交点の座標を
求める。

$$\begin{cases} y = 2(x + 1) \\ y = -x + 8 \end{cases}$$

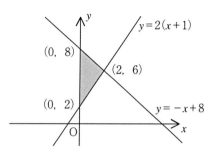

からyを消去して，$2(x + 1) = -x + 8$

$2x + 2 = -x + 8$より，$3x = 6$

よって，$x = 2$，$y = 6$だから，交点の
座標は，$(2, 6)$

また，2直線のy軸との交点の座標は，$x = 0$を代入して求めると，

$(0, 2)$，$(0, 8)$

したがって，上図より求める面積は底辺の長さが$8 - 2 = 6$，高さが2の三角
形であるから，

$$\frac{1}{2} \cdot 6 \cdot 2 = 6$$

以上より，正解は2。

8 3

解説 $A(u, 0)$，$B(0, v)$とすると，

$AB = 2$より　$u^2 + v^2 = 4$ …①

$P(x, y)$とすると，PはABの中点なので，

$x = \dfrac{u}{2}$，$y = \dfrac{v}{2}$　$\therefore$　$u = 2x$，$v = 2y$

これらを①に代入して，

$(2x)^2 + (2y)^2 = 4$　$\therefore$　$x^2 + y^2 = 1$

よって，求める軌跡は，原点を中心とする半径1の円である。

以上より，正解は3。

9 3

解説 もとの放物線は，$y = 2x^2 - 4x + 7 = 2(x^2 - 2x) + 7 = 2(x-1)^2 + 5$
だから，頂点は $(1，5)$
平行移動後の放物線は，$y = 2x^2 + 12x + 17 = 2(x^2 + 6x) + 17 = 2(x+3)^2 - 1$
だから，頂点は $(-3，-1)$
頂点が重なるので，x軸方向に-4，y軸方向に-6平行移動すればよい。
以上より，正解は3。

10 4

解説 図において，LKを延長し，
辺IJと交わる点をMとすると，四
角形HIMLは平行四辺形となるの
で，平行四辺形の対角は等しいか
ら，∠IHL = ∠IML = 120°である。
三角形の外角は，それと隣り合わな
い2つの角の和に等しいから，

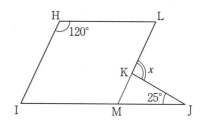

∠LKJ = ∠KMJ + ∠KJM = (180° - 120°) + 25° = 85°
以上より，正解は4。

11 4

解説 KL = KNより，△KLMは
∠LKMを頂角とする二等辺三角形である。
よって，

$$\angle KLM = \angle KNL = \frac{180° - (32° + 86°)}{2} = 31°$$

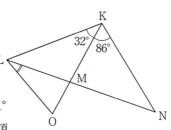

また，KL = KOより，△KLOは∠LKOを頂
角とする二等辺三角形である。

よって，$\angle KLO = \angle KOL = \dfrac{180° - 32°}{2} = 74°$

ここで，∠OLM = ∠KLO - ∠KLM = 74° - 31° = 43°
以上より，正解は4。

参考：円周角を利用する場合

点L，O，Nは点Kと等距離なので，これらの3点は点Kを中心とする同一円周上に存在する。すると，∠OKNと∠OLNは共通の弧に対する中心角と円周角の関係にあるので，

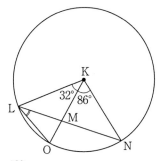

$$\angle \text{OLN} = \frac{1}{2} \times \angle \text{OKN} = \frac{1}{2} \times 86° = 43°$$

12 2

解説 図のように，頂点Oから底面に垂線を引き，底面ABCDと交わる点をHとする。

底面ABCDは1辺の長さが2の正方形，△ABCは直角二等辺三角形なので，三平方の定理より，$AC = 2\sqrt{2}$

よって，$AH = \frac{1}{2} \times AC = \frac{1}{2} \times 2\sqrt{2} = \sqrt{2}$

△OAHは直角三角形なので，

$$OH = \sqrt{2^2 - (\sqrt{2})^2} = \sqrt{2}$$

したがって，正四角すいO－ABCDの体積は，

$$\frac{1}{3} \times 2 \times 2 \times \sqrt{2} = \frac{4\sqrt{2}}{3}$$

以上より，正解は2。

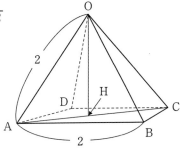

| 自然科学 | 物　理 |

|||||||||||||||||||||||| **POINT** ||||||||||||||||||||||||

　物理の分野では，ほとんどが高校物理の内容を中心とした問題で，下記の
いずれの単元からも出題される可能性がある。しかし，出題パターンは限ら
れており，優先的に取り組むべきなのは「力学」で，「電磁気」，「波動」がこ
れに続く。ほとんどが計算問題であるが，正誤問題や穴埋め問題が出る場合
もある。

　「力学」では，「等速直線運動」や「等加速度直線運動」が基本となり，「落
体の運動」，「斜面をすべる物体の運動」などはこれらの知識を用いて解いてい
くことになる。また，覚えた公式をどの問題で，どういう形で利用するのか，
自身で判断できるようにならなければいけない。例えば，「落体の運動」では
自由落下，鉛直投げ下ろし，鉛直投げ上げ，水平投射，斜方投射といった
様々な運動形態が出てくる。その他にも，「糸の張力」，「ばねの弾性力」，「浮
力」といった力の種類や，「仕事とエネルギー」，「運動量」などを題材にした
問題も多い。

　「熱と気体」では，「熱量の保存」に関する計算問題や，「物質の三態と状態
変化」に関する正誤問題または穴埋め問題が頻出である。覚えることが少な
い単元なので，しっかりと練習しておけば得点源になりやすい。

　「波動」では，まず波の基本公式を覚え，波長，振動数，速さ，周期といっ
た物理量を用いて，式変形ができるようになっておくべきである。そして，
最も重要なのが「ドップラー効果」を題材にした計算問題であり，基本公式は
確実に覚えておかなければならない。そのうえで，音源と観測者が静止して
いる場合，近づく場合，遠ざかる場合によって，基本公式の速度の符号が変
わることに気を付けてほしい。実際の試験問題では，問題文からいずれの場
合であるか読み取り，自身の判断で公式を立てられるようにならなければい
けない。なお，この単元では波の性質（反射，屈折，回折，干渉など）やそ
の具体例，温度と音速の関係など，基本的性質を問う正誤問題が出題される
ことが多いので注意しよう。

　「電磁気」では，コンデンサーや電気抵抗のある電気回路を題材にした計算

問題が非常に多い。公式としては,「オームの法則」,「合成抵抗」,「合成容量」,「抵抗率」に関するものは確実に使えるようになっておきたい。余力があれば,「キルヒホッフの法則」も覚えておこう。計算パターンは限られているが,コンデンサーや抵抗の数,および接続方法を変えた多様な問題が出題されるので注意が必要である。接続方法には「直列接続」と「並列接続」があり,実際の試験問題では,与えられた電気回路のどこが直列(または並列)接続なのか自身で判断できなければならない。

「原子」では,まずは α 線, β 線, γ 線の基本的な性質や違いを理解しよう。そのうえで,「核分裂」や「核融合」の反応式が作れること,「放射性原子核の半減期」に関する計算問題ができるようになっておこう。この単元も,是非とも得点源にしたい。

学習方法としては,本書の例題に限らずできるだけ多くの問題を解くことである。公式を丸暗記するより,具体的な問題を解きながら考える力を養っていこう。難問が出題されることはほとんどないので,教科書の練習問題や章末問題レベルに集中して取り組むようにしたい。

狙われやすい! 重要事項

☑ 力のつりあい
☑ 等加速度運動
☑ 音波の性質
☑ 電気回路

《 演 習 問 題 》

1 重さが5kgある物体を，下図のように垂直な壁面から張り出したうで木AB，BCの先端Bにつり下げるとする。重力加速度を10m/s²とすると，AB，BCそれぞれにかかる力の大きさの組み合わせはどれか。ただしうで木の重量は無視でき，$\sqrt{3}=1.73$とする。

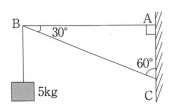

	AB	BC
1	25.0 N	25.0 N
2	43.3 N	50.0 N
3	50.0 N	43.3 N
4	86.6 N	100.0 N
5	100.0 N	86.6 N

2 振動数が440Hzの音が，温度が20℃の部屋から，5℃の屋外へもれているとする。このときの音の振動数と波長の関係について，正しいのはどれか。
1 振動数，波長ともに減少する。
2 振動数は変化しないが，波長は長くなる。
3 振動数は変化しないが，波長は短くなる。
4 振動数は減少するが，波長は変化しない。
5 振動数，波長ともに変化しない。

3 静止している観測者に向かって，救急車がサイレンを鳴らしながら20m/sの速度で近づいてきた。サイレンの振動数は960Hzであり，音速は340m/sである。このとき，観測者が聞く音の振動数として最も妥当なものはどれか。
1 480Hz　　2 960Hz　　3 1020Hz　　4 1210Hz　　5 1340Hz

4 右図のような単振り子に関する記述のう
ち，正しいのはどれか。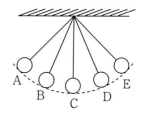

　　1　速度が最大になるのはB点とD点である。
　　2　おもりの加速度が最小であるのはA点と
　　　E点である。
　　3　D点での加速度の向きは，いつも等しい。
　　4　運動エネルギーが最小であるのはC点である。
　　5　位置エネルギーが最大なのはB点とD点である。

5 なめらかな水平面上に質量5.0kgの物体が静止している。その物体を
一定の力Fで引いたところ5.0秒後に4m/sになった。物体を引いている力
Fはいくらか。
　　1　1.0N　　　2　2.0N　　　3　3.0N　　　4　4.0N　　　5　5.0N

6 長さ15cmのつる巻ばねに50gのおもりをつるすとその長さは17cm
になった。これとは異なるおもりをつるすとその長さは21cmになった。
このおもりの質量はいくらになるか。
　　1　120g　　　2　150g　　　3　180g　　　4　210g　　　5　240g

7 次の図において，抵抗R_2に4Aの電流が流れたとき，この回路の電源
電圧Eは何Vであるか。ただし，電池の内部抵抗は考えないものとする。

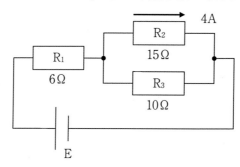

　　1　90V　　　2　100V　　　3　110V　　　4　120V　　　5　130V

119

[8] 右図のように，3Ωの抵抗を並列に4つ
つなぎ，さらに10Vの電源と，電流計を接
続したとき，この回路全体の消費電力は何
Wか。ただし，電源と電流計の抵抗を0と
し，消費電力は小数第2位を四捨五入して
求めるものとする。

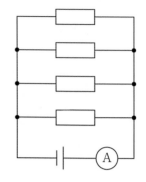

1　97.3W　　　2　103.7W

3　133.3W　　4　151.9W

5　167.7W

[9] 図のように水槽に水を入れて，糸でつるした質量m〔kg〕のおもりの
体積の半分が水に浸かったところでつり合うように糸を引き上げた。この
とき糸がおもりを引く力T〔N〕を表す式として，正しいものはどれか。た
だし，重力加速度をg〔m/s²〕，おもりの体積をV〔m³〕，水の密度は1.0
〔kg/m³〕とする。

1　$T = mg - \dfrac{Vg}{2}$

2　$T = mg + \dfrac{Vg}{2}$

3　$T = \dfrac{Vg}{2} - mg$

4　$T = \dfrac{Vg - mg}{2}$

5　$T = \dfrac{Vg + mg}{2}$

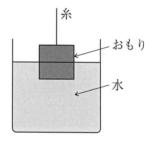

《 解 答 ・ 解 説 》

1 4

解説 右の図のように，補助線B′Cを引き，それぞれにかかる力をベクトルで表すと，ABにかかる力は$\overrightarrow{AB}$，BCにかかる力は$\overrightarrow{BC}$となる。物体にかかる重力の大きさは$\overrightarrow{BB'}$で表せ，(力)＝(質量)×(重力加速度)より，

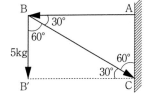

$$\overrightarrow{BC} = \frac{\overrightarrow{BB'}}{\cos 60°} = \frac{5 \times 10}{\frac{1}{2}} = 100 \text{ [N]}$$

$$\overrightarrow{AB} = \overrightarrow{BC}\cos 30° = 100 \times \frac{\sqrt{3}}{2} = 50\sqrt{3} \fallingdotseq 86.5 \text{ [N]}$$

以上より，正解は4。

2 3

解説 音波の速さV [m/s] は，乾燥した空気中では振動数によらず，温度t [℃] に依存し，$V = 331.5 + 0.6t$の関係がある。よって，温度が下がると音速は減少する。

また，音波の振動数をf [Hz]，波長をλ [m] とすると，$V = f\lambda$の関係がある。ここで，振動数は媒質が変わっても変化しないので，音速が減少すると波長が短くなることがわかる。

以上より，正解は3。

3 3

解説 ドップラー効果の問題である。音源が移動するとき，波長が変化する。音速をV [m/s]，音源の振動数をf_0 [Hz]，音源の速度をv [m/s] とする。音源から出た音波は1秒後にはV [m] 先に達する。この間に音源も移動するので，1秒後の音源から音波の先頭までの距離は$V - v$ [m] である。1秒間にf_0個の波ができるので，$V - v$ [m] の中にf_0個の波があることになり，音源の前方の音波の波長λ_1 [m] は，

$$\lambda_1 = \frac{V - v}{f_0}$$

となる。

空気中を伝わる音波の速度はどこでも同じなので，観測者の聞く音の振動数 f_1 〔Hz〕は，

$$f_1 = \frac{V}{\lambda_1} = \frac{V}{V-v} f_0$$

となる。

本問では，$V = 340\mathrm{m/s}$，$v = 20\mathrm{m/s}$，$f_0 = 960\mathrm{Hz}$ より，

$$f_1 = \frac{340}{320} \times 960 = 1020 \text{〔Hz〕}$$

である。

つまり，救急車の前方の観測者には，音が高く聞こえる。

---

4 3

解説 図のように振り子が振れているとき，おもりにはたらく力は張力と重力だけである。また，どの位置であっても，おもりの運動方向はおもりが描く円弧の接線方向，つまり張力の垂直方向なので，張力はおもりに対して仕事をしない。よって，力学的エネルギー保存の法則が成り立ち，運動エネルギーと位置エネルギーの和は一定となる。

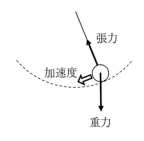

1．誤り。運動エネルギーが最大となるのは，位置エネルギーが最小となるC点である。　2．誤り。加速度が最小になるのはC点である。　3．正しい。D点での加速度の向きは，図のように張力の垂直方向となる。　4．誤り。運動エネルギーが最小になるのは，位置エネルギーが最大となるA，E点である。　5．誤り。位置エネルギーが最大になるのは，高さが最大になるA，E点である。

---

5 4

解説 物体には一定の力が加わっているので，この物体は等加速度直線運動をしている。物体の初速度を v_0 〔m/s〕，速度を v 〔m/s〕，加速度を a 〔m/s^2〕，時刻を t 〔s〕とすると，

$$v = v_0 + at$$

$$a = \frac{v - v_0}{t} = \frac{4 - 0}{5.0} = 0.8 \text{〔m/s}^2\text{〕}$$

したがって，物体を引く力Fは，運動方程式より，

$F = 5.0 \times 0.8 = 4.0$〔N〕

以上より，正解は4。

6 2

解説 フックの法則より，ばねの自然長からの伸びx〔m〕は，加えた力f〔N〕に比例する。ばね定数をk〔N/m〕とすると，$f = kx$と表せる。

50gのおもりをつるしたとき，ばねの自然長からの伸びは$17 - 15 = 2$〔cm〕

異なるおもりをつるしたとき，ばねの自然長からの伸びは$21 - 15 = 6$〔cm〕

となったので，50gのおもりをつるしたときより3倍の大きさの力が加わったことになる。

ここで，（力）＝（質量）×（重力加速度）であり，重力加速度は一定なので，異なるおもりの質量は$50 \times 3 = 150$〔g〕

以上より，正解は2。

7 4

解説 まず，R_2に流れる電流と抵抗値からR_2にかかる電圧を求めると，オームの法則より，（電圧）＝（電流）×（抵抗値）となるので，

$4 \times 15 = 60$〔V〕

また，R_2と並列に接続されているR_3にかかる電圧も60Vとなるので，R_3に流れる電流は

$\dfrac{60}{10} = 6$〔A〕

さらに，R_1に流れる電流はR_2に流れる電流とR_3に流れる電流の和なので，

$4 + 6 = 10$〔A〕

すると，R_1にかかる電圧は，

$10 \times 6 = 60$〔V〕

ここで，電源電圧Eは，R_1とR_2（またはR_3）にかかる電圧の和なので，

$60 + 60 = 120$〔V〕

以上より，正解は4。

8 3

解説　まず，回路全体の合成抵抗を求める。並列回路の合成抵抗の逆数は，それぞれの抵抗の逆数の和に等しいから，

$$\frac{1}{合成抵抗} = \frac{1}{3} + \frac{1}{3} + \frac{1}{3} + \frac{1}{3} = \frac{4}{3} \quad \therefore \quad 合成抵抗 = \frac{3}{4} = 0.75 \,〔Ω〕$$

ここで，（電力）=（電流）×（電圧）= $\frac{(電圧)^2}{抵抗} = \frac{10^2}{0.75} ≒ 133.3$〔W〕

以上より，正解は3。

9 1

解説　物体にかかる浮力の大きさは，物体が押しのけた水の重力と同じ大きさになる。水の密度は1.0〔kg/m³〕だから，水の浮力はVg〔N〕。おもりの半分を水に浸けたので，おもりの上向きに働く浮力の大きさは$\frac{Vg}{2}$〔N〕である。糸に働く張力T〔N〕と浮力の合計がおもりの重力とつり合うので，

$$\frac{Vg}{2} + T = mg$$

よって，

$$T = mg - \frac{Vg}{2}$$

以上より，正解は1。

自然科学　　　　化 学

　化学の分野では，ほとんどが高校化学の内容から出題される。「理論化学」，「無機化学」，「有機化学」に大別されるが，主に「理論化学」からの出題が多い。また，「無機化学」や「有機化学」の内容は，「理論化学」の内容が分かれば理解・暗記がしやすいので，まずは「理論化学」に優先的に取り組むとよい。

　「理論化学」では，計算問題とそれ以外の問題が同じぐらいの割合で出題される。計算問題としては，化学反応式をもとにした物質の質量，体積，物質量などの計算や，与えられた原子量から化合物の式量や分子量を求めることが必須である。そのうえで，気体の状態方程式（圧力，体積，絶対温度など），混合気体の分圧や全圧，溶解度を用いた物質の析出量，熱化学方程式を用いた反応熱，中和滴定に必要な酸や塩基の体積や濃度，酸や塩基のpH，電気分解で析出する物質の質量などが求められるようになっておきたい。その他には，化学理論（分圧の法則など），物質の分離法，化学結合，物質の状態変化，化学平衡，コロイド溶液，化学電池などについて，しっかり整理しておこう。

　「無機化学」では，計算問題はほとんど出題されず，大部分が物質の性質を問う正誤問題である。まずは，元素周期表の特徴をしっかりと理解し，性質の似た物質のグループがあることを把握すること。また，イオン化エネルギーや電気陰性度など，周期表と大きく関わる用語を覚えよう。無機物質は金属と非金属に大別される。金属では，1族の金属，2族の金属の他に，鉄，銅，銀，アルミニウム，チタンなどの代表的な金属の性質，化学反応，製法を覚えておくこと。非金属では，ハロゲン，希ガス，炭素やケイ素の性質，化学反応を覚えておくこと。そのうえで，代表的な気体（酸素，窒素，二酸化炭素，アンモニアなど），溶液（塩酸，硫酸，硝酸など）などについて，教科書レベルの知識を身に付けておきたい。

　「有機化学」では，計算問題としては有機化合物の元素分析の結果から分子量が求められるようになろう。その他には，教科書レベルの代表的な有機化

合物の性質や反応性を覚えること，高分子化合物については，樹脂，繊維，ゴムなどに利用される物質について整理しておこう。

　本書に限らず，できるだけ多くの公務員試験の問題に触れ，解いた問題を中心に知識を増やしていこう。出題傾向がつかめたら，大学入試センター試験や大学入学共通テストから類題を探すのもよい。

狙われやすい！ 重要事項

☑ 基礎的な化学理論
☑ 物質の状態変化
☑ 酸と塩基
☑ 化学平衡
☑ 無機物質の性質

《 演 習 問 題 》

1 トルエンを触媒を用いて酸化すると固体物質が得られる。この物質は次のどれに属するか。

　1　アミノ酸　　　　　2　脂肪酸　　　　　3　芳香族カルボン酸
　4　カルボン酸エステル　5　炭水化物

2 次の文は，鍾乳洞がどうしてできるかについて述べたものである。文章全体から判断すると，ア～エの中で適切でないものがある。適切でないものすべてをあげているのはどれか。

　石灰岩地帯にCO_2を含んだ$_{ア}$弱酸性の水が浸透すると，石灰岩中のCaが$_{イ}CaCO_3$として水に溶けてしまう。この溶液が空洞に出ると，$_{ウ}$圧力の減少，水分の蒸発などによって$_{エ}Ca(HCO_3)_2$の沈殿が生じて，これが鍾乳石となる。

　1　エ
　2　イ・エ
　3　ウ・エ
　4　ア・イ・ウ
　5　イ・ウ・エ

3 金属のイオン化傾向が「大きい」ということを，間違って表しているのはどれか。
1 電子を放出しやすい。
2 化学的に活性で，化合しやすい。
3 酸化作用が大きい。
4 還元力が強い。
5 陽イオンになりやすく酸化数が増加しやすい。

4 気体の性質に関する次の記述のうち，最も妥当なものはどれか。
1 一酸化窒素は赤褐色の気体で，水に溶けて硝酸を生成する。
2 酸素の同素体であるオゾンは淡青色の気体であり，還元力を有する気体である。
3 塩素は黄緑色の気体で，水と反応して次亜塩素酸を発生し酸化力を持つ。
4 二酸化硫黄は無色・無臭の気体であり，硫酸の製造にもちいられる。
5 塩化水素は水によく溶け，アンモニアと混合すると塩化アンモニウムの白色の気体が発生する。

5 結晶に関する記述として，最も妥当なものはどれか。
1 共有結合は結合力が強いといわれるので，氷やドライアイスなどの分子結晶は，硬度がきわめて大きい。
2 塩化ナトリウムや水晶のようなイオン結晶は，溶融した場合，電気伝導性がある。
3 ナフタレンや水素が昇華しやすいのは，分子間力が弱く，分子の熱運動により容易に分子間の結合が切れるためである。
4 氷は水よりも密度が小さい。これは，水の結晶では，分子が比較的大きなすき間をつくって配列しているからである。
5 ダイヤモンドは互いに電子を出し合って，その自由電子によって結合しているので，融点，沸点は高い。

6 状態変化に関するそれぞれの現象と，その変化の名称の組み合わせが正しいものはどれか。

	現　象	名称
1	ドライアイスを室内で放置すると，しばらくして無くなってしまった。	蒸発
2	ガラスのコップに氷水を入れてしばらく置くと，コップの外側に水滴がついた。	凝固
3	冷凍室の製氷機に濡れた手で触れると，指がくっついた。	融解
4	洗濯物を干して，しばらくすると乾いていた。	昇華
5	熱いお茶を飲むときに，メガネが曇った。	凝縮

7 5.0×10^5〔Pa〕，27℃，10Lの気体を，温度を変えずに25Lになるまで膨脹させると，圧力は何Paになるか。

1 1.0×10^5〔Pa〕　　2 1.5×10^5〔Pa〕　　3 2.0×10^5〔Pa〕
4 5.0×10^5〔Pa〕　　5 12.5×10^5〔Pa〕

8 ある物質25gを100gの水に溶かした。この水溶液の質量パーセント濃度はいくらになるか。

1 20%　　2 25%　　3 30%　　4 50%　　5 125%

9 化学変化に関する記述として，妥当なものはどれか。

1 気体が関係する化学反応において，同温かつ同圧の下で，反応する気体の体積間には簡単な整数比が成り立つ。

2 化学反応において，正触媒を加えると，活性化エネルギーが増大することを通じて反応速度が大きくなる。

3 可逆反応において，実際に反応が停止した状態を化学平衡といい，この状態に達した後に，濃度や圧力など条件を変えても，新たな化学変化は起こらず，不変の状態が続く。

4 中和反応とは，酸の水素イオンと塩基の水酸化物イオンが反応して，水が生成することによってそれぞれのイオンの性質が打ち消される反応であり，物質によって，吸熱反応と発熱反応のいずれかを示す。

5 ケン化と呼ばれる反応を利用して作られるのがセッケンであり，具体的
には，油脂に酸を加えることによって製造される。

1 3

解説 トルエン$C_6H_5CH_3$は二酸化マンガンを触媒として酸化すると，安息
香酸C_6H_5COOHが生成する。

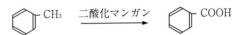

アミノ酸·························酸性のカルボキシ基—COOHと塩基性のアミノ基—
NH₂を含んでいる化合物。

脂肪酸·························R—COOHという一般式で表される化合物。脂肪族カ
ルボン酸ともいう。

芳香族カルボン酸·········芳香族炭化水素（ベンゼン環を含む炭化水素）の水素
原子1個またはそれ以上を，カルボキシ基—COOHで
置換した化合物。

ヒドロキノン酸···········芳香族炭化水素の水素原子2個が，アルコール基—
OHで置換されたもの。

カルボン酸エステル·····カルボン酸とアルコールが反応して生成する化合物。

炭水化物·······················炭素の水和物として示される化合物。

2 2

解説 ア．正しい。二酸化炭素が溶けた水のpHは約5.6であり，弱酸性で
ある。 イ．誤り。石灰岩は炭酸カルシウム$CaCO_3$が堆積したものであり，
これが水に溶けると，$CaCO_3 + H_2O + CO_2 → Ca(HCO_3)_2$という化学反応が起
こり，炭酸水素カルシウム$Ca(HCO_3)_2$が生じる。 ウ．正しい。水に溶け出
した$Ca(HCO_3)_2$は，水分の蒸発や圧力の減少などで，$Ca(HCO_3)_2 → CaCO_3$
$+ H_2O + CO_2$という反応が起こり，再び$CaCO_3$が析出する。 エ．誤り。ウ
の反応式で析出した$CaCO_3$が沈殿することで，鍾乳洞ができる。

したがって，イの「CaCO₃」とエの「Ca(HCO₃)₂」を入れ替えると，正しい文章となる。
以上より，正解は2。

3 3

解説 金属元素の原子は，一般にその最外殻電子の1個ないし数個を他に与えて，陽イオンになることがある。この性質が強いことを，イオン化傾向が大きいという。電子を放出しやすいことから，次々と発展して，「電子を放出しやすい→陽イオンになりやすい→酸化数が増す→酸化されやすい→還元剤となる→化合しやすい」となる。

4 3

解説 1　誤り。一酸化窒素は無色の気体で水に溶けない。空気中で酸素と化合して，赤褐色の気体である二酸化窒素を生成する。二酸化窒素は水に溶けて硝酸を生成する。　2　誤り。オゾンは淡青色の気体である。酸化力を有する気体で，湿らせたヨウ化カリウムデンプン紙を青色に変色させる。オゾンは殺菌・漂白に利用されている。　3　正しい。塩素は黄緑色の有害な気体であり，水と反応すると塩酸と次亜塩素酸を生じる。次亜塩素酸は酸化作用があり，塩素は消毒や殺菌に用いられる。　4　誤り。二酸化硫黄は無色で刺激臭のある気体である。還元性を有し，濃硫酸の工業的製法である接触法に使用される。　5　誤り。塩化水素は水に溶けやすく，その水溶液が塩酸である。アンモニアと反応すると微粒子状の固体である塩化アンモニウムの白煙が生じる。

5 3

解説 1．誤り。分子結晶は，分子内の原子の結合は共有結合であるが，分子間力による結合力が弱いため，もろくてこわれやすい。　2．誤り。水晶はイオン結晶ではなく，共有結合性結晶である。　3．正しい。　4．誤り。水ではなく氷の分子が，大きなすき間をつくって配列している。　5．誤り。ダイヤモンドではなく鉄などの金属結晶の記述である。

6 5

解説 1. 誤り。ドライアイスが固体から直接気体になる変化を昇華とい
う。その逆に，気体から直接固体になる変化は凝華（または同じく昇華）と呼
ぶ。 2. 誤り。氷水によって，ガラスの外側の空気が冷やされ，空気中の水
蒸気が凝縮して水滴になる。 3. 誤り。温度の低い製氷機に濡れた手で触れ
ると，手についた水分が凝固し，指が製氷機にくっつく。 4. 誤り。濡れた
洗濯物の水分は蒸発して水蒸気になる。なお，蒸発は液体の表面から気化が
起きるのに対し，沸騰は液体の内部から気化が起きる現象である。沸騰の起
きる温度を沸点という。 5. 正しい。お茶の表面から蒸発した温度の高い水
蒸気が，温度の低いメガネに触れて凝縮し，水になる。この水滴によってメ
ガネが曇る。

7 3

解説 膨張後の気体の圧力を P〔Pa〕とすると，ボイルの法則より，
$(5.0 \times 10^5) \times 10 = P \times 25$
$P = \dfrac{(5.0 \times 10^5) \times 10}{25} = 2.0 \times 10^5$〔Pa〕
以上より，正解は3。

8 1

解説 溶質の質量が25g，溶媒の質量が100gより，溶液の質量は25 + 100
= 125〔g〕となる。よって，この水溶液の質量パーセント濃度は，
$\dfrac{25}{125} \times 100 = 20$〔％〕
以上より，正解は1。

9 1

解説 1. 正しい。気体反応の法則についての記述である。 2. 誤り。正
触媒を加えた場合，活性化エネルギーが減少することを通じて反応速度が大
きくなる。 3. 誤り。化学平衡の状態では，反応は止まっているように見え
るものの，実際に止まっているわけではなく，右向きの反応と左向きの反応
の速度が等しくなっている。また，化学平衡に達した後も，濃度，圧力，温

度の影響により反応が進み，新たな平衡状態に達する。　4．誤り。中和反応は発熱反応であり，そこで生じる熱を中和熱という。　5．誤り。セッケンは，油脂に塩基である水酸化ナトリウムを加えて加熱することによって作られる。

自然科学 生 物

　生物の分野では，高校までの内容が出題される。出題形式としては，ほとんどの問題が基本的な知識を問う正誤問題や穴埋め問題で，計算問題はごく一部である。また，教科書と同じような図表が与えられる問題が多いので，図表から必要な情報を的確に読み取れるように，教科書などをしっかり読み込んでおこう。暗記事項が多いものの，中学生物の知識だけで解ける問題もあるため，効果的な学習ができれば十分得点源となる。以下に，それぞれの単元で最重要事項をまとめるので，優先的に取り組んでほしい。

　「細胞」に関する内容として，まずは「細胞小器官」の構造やはたらきを覚え，「動物細胞と植物細胞の違い」を整理しよう。次に，「細胞分裂」について「体細胞分裂の一連の流れ」を覚え，その後「減数分裂」との違いを整理しよう。さらに，「動物細胞と植物細胞の分裂の仕組みの違い」についても理解しよう。図が与えられた問題の対策としては，「どの細胞のどの分裂のどの時期か」が判断できるようになっておきたい。なお，細胞周期や分裂細胞数の計算方法にも慣れておこう。

　「遺伝子」に関する問題として，まずは「DNAとRNA」の構造やはたらきを覚え，これらの違いを整理しよう。次に，「遺伝現象」について，「メンデルの法則に従う遺伝現象」の一連の流れや3つの法則，生まれてくる子の遺伝子型や表現型の分離比の計算方法を完璧に押さえること。その上で，「メンデルの法則に従わない遺伝現象」について，具体例とともに覚えよう。特に，「ABO式血液型」で生まれてくる子の血液型のパターンを問う問題は頻出である。余裕があれば，伴性遺伝の仕組みや組み換え価の計算などに挑戦しよう。

　「代謝」に関する問題としては，まずは「酵素」について基本的な性質を覚え，「消化酵素のはたらきと分泌腺」の組合せを覚えよう。次に，「呼吸」については3つの過程を覚え，それぞれの反応に関与する物質や生成するATPの数を覚えよう。また，「光合成」からは様々な論点や図表からの出題実績があるので，一連の流れを覚えるだけでなく，できるだけ多くの問題に触れること。

　「体内環境と恒常性」に関する内容としては，「免疫反応」の体液性免疫と細胞性免疫の流れと違い，「血液凝固」の仕組み，「ホルモン」のはたらきと分

泌腺，「交感神経と副交感神経」のはたらきの違い，「腎臓と肝臓」のはたらき，「ヒトの脳」の部位とはたらきの違いなどがよく出題される。ほとんどがヒトに関わる内容なので取り組みやすいが，「ホルモン」については植物ホルモンから出題される場合も多い。

　「生態系」に関する問題としては，「食物連鎖」や「物質循環」がよく出題されるので，全体の流れをしっかりと把握し，図の読み取りや穴埋め形式の問題への対応をしよう。

　本書に限らず，できるだけ多くの公務員試験の問題に触れ，解いた問題を中心に知識を増やしていこう。出題傾向がつかめたら，大学入試センター試験や大学入学共通テストから類題を探すのもよい。

👉 **狙われやすい! 重要事項** ································

☑**細胞**
☑**代謝**
☑**体内環境と恒常性**
☑**生態系**

≪ 演 習 問 題 ≫

1 **遺伝の種類と具体的な例として，正しい組み合わせはどれか。**
　1　複対立遺伝子 ── ヒトのABO式血液型
　2　致死遺伝子 ──── スイートピーの紫と白の花色
　3　伴性遺伝 ───── マルバアサガオやオシロイバナの花色
　4　不完全優性 ──── ヒトの赤緑色覚異常
　5　補足遺伝子 ──── キイロハツカネズミの毛色

2 **植物の細胞，組織について，正しく記述されているのはどれか。**
　A　葉の基本組織は，さく状組織にある柔細胞の集団よりなっている。細胞の形が不規則なためすき間が多く，葉緑体をもっている。
　B　気孔は葉の表面にあり，水，水蒸気，二酸化炭素の通路となるのは，1対の孔辺細胞にはさまれたすき間である。孔辺細胞は葉緑体を含み，膨圧の変化で気孔を開閉している。

　C　茎の形成層は分裂組織に属し，この細胞は原形質に富み，細胞壁は薄い。これは茎や根の肥大成長に直接関係している。

　D　木部の道管は維管束に属し，原形質はもたない。上下の細胞壁が消失して1本の長い管になっており，管壁の細胞壁は木化し，部分的には肥厚しているところもあり，いろいろな模様をつくっている。

　　1　AとC　　2　AとD　　3　BとC　　4　BとD　　5　CとD

3　**植物の開花について，正しく記述されているのはどれか。**

　1　トマト，エンドウ，トウモロコシなどは，明期が長くなり，暗期が10時間以下にならないと花芽が形成されず，開花できない。

　2　冬になってから温室で発芽させた秋まきコムギは，暖かい環境下の栽培により成長が促進され，初夏には出穂し，開花してしまう。

　3　わが国の植物園などで温室栽培されている熱帯植物の多くは，明期が長くなる春から初夏にかけて，開花する。

　4　暗期が一定時間以上になると開花する植物アサガオは，暗期の途中で数分間程度だけなら光を当てても，花芽の形成に影響せず，開花する。

　5　秋咲き植物であるキクは，葉の上半部をすべて除去しても，下半部を短日処理をすれば，茎の上部成長点に花芽が形成され，開花する。

4　**人間の輸血について，正しく記述されているのはどれか。**

　1　A型の人からB型の人への輸血は可能である。

　2　A型の人からO型の人への輸血は可能である。

　3　A型の人からAB型の人への輸血は可能である。

　4　B型の人からO型の人への輸血は可能である。

　5　AB型の人からB型の人への輸血は可能である。

5　**大脳のはたらきに関する記述として，最も妥当なものはどれか。**

　1　からだの平衡を正しく保つ中枢がある。

　2　感覚・感情・記憶・推理・判断の中枢がある。

　3　内臓のはたらきを調節する中枢がある。

　4　呼吸・心臓のはく動・かむ・飲みこむなどの中枢がある。

　5　眼球運動，こう彩の中枢がある。

6　ヒトの色覚異常は劣性の遺伝病で，伴性遺伝をする。次のうちヒトの色覚異常の遺伝について，正しく記述されているのはどれか。

1　父，母とも色覚異常でなくても，色覚異常の息子が産まれることがある。

2　父，母とも色覚異常であっても，その娘が色覚異常であるとはかぎらない。

3　母が色覚異常だったら，その子供はすべて色覚異常である。

4　健康な父と，色覚異常の母では，その息子は健康で，娘は潜在色覚異常になる。

5　色覚異常の父と，健康な母では，その息子は色覚異常で，娘は潜在色覚異常になる。

7　植物体の生理について，最も妥当な記述はどれか。

1　緑色植物の炭酸同化作用には，光のエネルギーのほかに，体内の糖分を分解することによって得られるエネルギーも利用される。

2　ふつうの緑色植物では，大気中の遊離窒素を体内に吸収して，これを炭水化物と結合させてアミノ酸を生成する。そして最終的には，いろいろなタンパク質を合成する。

3　水分の蒸散は，主として葉の裏面にある気孔を通じて行われる。また，蒸散は，昼間より夜間のほうが盛んで，早朝に葉に水滴が残っていることがある。

4　気孔の開閉は，気孔の内側と外側の細胞の熱膨張率の違いによるものである。気孔が開くのは，外側の細胞がより膨張したときである。

5　ある種の植物は，微生物と共生することにより，栄養分に乏しい土地でも生育することができる。

8　種子の発芽に必要な条件の組み合わせはどれか。

1　水　　　温度　　　空気
2　水　　　温度　　　土
3　土　　　温度　　　肥料
4　光　　　土　　　　温度
5　水　　　光　　　　温度

⑨ 遺伝子に関する記述として，**誤っているもの**はどれか。

1 遺伝子はたんぱく質を生産するもとになる。

2 種を構成するのに必要な最小の遺伝子群のことをゲノムと呼ぶ。

3 遺伝子治療は遺伝性疾患やがんなどの患者に遺伝子を導入して行う治療のことである。

4 ヒトの遺伝子の本体はRNAである。

5 遺伝子は4種の遺伝暗号（塩基）が連なってできている。

⑩ 生態系に関する記述として，**妥当なもの**はどれか。

1 自浄できる分量を大幅に超えた汚水が海などに流入すると，ほとんどのプランクトンが瞬時に死滅する。その結果，多くの魚類が捕食する対象を失うため，死滅に至る。

2 アンモニアは，窒素の循環において重要な役割を果たす。アンモニアは，植物の根によって吸収され，アミノ酸やタンパク質などに変えられる。

3 生態系ピラミッドは，生産者，第一次消費者，第二次消費者などによって構成される。いわゆる高次の消費者は，低次の者に比べると，個体数，エネルギー量において大規模になる。

4 無機物から有機物を生み出す働きを持つのが生産者である。プランクトンや細菌はこれに含まれず，緑色植物が主な例として挙げられる。

5 湖沼における生態系に大きな脅威を与えているのは硫黄酸化物や窒素酸化物である。被害の最大の原因は，雨が少ない地域の湖沼において，自然界に古くから存在する化合物の濃度が上昇したことにある。

《 解 答 ・ 解 説 》

1　1

解説　1. 正しい。複対立遺伝子は3つ以上の対立遺伝子による遺伝現象で，ヒトのABO式血液型などに見られる。　2. 誤り。致死遺伝子はキイロハツカネズミの毛色の決定などに関わっている。　3. 誤り。伴性遺伝は性染色体上に存在する遺伝子による遺伝現象で，ヒトの赤緑色覚異常などで見られる。4. 誤り。不完全優性はマルバアサガオやオシロイバナの花色などで見られる。5. 誤り。補足遺伝子はスイートピーの花の色の決定などに関わっている。

2　5

解説　A. 誤り。葉の葉肉は，さく状組織と海綿状組織からなり，記述されているのは海綿状組織についてである。さく状組織は，葉緑体を多くもっているが，すき間が少ない。　B. 誤り。気孔は葉の裏側に多く分布している。　C. 正しい。形成層では，細胞分裂が活発に行われている。　D. 正しい。道管は，死んだ細胞によってつくられる。
よって，正しいのはCとDである。
以上より，正解は5。

3　5

解説　1. 誤り。トマト，エンドウ，トウモロコシなどは，明暗の長さに関係なく花芽が形成される中性植物である。　2. 誤り。秋まきコムギは，一定期間低温条件におかれてから開花結実する。このように，低温条件で花芽の形成を促すことを春化処理という。　3. 誤り。多くの熱帯植物は短日植物であり，開花時期は秋～冬である。　4. 誤り。暗期がある一定の長さ以上になると花芽を形成する短日植物に対して，暗期の途中に光を当てると花芽が形成されなくなることを光中断という。　5. 正しい。日長刺激を受容するのは葉であり，葉でつくられたフロリゲンという花芽形成促進物質が芽に移動することで，花芽が形成される。一部の葉が日長を受容すれば，その刺激は植物全体に伝わっていく。

4 3

解説 実際の輸血の場合は，同じ血液型同士で行うが，理論上は次のようになる。

　各型の血液にはそれぞれ赤血球の中に凝集原（A，B）と，血しょうの中に凝集素（α，β）をもっている。そして輸血の際に，Aとα，Bとβが出会うと，抗原抗体反応が起こり，輸血は不可能となる。各型の凝集原，凝集素を表すと，

A型……A，β	B型……B，α
AB型……AとB，凝集素はナシ	O型……凝集原はナシ，αとβ

となる。つまり，輸血をして供血者と受血者のAとα，Bとβが共存しなければ輸血可能となる。

5 2

解説 1．誤り。これは小脳のはたらきに関する記述である。　2．正しい。3．誤り。これは間脳に関する記述である。　4．誤り。これは延髄に関する記述である。　5．これは中脳に関する記述である。

6 1

解説 ヒトの色覚異常に関する遺伝子は，X染色体上に存在する。健康な男性の性染色体をXY，健康な女性の性染色体をXXとし，色覚異常をもたらすX染色体をX′と表すと，色覚異常の男性はX′Y，色覚異常の女性はX′X′である。また症状は出ていないものの，X′染色体を1つもつ女性X′Xを潜在色覚異常とする。以上を組み合わせて産まれる可能性のある子どもは次の表のようになる。

	両 親		子 供	
	父	母	息 子	娘
ア	X Y	X X	X Y	X X
イ	X Y	X′X	X Y，X′Y	X X，X′X
ウ	X Y	X′X′	X′Y	X′X
エ	X′Y	X X	X Y	X′X
オ	X′Y	X′X	X Y，X′Y	X′X′，X′X
カ	X′Y	X′X′	X′Y	X′X′

1．正しい。イより，健康な父XYと潜在色覚異常の母X′Xの間には，色覚異常の息子X′Yが産まれる可能性がある。　2．誤り。カより，色覚異常の父X′Yと母X′X′の間には，色覚異常の娘X′X′が産まれる可能性がある。3．誤り。ウより，色覚異常の母X′X′と健康な父XYの間には，潜在色覚異常の娘X′Xが産まれる可能性がある。　4．誤り。ウより，健康な父XYと色覚異常の母X′X′との間には，色覚異常の息子X′Yが産まれる。　5．誤り。エより，色覚異常の父X′Yと，健康な母XXの間には，健康な息子XYが産まれる。

7　5

解説　1．誤り。緑色植物の炭酸同化作用とは光合成のことであり，吸収した光エネルギーを用いて合成した化学エネルギー（ATP）が利用される。2．誤り。一般的な植物は，空気中の窒素を直接利用することはできず，根を通して地中に含まれている硝酸イオンやアンモニウムイオンの形で吸収している。　3．誤り。気孔は日中に開き，夜間閉じているため，水の蒸散は日中に多く，夜間は少ない。　4．誤り。気孔の開閉は，孔辺細胞の膨圧の変化によるもので，孔辺細胞が吸水による膨圧でふくれると，気孔は開く。　5．正しい。これはマメ科植物と根粒菌の相利共生の例である。

8　1

解説　一般に，種子の発芽に必要な条件は温度，水，空気であり，光，土，養分（肥料）は当てはまらない。

9　4

解説　1．正しい。DNAの塩基配列がRNAに写し取られ，これをもとにアミノ酸配列がつくられ，たんぱく質が合成される。遺伝子とは，DNAの塩基配列のうち，たんぱく質合成に関与する部分である。　2．正しい。ゲノムとはすべての遺伝情報のことである。ヒトの場合，ゲノムは約20500個の遺伝子からなる。　3．正しい。遺伝子治療とは，患者に遺伝子を導入することで遺伝子を組み換え，病気を治療する方法である。　4．誤り。ヒトの遺伝子の本体はDNAである。　5．正しい。DNAを構成する塩基配列には4種類の塩基があり，その組み合わせが遺伝暗号となり，合成するアミノ酸配列を

指定する。

10 2

解説 1．誤り。汚水の流入は，特定のプランクトンの異常な発生や増加をもたらす。その結果，酸素が不足することにより，魚類などの大量死に至る。 2．正しい。植物の根から吸収されたアンモニアは，その植物の中で，アミノ酸，タンパク質などの有機窒素化合物の合成に利用される。 3．誤り。低次の消費者は，高次の者に比べると，個体数，エネルギー量，生体量のいずれも大きくなる。 4．誤り。植物プランクトンや光合成細菌は，生産者に含まれる。 5．誤り。酸性雨と富栄養化の説明が混同されている。酸性雨が湖沼にもたらす影響は，硫黄酸化物や窒素酸化物が溶け込んだ雨により湖沼が酸性化し，魚などが減少することである。一方，富栄養化が湖沼にもたらす影響は，生活排水が大量に流入することで，湖沼に元から存在する栄養塩類の濃度が増加し，プランクトンなどが異常発生することである。

| 自然科学 | 地　学 |

############################ P O I N T ############################

　地学の分野では，高校までの内容が出題される。出題形式としては，ほとんどの問題が基本的な知識を問う正誤問題や穴埋め問題で，計算問題はごく一部である。中学の学習内容が最も役に立つ分野といえるので，高校地学の勉強が困難な場合は，中学地学から取り組むのもよい。以下に，それぞれの単元の最重要事項をまとめるので，優先的に取り組んでほしい。

　「地球の外観と活動」に関する内容として，まずは地殻や境界面の種類や特徴をしっかり覚えること。そのうえで，プレートやマントルなど，「地震」や「火山活動」につながる仕組みについて理解しよう。その他にも，ジオイドや重力の定義の理解，扁平率の計算などが出題されやすい。「地震」では，P波とS波の違いや震度とマグニチュードの違いについて理解するとともに，地震波の速度・震源からの距離・地震発生時刻の計算ができるようにしたい。「火山活動」を理解するためには，まずは「火成岩の分類」を完璧に覚える必要がある。鉱物組成の違いがマグマの粘度の差となって現れ，火山の形や活動様式の違いにつながっていく。

　「地球の歴史」に関する問題としては，地質年代を代表する生物の名称，大量絶滅などの出来事について，時系列で整理しておこう。また，示相化石や示準化石についても狙われやすい。

　「大気と海洋」については，「大気」に関する内容に優先的に取り組もう。日本の季節，前線の種類と特徴，台風の定義などは頻出である。また，フェーン現象を題材とした乾燥断熱減率・湿潤断熱減率を使った温度計算や，相対湿度の計算をできるようにしよう。その他にも，風の種類や大気圏の層構造について問われることがある。「海洋」については，エルニーニョ現象が起こる仕組みが頻出である。

　「宇宙」に関する問題としては，まずは地球から見て恒星・惑星・月・星座などがどのように見えるかを完璧に覚えよう。また，南中高度の計算もできるようにしておくこと。次に，「太陽や太陽系の惑星」について，それぞれの特徴を押さえよう。特に，地球型惑星と木星型惑星の違い，金星の見え方な

どが頻出である。会合周期の計算もできるようにしておきたい。さらに，「太陽系外の宇宙の構造」として，HR図を使った恒星の性質の理解，恒星までの距離と明るさの関係などを知っておこう。

　本書に限らず，できるだけ多くの公務員試験の問題に触れ，解いた問題を中心に知識を増やしていこう。出題傾向がつかめたら，大学入試センター試験や大学入学共通テストから類題を探すのもよい。

狙われやすい! 重要事項

☑ 太陽系
☑ 地球の運動
☑ 大気と海洋
☑ 地球の内部構造
☑ 地震

《 演 習 問 題 》

1 **岩石に関する記述として，誤っているのはどれか。**

1　大地を形成する岩石は，火成岩，堆積岩，変成岩に大別される。このうち，火成岩はその生成過程により，火山岩，深成岩に分類される。

2　火成岩のうち，マグマが地殻の深部でゆっくり冷えて固まってできた岩石を深成岩とよび，カコウ岩やセンリョク岩などがある。

3　火山岩と深成岩の組織を比べると，火山岩が等粒状であるのに対し，深成岩は斑状になっている。

4　岩石を，化学組成により分類した場合，それぞれのSiO_2を含む割合によって，その多い順に酸性岩，中性岩，塩基性岩などに分類することができる。

5　酸性岩は白っぽく見えるが，塩基性岩は黒っぽい。

2 太陽系における地球型惑星（地球，水星，金星，火星）と木星型惑星（木星，土星，天王星，海王星）を比べたとき，正しいのはどれか。

　1　各々の半径および質量は，木星型惑星より地球型惑星のほうが小さいが，平均密度は地球型惑星のほうが大きい。

　2　各々の質量は，地球型惑星が太陽に近いものほど，木星型惑星が太陽から遠いものほど小さくなる。

　3　各々の自転周期は，木星型惑星より地球型惑星のほうが短い。

　4　各々の軌道平均速度は，地球型惑星が太陽に近いものほど，木星型惑星が太陽から遠いものほど小さくなる。

　5　各々の扁平率（（赤道半径－極半径）÷赤道半径）は，木星型惑星より地球型惑星のほうが大きい。

3 地震に関する記述として，正しいものの組み合わせを選べ。

　A　震度は各地での地震の揺れの大きさを表すが，震度は0から7までの10段階に分かれている。

　B　地殻とマントルでは地震波の進む速度はマントルの方が速い。

　C　地震波にはP波，S波，表面波があるがP波が最も速く，S波が最も遅い。

　D　地震のエネルギーを表すマグニチュードは1大きくなると約32倍のエネルギーとなり，2大きくなると約64倍のエネルギーとなる。

　　1　A・B　　2　A・C　　3　A・D　　4　B・C　　5　B・D

4 寒冷前線が気温に与える影響について，最も妥当な記述はどれか。

　1　寒冷前線が近づくと気温は下がり，通過後，また元の気温にもどる。

　2　寒冷前線は，温暖前線のような変化はなく，気温の変化はほとんどない。

　3　寒冷前線が近づくと気温は下がり，通過後もその気温は変わらない。

　4　寒冷前線が近づくと気温は上がり，通過後気温は下がる。

　5　寒冷前線が通過すると，気温が激しく変化し，上昇するとも下降するとも一概には言えない。

5 太陽に関する記述として，最も妥当なものはどれか。

1　太陽を覆う大気の最外層を彩層とよび，弱い光を発して，黒点の多い時期にはほぼ円形になり，少ない時期には楕円形になっている。

2　太陽面上の暗い斑点状の点を黒点とよび，温度はその周辺に比べると低く，平均して約11年を周期として増減している。

3　太陽のまわりでは，絶えず赤い炎が高く吹き上げられたり下降したりしている。この部分をプロミネンス（紅炎）とよび，組成成分は水素，ヘリウム，カルシウムなどの軽い元素のみである。

4　太陽の大気の最下層部分をコロナとよび，太陽表面から非常に速く飛び出す赤く輝くガスの集合である。

5　太陽をおおっている大気を含めた全体を光球とよび，中心部が暗く，周辺部は明るい。

6 大気圏に関する記述として，最も妥当なものはどれか。

1　大気圏は地表から1000km以上の高空まで広がっており，下から順に，対流圏，電離圏，中間層，成層圏に分けられる。

2　対流圏では，雲，雨，台風，前線活動，雷などの天気現象が見られる。しかしながら，これは対流圏特有の現象ではない。

3　約10kmから約50kmの成層圏には，太陽からの紫外線を吸収するオゾン（O_3）を多く含むオゾン層がある。

4　中間圏の気温は，上層になるに従って上がり高度90kmでは摂氏約80度になる。

5　熱圏には，電子密度が極小となるいくつかの電離層が存在する。

7 気団が移動した場合，大気中に含まれる水蒸気が凝結して起こる現象で，積乱雲をつくるのは，次のうちどれか。

1　冷たい陸から暖かい海へ移動した場合

2　暖かい海から冷たい海へ移動した場合

3　冷たい海から暖かい陸へ移動した場合

4　暖かい陸から冷たい海へ移動した場合

5　冷たい陸から冷たい海へ移動した場合

8 **火山活動に関する記述として，最も妥当なものはどれか。**
1　火山は，全て地下の粘性の小さいマグマが地表に噴出したものである。
2　火山噴火によって，火山地域には必ず陥没地形（カルデラ）が生ずる。
3　火山の噴火は，大陸地域には起こらない。
4　盾状火山をつくるマグマは，玄武岩質である。
5　火砕流は，流紋岩質マグマより玄武岩質マグマの活動に多い。

9 **月はいつも同じ面を地球に向けている。このことを説明する事象として，正しいものはどれか。**
1　月の公転周期が地球の自転周期に一致する。
2　月は自転も公転もしていない。
3　月の自転周期と月の公転周期が一致する。
4　月の自転周期が地球の自転周期に一致する。
5　月の公転周期が地球の公転周期に一致する。

《　解　答　・　解　説　》

1 　3

解説　3.は「火山岩」と「深成岩」の説明が逆である。火山岩は斑状組織，深成岩は等粒状組織をもっている。

2 　1

解説　1. 正しい。木星型惑星は主に気体でできているが，地球型惑星の表面は固体である。この違いが，大きさや密度の違いに関わっている。　2. 誤り。惑星を太陽から近い順に並べると，水星，金星，地球，火星，木星，土星，天王星，海王星となるが，最も大きいのは木星であり，土星，天王星，海王星，地球，金星，火星，水星と続く。よって，地球型惑星については，太陽からの距離と大きさの間には規則性はない。　3. 誤り。自転周期は，木星型惑星のほうが短い。　4. 誤り。いずれの型の惑星でも，軌道平均速度は太陽からの距離が遠いほど小さい。　5. 誤り。扁平率は，地球型惑星より木星型惑星のほうが大きい。

3 1

解説 A．正しい。震度5と6には強と弱があり計10段階である。　B．正しい。マントルは圧力などの要因により地殻に比べて岩石どうしが密着しており，弾性定数が大きく硬いので，地震波が伝わりやすく速度が速くなる。C．誤り。P波が最も速く，次いでS波，表面波は最も遅い。　D．誤り。マグニチュードが1大きくなると約32倍になることは正しいが，2大きくなると $32 \times 32 \fallingdotseq 1000$ 倍になる。

4 4

解説 ある地点を温帯低気圧が通過する際には，先に温暖前線が近づき，これが通過することで気温は上がる。このとき，その地点には後からくる寒冷前線が近づいており，寒冷前線が通過するとその地点の気温は下がる。以上より，正解は4。

5 2

解説 1．誤り。彩層の外側にはコロナという真珠色の層がある。　2．正しい。太陽の表面温度は約6000Kであるが，黒点では1500～2000Kほど低温である。　3．誤り。プロミネンスとは，太陽表面から飛び出す赤いガスであり，カルシウムは含んでいない。　4．誤り。コロナより彩層の方が下層である。　5．誤り。太陽は中心部が最も明るく，周辺部ほど暗い。また，光球とは光を出している厚さ約500kmの層のことである。

6 3

解説 1．誤り。大気圏は下から，対流圏，成層圏，中間圏，熱圏の順である。　2．誤り。天気の変化は，対流圏で起きる現象である。　3．正しい。オゾン層が太陽からの紫外線を吸収することにより，成層圏は高度が高くなるほど気温が上昇する。　4．誤り。中間圏の気温は，高度が高くなるほど下降する。　5．誤り。熱圏にある電離層は，電子密度が高い層である。

7 3

解説 積乱雲ができるのは，上空に冷たい空気が入り，地上にある暖かい空気により上昇し，対流が起こることで大気が不安定になった場合である。特に，海からくる気団には水蒸気が含まれているため，大気はより不安定となる。なお，暖かい地面であれば，上昇気流が発生しやすい。

8 4

解説 1．誤り。粘性の大きなマグマが地表に噴出してできた火山もある。2．誤り。カルデラが生ずるのは，粘性の大きなマグマが噴出する火山地域である。　3．誤り。火山の噴火は，大陸でも海底でも起こっている。　4．正しい。玄武岩質マグマは粘性が小さく，盾状火山をつくる。　5．誤り。火砕流は，粘性が非常に大きな流紋岩質マグマの活動により多く発生する。

9 3

解説 月は地球の周りを1回公転するごとに，1回自転しており，月の公転周期と月の自転周期が一致している。その自転周期は27.3日で，地球より長い。

第4部

文章理解

- 現代文
- 英　文

文章理解　　現代文

||||||||||||||||||||||||||||| P O I N T |||||||||||||||||||||||||||||

　長文・短文にかかわらず大意や要旨を問う問題は，公務員試験においても毎年出題される。短い時間のなかで正解を得るためには，次のような点に注意するのがコツである。

① 全文を，引用などに惑わされず，まず構成を考えながら通読してみること。

② 何が文章の中心テーマになっているかを確実に把握すること。

③ 引続き選択肢も通読してしまうこと。

④ 選択肢には，正解と似通った紛らわしいものが混ざっているので，注意すること。

⑤ 一般に本文中にも，選択肢と対応した紛らわしい要素が混ざっているので，これを消去すること。

　こうすると，5肢選択といっても，実際には二者択一程度になるので，後は慌てさえしなければ，それほど難しいものではない。

◤◤◤ 　演　習　問　題　 ◢◢◢

1　**次の文章の内容と一致しているものとして，最も適当なものはどれか。**

　見えないもの，かくれたものに対して人間は，とうぜんプラス・マイナスふた様に反応する。その正体がさだかではないから，まず恐怖や不安が先立つ。けれども，その恐怖や不安は，やがて畏怖から崇敬へと変質してゆく。信仰の起源はここにあるといってよい。日本人が見えない部分，かくれたところを，いかに重視したかは，うらという言葉の用法からも察することができる。小切手には裏書が必要である。証言に対しては裏付けが不可欠だ。破損したものには裏打ちをしなければならない。相手に勝つためには裏を行くことが重要である。話は裏話こそがおもしろい。そうしてうらが大切であればこそ裏切りは憎むべき行為となる。

　1　話を聞く際，裏話をおもしろがるような姿勢は，日本人の品性として恥ずべきことであり，改めなければならない。

2　信仰の起源についての説には様々なものがあるが，いずれも，真偽については不明であり，また断定すべきでもない。

3　明確であること，隠された部分がないことが，人々の不安を取り除き，やがては概念を明確にする基礎となる。

4　概念が意味する範囲は，ことばが示す内容の範囲と対応しなければならない。

5　日本語における「うら」ということばの用法から，日本人が見えないところを重視してきたことがわかる。

2　次の文章の内容と一致しているものとして，最も適当なものはどれか。

　精神が何であるかは身体によって知られる。私は動きながら喜ぶことができる。喜びは私の運動を活発にしさえするであろう。私は動きながら怒ることができる。怒りは私の運動を激烈にしさえするであろう。しかるに感傷の場合，私は立ち停まる，少なくとも静止に近い状態が私に必要であるように思われる。動き始めるや否や，感傷はやむか，もしくは他のものに変わってゆく。故に人を感傷から脱しさせようとするには，先ず彼を立たせ，彼に動くことを強要するのである。かくのごときことが感傷の心理的性質そのものを示している。日本人は特別に感傷的であるということが正しいとすれば，それは我々の久しい間の生活様式に関係があると考えられないであろうか。

　感傷の場合，私は座って眺めている，起ってそこまで動いてゆくのではない。いな，私はほんとには眺めてさえいないであろう。感傷は，何について感傷するにしても，結局自分自身に止まっているのであって，物の中に入ってゆかない。批評といい，懐疑というも，物の中に入ってゆかない限り，一個の感傷に過ぎぬ。真の批評は，真の懐疑は物の中に入ってゆくのである。

1　物の中に入っていくことが，真の批評や懐疑にとって不可欠である。

2　感傷は，批評や懐疑にとって不可欠な要素であり，ないがしろにすることはできない。

3　精神と身体の関係は希薄であり，両者は断絶した関係にある。

4　真の喜びは，動きを止めたことによって得られるものであり，「動き」と「喜び」は厳密に区別される。

5　感傷に浸ることは動きながらでも可能であり，感傷が運動を活発にすることさえある。

3 次の文章の内容と一致するものとして，正しいものはどれか。

　憲法は，政治と深いつながりがあり，また，それ自身国家の枠組みを定める基本法としての性格を有しています。そのため，憲法論として天下国家を大上段に振りかざした議論がされることがあります。しかし，天下国家を論ずることも悪くはありませんが，国家や社会全体の利益を追求する過程で犠牲になる個人の小さな利益にも関心を払う必要があるのではないでしょうか。そう考えて憲法をみるならば，憲法は，こうした犠牲者が出るのを未然に防ぎ，犠牲となった者を救済するための切札になることに気付くでしょう。憲法は，国家の仕組みや統治の方法を定める政治的なルールであるばかりでなく，強大な権力を背景にして迫ってくる国家権力から個人を守る防御壁となるものなのです。

　1　個人の小さな利益はわきに置いて，国家全体のことを考えることこそが，今を生きる私たちの責務である。

　2　各国の憲法の歴史を振り返ると，個人の上に国家を置こうとする権力と，民衆との戦いが浮かび上がる。

　3　法の支配と法治主義の再評価こそが，国の基本法を決める議論の前提となるべきである。

　4　憲法が存在する意義の1つとして，強い力を持った権力から個人を守ることが挙げられる。

　5　憲法と政治とのつながりは，時代の変化の中で希薄なものとなっている。

4 次の文章の内容と一致しているものとして，最も適当なものはどれか。

　われわれの祖先にとって，空洞は大切な魂を委託する場所であった。また，かれらにとって，神的なものは，いずれ本来のところへ収まるにせよ，しばしば空洞を住まいとして閉じこもる性質のものであった。かぐや姫は，竹の節のあいだに委託されていた天女である。そして竹取の翁は，農耕の神々をまつる大切な御座として用いられたなかくぼみの竹あみの農具＝箕をあむ代々の家職にはげむ翁であり，天女を育成するに適した人は，この聖なる職人いがいにはいなかった。

　かぐや姫のように，空洞を住まいとするものに蚕がある。蚕を「おかいこさま」と呼ぶのが日本のならわしだが，それは高価な絹を提供するからではなく，蛹化した蚕があの美しい雪白あるいは淡黄色の空洞体，繭にこもるために言い出された特別の敬称であるらしい。

1 蚕が特別な敬称で呼ばれる理由は，空洞のなかにこもることによるという説が有力である。
2 高価な絹を生産するために大切な役割を果たす虫は，その有用性により，珍重されてきた。
3 空洞そのものが大切にされてきたのは，日本人の命の源である農産物の保存に不可欠であったことによる。
4 かぐや姫は，竹という植物のすき間を埋める天女として，この世に存在した。
5 かぐや姫を育てる存在として翁が設定されたのは，勤労そのものが聖なるものとされた価値観と結びついている。

5 次の文章の下線部はどのようなことを指しているか。

　珠算での計算において，ソロバンの珠の動かし方そのものは単純である。数時間もあれば，そのやり方を学ぶことができる。そこで，その後の珠算塾での「学習」は，もっぱら計算（珠の操作）が速くなることに向けられる。一定時間内に，桁数の大きい数の計算がどのくらいたくさん誤りなくできるかによって珠算の「実力」が評価され，「級」や「段」が与えられる。子どもたちは，より上の級に上がるため，珠算での計算の速度を速めるよう練習をくり返すのである。
　そこでは多くの場合，なぜこのやり方はうまくいくのか，このステップはどんな意味をもっているのか，などを考えてみようとはしないであろう。教えられたやり方を使って計算しさえすれば，正しい答えがちゃんと出てくるし，何度もくり返し練習すれば確実に速くなる。そして望み通り，級も上へと進むことができるのである。したがって，珠算での熟達者は，計算は非常に速いが，珠算の手続きの本質的意味については理解していない，ということが起こりやすい。

1 教えられたやり方を疑ってみること。
2 なぜ珠算が熟達したのかと考えてみること。
3 なぜ珠算を練習する必要があるのかということ。
4 珠算の各ステップはどんな意味を持っているのかということ。
5 珠算の習熟には計算能力の向上以外の意義があるということ。

6 次の文章の内容と一致しているものとして，**最も適当なもの**はどれか。

「痛い」という語は形容詞である。

悲しい，美しい，暗い，などと同じ形容詞である。しかし，それ自体で独立して明確な意味をもつものではない。事物や事象の外枠は示すことはあっても，その内容や質を明確にあらわしているわけではない。

表現に慣れていない人は，しばしば「広い庭に美しい花が咲いた」といった類の一文を書く。広い庭とはどの程度の広さなのか，どこと比べて広いというのか，美しい花とはどのような花をさすのか，その実体は必ずしも明確ではない。このような雑駁な表現は，実はそうした一文を書く人の感受性や感覚が問われることでもある。

だがたとえば，夏目漱石や志賀直哉，そして三島由紀夫などが，もしこのような表現を用いたとするなら——彼らの作品にはこういう表現がないのはむろんだが——，その意味はわからないわけではない。彼らの作品を通じて明かされている感受性を通して，「広い庭」とはこのような広さをさしているのだろう，とか「美しい花」とはこうした花をさしているのだろうと理解することが可能だからである。彼らの人間的性格や事物，事象を見つめる目を前提にして，彼らの用いる形容詞の意味がわかってくるといいかえてもいい。

1 形容詞の多くは，その意味が曖昧であり，大きな枠組みを示すこともできない。

2 形容詞が，言語の中でどのような形で他の品詞から区別されるかということは，必ずしも明確ではない。

3 感受性や感覚は，個々の表現とは無関係のものである。

4 内容や質を明確化しないまま形容詞を用いることは，表現に慣れていない人にみられる。

5 大作家は，意図的に程度や質を不明確なまま形容詞を用いることがあり，その表現を通じて文章に深みをもたらしている。

7 次の文の空欄（ **A** ）に入る語句はどれか。

歩くことで何かを取り戻したいとずっと思ってきたのだが，効果的に実行に移すのはなかなかむずかしい。だが少なくとも歩くことを主題化するためのひとつの道を示唆してくれそうなのが，スコットランドの人類学者ティム・インゴルドで，ぼくにとってはいまもっとも注目すべき思想家だ。

彼の著書『ラインズ』は文字通り線の歴史，線の人類学。その導きにしたがってヒトの活動を見直すと，あまりにも多くがさまざまな「線」の体験であることがわかってくる。「歩くこと，織ること，観察すること，歌うこと，物語ること，描くこと，書くことに共通しているのは何か？答えは，こうしたすべてが何らかのかたちの線に沿って進行するということだ」と彼は語りはじめ，あらゆる分野を総動員して，「線の比較人類学」探求へと出発する。

　彼が扱うのは歌，音楽，記譜，記述，織物，地図，系統図，書，絵画だが，結局，時系列とともに展開するわれわれの世界体験のすべては，線として生きられ，物質的に記録され，ふたたび想起される。移動が，問題解決が，線をたどり，線として残る。それを記憶するためには，当然，名が必要だ。われわれの世界は歩くことによって生成してきたものだが，それを思うと世界の各地で，歩くための道が自然に与えられたある種の徴を地名とし，その地名の物語を編み上げることで記憶されてきたのは，ことのほか興味深い。そう感じるぼくには，インゴルドの次の指摘が重く響いた。「私は主張したい。作家たちが歩行の実践をやめたとき，かれらの言葉は断片の価値しかもたなくなり，実際に断片化したのだ」と。言い換えれば，都市化＝交通化とともに，歩行がその徳と価値を失い，また個々のわれわれにとっての言語と世界はどうしようもなく断片化した。現代が克服すべき（　Ａ　）はこのあたりにあるだろうと，いまは，今日は，思われてならない。

　1　線　　2　記録　　3　移動　　4　体験　　5　悪習

8　次の文章の内容と一致しているものとして，最も適当なものはどれか。

　本を読むことは，よいことだ。たとえ，それが住居の貧困の反映であっても，個人が自由な想像力によって，それぞれの精神の個室をもつのはのぞましいことだ。じっさい，そもそも「個人」というのは，そういうふうにして成長してゆくものだからである。

　しかし，家庭のなかの書物というものを考えてみると，これはずいぶん，ふしぎな品物のような気がする。なぜなら，本は家庭の備品のひとつではありながら，結局のところ，個人にぞくするものであるからだ。家庭の本棚にならんでいる何十冊，あるいは何百冊の本の背表紙は，家族のみんなが毎日ながめているのに，その中身は，家族共有のものではないのである。その点で，家庭にある他のもろもろの備品と書物とは，性質がちがうのだ。

1　家庭にある書物とその他の備品は，驚くほど似た性質を持つ。

2　家庭におけるあれこれの備品は個人に属するのに対して，書物は，みんなのものとして共有されることが多い。

3　住居の貧困は心の貧困につながるため，心を豊かにする情操教育がいっそう求められる。

4　家族は，関心のない背表紙には見向きもしない。

5　想像力を働かせながら本を読むことにより精神の個室を持つことは，個人の成長を促す。

---

9 **次の文章の内容に合っているものとして，最も適当なものはどれか。**

　ひとの話を聞きながら，うーむ，その話も，それからさっきの話も，新聞に出ていたなあ，などと思うことがある。その人が得々として話していることは，知った情報をいわば受け売りしているのである。

　それなりに面白い情報の羅列なのに，心の琴線に触れない。その人の心身を通って出てきた知恵の言葉がないからだ。そう感じて思わず自分の話し方も省みる。私たちは，とかく情報を知恵と混同しがちである。

　当節，情報は山ほどある。それを取り入れて，賢くなったように錯覚する人がいる。あるいは情報の洪水におぼれ，流される人もいる。むろん，情報は持っているに越したことはない。情報は力でもある。

1　話の内容が心の琴線に触れない原因は，主に，その話において，面白さが欠如しているからである。

2　話の内容が既存の情報の受け売りであったとしても，情報の選択によっては，深い知識につながることがある。

3　消化できないほどの大量の情報は，無力で，有害なものである。

4　情報と知恵は，本来，別のものであるにもかかわらず，同一のものととらえられがちである。

5　変化の激しい現代社会において，賢くなるために不可欠なことは，山ほどある情報をそのまま取り入れることである。

---

10 **次の文章の内容と一致しているものとして，最も適当なものはどれか。**

　多くの場合，「批判」という言葉を聞いて連想することは，「相手を攻撃する」などといったイメージである。しかしながら，批判とは，本来，検討を充分に加えた上で批評するものであり，また，「批判」と訳されるドイツ語のク

リティークは,「よいものを選び取る」というニュアンスが強い。いずれにしても,相手を感情的に攻撃することとは,似て非なるものであるといえよう。

かつて,シュンペーターという経済学者は,同時代に活躍した経済学者であるケインズについて,真っ向から異なる見解を述べながら批評を続けた。一方,ケインズが亡くなった後に書いた追悼論文では,異なる見解を述べることを控えつつ,亡き学者の実績と学説を細部にいたるまでまとめ上げた。私達は,ここに本来あるべき批判の姿勢をみることができる。

自らと異なる見解を持つ者に感情をぶつけることは本当の意味での批判でなく,ましてや学問のあるべき姿勢にはなじまない。異なる見解だからこそ,詳細に検討し,誤りと考える部分をその根拠を挙げながら論理的に指摘し,筋道立てて自説を展開しければならない。

1　批判の出発点は,相手を攻撃することである。
2　ドイツ語のクリティークという概念こそ,批判の対象となるべきものである。
3　ケインズとシュンペーターは,互いの経済学説について激しい論争を繰り広げた。
4　ケインズについて述べたシュンペーターによる追悼論文には,詳細な研究の跡が反映されていた。
5　学者にとって批判精神は命そのものであり,批判の型も個性的なものでなければならない。

11　**次の文章の内容と一致するものとして,最も適当なものはどれか。**

非合法で,暴力を伴うもの。もちろん革命がそうです。ガンディーの場合,非合法で暴力を伴うか伴わないかという問題は非常に複雑です。ガンディーは宗教的信念にもとづいて暴力を使わなかったといわれていますけれど,それだけじゃないでしょう。彼はあれだけの大衆を組織したのですから空想家ではなかった。現実的な状況を正確に把握して,何が一番有効な手段かということをよく考えて闘ったはずです。非暴力のほうが暴力的な抵抗よりももっと有効だと考えた,そういう面があったろうと思います。暴力を使うと,相手方もまた暴力で来るから競争になる。暴力がエスカレートしていくと,状況によっては相手方に有利になります。インドの大衆が暴力を使えば英軍も使うという競争になると,武力の差で英国が有利です。インドの大衆は高価な武器を手に入れることができない。

1　ガンディーの欠点は，自ら理想のために，現状の分析を怠りがちなこと
　であった。
2　インドの大衆は，高価な武器を手に入れるために，自らの生活を犠牲に
　して資金を集めた。
3　暴力を伴う革命は，歴史を実際に動かすことはできず，わずかな変化を
　もたらすことができたとしても，その影響はごく短期間にとどまる。
4　ガンディーによる闘争の方針と宗教は無関係であり，その点が後の歴史
　家達が見落としてきた点である。
5　ガンディーが抵抗の手段として非暴力を選んだのは，その方が有効であ
　ると考えた面があったと推測される。

12　次の文章の下線部の内容として，正しいものはどれか。

　コンビニの便利さは効率主義秩序の実現なしに成り立たない。そのコンビ
ニの効率組織をあたりまえのことと受け入れることで勤労者の生活の内側に
効率主義を受け入れる基盤がつくられていく。もちろん，勤労者が生活上の
効率主義にとらわれるのは余儀なくされての面が多々ある。働き方が高度に
効率主義化されている現状で，通勤に便利等々の暮らし方をもとめるのは勤
労者の自己防衛として自然だろう。時間のゆとりがなく毎日の仕事に追われ
る勤労生活の困難を私的に切り抜けようとすれば，効率主義的なライフスタ
イルの選択はまさに必要に迫られての結果といえる。さらに，勤労者にとり
切実な「便利さ」が大衆的な価格で提供される度合いもまた，効率主義の強さ
と広がりに深く影響する。生活の便宜にかかわるサービス等の商品化がすす
んでいるほど，効率主義に支配されたライフスタイルが進行する。
　逆に，「非効率的」で手間ひまのかかる活動の余地を多く残している社会ほ
ど，効率主義支配への抵抗力は強いことになる。コンビニを台所がわり，冷
蔵庫がわりとして利用する生活が普通になることは，「非効率な」仕事とその
理論を各所で保持しつづけており，それゆえに効率主義支配に抵抗するひと
つの根拠ともなる文化の解体を意味しているのである。

1　コンビニエンスストアの便利さが，効率主義的な生活に対する抵抗を促
　進する。
2　労働の質の変化に伴う心理的圧迫から解放されるためには，効率主義を
　追求することによって余暇時間を確保しなければならない。
3　ゆとりがないことに伴う困難を切り抜けるためには，生活様式を効率的

なものにしなければならない。

4　サービスの商品化と効率主義に支配されたライフスタイルの進行は反比例するものである。

5　効率的な活動が社会において大きな割合を占めている場合には，効率主義が支配することへの抵抗が強まらざるを得ない。

《 解 答 ・ 解 説 》

1　5

解説　森本哲郎『日本語　表と裏』より。　1．誤り。裏話をおもしろがる姿勢を否定的に捉えた記述はない。　2．誤り。筆者は，信仰の起源として，正体がさだかでないことへの畏怖や崇敬を挙げている。　3．誤り。本文全体において強調されているのは，見えないもの，かくれたものの重要性である。4．誤り。概念が意味する範囲については，本文において触れられていない。5．正しい。第5文に述べられた「うら」という言葉の用法についての記述と一致している。

2　1

解説　三木清『人生論ノート』より。　1．正しい。最後の2つの文に示されている，「真の批評」や「真の懐疑」と一致する。　2．感傷については，「自分自身に止まっている」に過ぎないものと述べられている。　3．「精神が何であるかは身体によって知られる」という部分と一致しない。　4．第二文に述べられている，「私は動きながら喜ぶことができる」という内容と一致しない。　5．感傷には，立ち止まること，あるいは，静止に近い状態が必要であるとされている。

3　4

解説　宮原均，相川忠夫『憲法─総論・統治編』より。　1．誤り。本文では，「個人の小さな利益にも関心を払う必要」などについて述べられているので，「わきに置いて」という表現は不適切である。　2．誤り。「各国の憲法の歴史」などについて，本文において触れた箇所はない。　3．誤り。「法の支

配と法治主義の再評価」について触れた箇所はない。　4．正しい。文章の最後の部分と一致する内容である。　5．誤り。文章の冒頭の部分と一致しない。

④ 1

解説　杉本秀太郎『引例の働き』より。　1．正しい。最後の文の内容と一致している。　2．誤り。選択肢1に示されているように，蚕が尊ばれたのは，高価な絹をもたらすからではなく，空洞の中にこもるからである。　3．誤り。空洞が特別な存在とされてきたのは，魂を委託する場所とされたからである。4．誤り。本文によれば，かぐや姫は，すき間を埋める天女ではなく，竹の節のあいだに委託されていた天女である。　5．誤り。勤労そのものが聖なるものとされたという記述はない。

⑤ 4

解説　稲垣佳世子・波多野誼余夫『人はいかに学ぶか』より。この文章の要旨は，「珠算塾では計算（珠の操作）が速くなることを練習する。子どもたちの目的も，速く誤りなく計算し，上の級に上がることである。そこでは多くの場合，なぜこのやり方はうまくいくのか，このステップはどんな意味をもっているのかなどを考えてみようとはしないであろう。」ということ。「珠算の手続き」とは珠の動かし方であり，桁のくり上がりやくり下がりなど，「この問題のときはこの動かし方」という練習をして覚えた各ステップのこと。「珠算の手続きの本質的意味」とは，「なぜ珠をそのように動かすのか」，「この手続きは数学的にどのような意味をもつのか」ということである。よって，正答は4。

⑥ 4

解説　保阪正康『人は痛みからどう解放されるか』より。　1．「事物や事象の外枠は示すことはあっても」とされている内容と一致しない。　2．品詞の区別については，本文中に述べられていない。　3．「書く人の感受性や感覚が問われる」と述べられている。　4．正しい。本文では「広い庭に美しい花が咲いた」といった表現が，表現に慣れていない人にみられるとしている。5．彼らの作品には，こういう表現がないと述べられており，また，表現の深みについても触れられてはいない。

7 5

解説 管啓次郎「歩くこと，線の体験」『思想』より。空欄補充の問題に当たっては，まず本文の主旨をつかむことが第一。さらにキーとなる文や語句を探し，それらとの空所の関連を考えることである。本問のキーとなる文は後段の引用文と直後に続く文である。1はこの主旨と反する。即ち現代は線を失ったのであるから誤り。同様に4も誤りであることがわかる。2，3は空所に入れると意味不明になる。よって「線」の体験を失った現代の「悪習」を克服すべきとなる5が正しい。

8 5

解説 加藤英俊『暮しの思想』より。　1．最後の文において，両者の相違について述べられている。　2．むしろ逆に，書物は個人に属すると書かれている。　3．本文に触れられていない内容である。　4．背表紙については，家族が毎日ながめていると述べられている。　5．正しい。第2文と第3文の内容と合致している。

9 4

解説 朝日新聞天声人語『理由・根拠を確かめよう』より。　1．誤り。心の琴線に触れない理由については，「知恵の言葉がないからだ」などと述べられている。　2．誤り。「情報の選択」や「深い知識」については，触れられていない。　3．誤り。「情報は持っているに越したことはない」という記述と一致しない。　4．正しい。第2段落において述べられた内容と一致している。　5．誤り。筆者は，山ほどある情報を取り入れて，「賢くなったように錯覚する人がいる」と述べている。

10 4

解説　1．批判とは，本来は，検討を十分に加えるものであるとの記述がある。　2．ドイツ語のクリティークについては，むしろ肯定的に捉えられている。　3．ケインズがシュンペーターを批判したとの記述はない。　4．正しい。第2段落の内容と一致している。　5．批判精神そのものを重視する記述や，批判の型が個性的であるべきという記述はない。

11 5

解説 加藤周一『私たちの希望はどこにあるか』より。　1.　誤り。本文において，ガンディーは，現実的な状況を正確に把握して闘ったはずであるとされている。　2.　誤り。本文の最後の部分と一致しない。　3.　誤り。「革命が歴史を動かせるかどうか」や「革命の影響」について論じた箇所はない。4.　誤り。本文中において，ガンディーの非暴力と宗教の関係は否定されておらず，また，「後の歴史家達」については触れられていない。　5.　正しい。本文中の「非暴力のほうが暴力的な抵抗よりももっと有効だと考えた，そういう面があったろうと思います」という部分と一致する。

12 3

解説 中西新太郎『日本社会の再編成と矛盾』より。　1.　効率主義に対する抵抗という内容は，下線部の趣旨には一致しない。　2.　本文中に触れられていない。　3.　正しい。下線部の直前の内容と一致している。　4.　下線部の趣旨に合わず，また，第1段落の最後には逆のことが書かれている。　5.　下線部の趣旨に合わず，また，第2段落の最初の内容と矛盾する。

文章理解　英 文

||||||||||||||||||||||| **POINT** |||||||||||||||||||||||||

　英文解釈は，公務員試験における英語の中心となるものである。書かれて
ある英文の内容を正しく理解するためには，主語，述語，目的語，補語とい
う英文の要素をしっかりおさえるとよい。

　「主語＋述語動詞」に注目しよう。どれほど修飾語句で飾られた文でも，ま
たどれほど難語，難句でかためられた文でも，裸にすれば，主語と述語動詞
の2つが残る。だから英文を読む時には，まずその主語をつきとめ，次にその
主語に対する述語動詞をさがし出すことである。そして自分の持つ関連知識
と常識力を総動員して全体を理解するよう努めることである。つねに「主語
＋述語動詞」を考えながら読もう。

《　**演 習 問 題**　》

1　次の英文のア～ウに入る語句の組み合わせとして適切なものはどれか。

　The four-leaf clover is an uncommon variation of (　ア　) three-leaved
clover. Clovers can have more than four leaves: the most ever recorded is
twenty-one. As the four-leaf clover looks like a cross, people say four-leaf
clovers bring good luck to their finders, especially if found (　イ　).
According to legend, four leaves (　ウ　) for hope, faith, love, and luck.

	ア	イ	ウ
1	ordinary	accidentally	represent
2	ordinary	automatically	exclude
3	extraordinary	automatically	represent
4	extraordinary	accidentally	exclude
5	ordinary	accidentally	exclude

2 次の英文の内容と一致するものはどれか。

If you go out past the bright city lights tonight, you may just be lucky enough to see a stunning view of the Milky Way Galaxy. And if you could zoom past millions of stars, 26,000 light-years toward the heart of the spiraling Milky Way, we'd eventually reach a cluster of stars right at the center. Peering past all the galactic dust with infrared telescopes, astronomers have watched these stars for over 16 years. But it's what they don't see that is the most spectacular. These stars seem to orbit an invisible object. By tracking the paths of these stars, astronomers have concluded that the only thing small and heavy enough to cause this motion is a supermassive black hole -- an object so dense that it sucks up anything that ventures too close -- even light.

But what happens if we were to zoom in even further? Is it possible to see something that, by definition, is impossible to see? Well, it turns out that if we were to zoom in at radio wavelengths, we'd expect to see a ring of light caused by the gravitational lensing of hot plasma zipping around the black hole. In other words, the black hole casts a shadow on this backdrop of bright material, carving out a sphere of darkness. This bright ring reveals the black hole's event horizon, where the gravitational pull becomes so great that not even light can escape. Einstein's equations predict the size and shape of this ring, so taking a picture of it wouldn't only be really cool, it would also help to verify that these equations hold in the extreme conditions around the black hole.

1 天文学者たちは，宇宙空間の塵に隠れて見えにくい星を赤外線望遠鏡で観測し，ブラックホールを写真に収めることに成功した。

2 超大質量ブラックホールは，密度がとても低いため，周りに星を寄せ付けない特徴がある。

3 電波望遠鏡を用いた観測では，銀河系の中心の星は，大きな光の周りを周回するように見える。

4 アインシュタインの方程式を利用しても，ブラックホールの輪の大きさと形は予測できなかった。

5 これまでの研究により，ブラックホールには，事象の地平面と呼ばれる明るい輪が存在することがわかっている。

3 次の英文の内容と一致するものはどれか。

The United States shifted to daylight-saving time Sunday, a week after the great majority of European countries had done so. Some Japanese Diet members and senior government officials are calling for the adoption of the system in the latest of several campaigns that have been initiated and failed.

Benjamin Franklin first hit on the idea. Putting it forward in a 1784 essay, he said it would provide people a longer time to enjoy sunlight and would also cut down on the use of expensive candles. But the proposal was not taken seriously at first, perhaps because of the whimsical way in which the idea was framed.

1 アメリカにおいて，ベンジャミン・フランクリンの提案したサマータイムは即時に取り入れられた。

2 ヨーロッパでは4月4日からサマータイムに入る。

3 ヨーロッパでは1784年からサマータイムが導入された。

4 サマータイムでは，高価なろうそくを必要以上に使わなくて済む。

5 日本では，官庁や国会方面から初めて「実施を」という声が上がった。

4 次の縄文時代と弥生時代の区分について論じた英文の内容と一致するものとして，妥当なものはどれか。

If people who lived around the seventh century B.C. could miraculously be brought back to life, they would complain: "We have always thought that now is the Jomon period. We didn't know it is now the Yayoi period." An archaeological study reported Monday was of a nature that may make it necessary to reassess when the Yayoi period started, apparently several centuries earlier. Better still, a review of the line drawn between the Yayoi period and the earlier Jomon period seems to be in order.

To be sure, there are key differences between Jomon culture and Yayoi culture. But the actual shift from one period to another could not possibly have taken place on a certain date, as was the case with the birth of the present Heisei Era from the Showa Era in 1989 on the death of the emperor. It would be natural to assume there was a long transitional

165

period in between, a period during which the Jomon and Yayoi cultures existed side by side.

1　最新の研究によると，弥生時代の始まりは通説よりも遅いものであった。

2　紀元前7世紀頃に日本に住んでいた人は，文化が存在するとはいえない環境の下にあった。

3　異なる文化への移行は，両者が混在する移行のための期間が存在したと考えられる。

4　昭和から平成への移行は，縄文から弥生への移行と多くの意味で共通する要素をもっている。

5　時代の区分についての論争は，歴史学研究のテーマとしてなじまない。

5　次の英文の内容と一致するものとして，妥当なものはどれか。

Flying over the White Cliffs of Dover, the shores of France shimmer in a heat haze barely 20 miles away. Above the roar of the rotors, historian (and Monty Don lookalike) Joshua Levine is hollering himself hoarse to underline why Dunkirk marked the pivotal tipping point of modern times.

"We would be living in a very different world today if they had failed," he yells. "Germany might've defeated Russia as they wouldn't have had to concentrate on two fronts. America might not have joined the war.

"Because they got back, Britain was able to carry on with the war – and because Britain was able to carry on with the war, the war carried on."

1　ドーバーの白い崖とフランスは遠く隔たれているため，上空からフランスの沿岸を見ることはできなかった。

2　ヘリコプターは，轟音を立てながらドーバー近くのビーチに不時着した。

3　ドイツがイギリスとフランスに注意を向けなかったことが，第2次世界大戦の戦況に大きな影響を与えた。

4　ヨーロッパにおける国際情勢の複雑さが，国際連盟の機能停止を招いた。

5　歴史家は，ダンケルクの戦いが現代における重要な分かれ目であったと述べた。

6 次の英文の内容と一致するものはどれか。

Justice Thomas said Myriad's assertion*¹ – that the DNA it isolated*² from the body for its proprietary*³ breast and ovarian cancer tests were patentable*⁴ – had to be dismissed because it violates*⁵ patent rules. The court has said that laws of nature, natural phenomena and abstract ideas are not patentable.

"We hold that a naturally occurring DNA segment is a product of nature and not patent eligible merely because it has been isolated," Thomas wrote.

However, the court gave Myriad a partial victory, finding*⁶ that while naturally occurring DNA was not patentable, the synthetically created version, known as cDNA, can be patented "because it is not naturally occurring," according to Thomas.

The U.S. Patent and Trademark Office has been awarding patents on human genes for almost 30 years, but opponents*⁷ of Myriad's patents on the two genes linked to increased risk of breast and ovarian cancer say such protection should not be given to something that can be found inside the human body.

*1 主張　*2 切り離す　*3 所有者の　*4 特許に登録できる　*5 違反する
*6（判決を）下す　*7 反対者

1　米特許商標局は，ほぼ30年にわたって，ヒト遺伝子の特許登録を不当だと訴えてきた。
2　ミリアド社は特許のルールに反した主張をしたため，法廷においてその主張を完全に棄却された。
3　トーマス判事は，第一審においてミリアド社の主張を認め特許の申請を承諾した。
4　最高裁は，自然の法則や自然現象，抽象的なアイディアは特許に馴染まないとの判断を下した。
5　トーマス判事は，cDNAは人の身体に元々存在するものであり，自然に存在するものと捉える考え方を示している。

7 次の英文の要旨として適当なものはどれか。

While most people would agree that the development of technology has brought a lot of benefits to society, a few are beginning to wonder if the passion for technological advances may have been carried too far. They ask whether some equipment is becoming so complex that it is beginning to create more problems than it solves. Critics insist that this is the case, for instance, with some modern office equipment, which, they argue, has become too complicated.

1　科学技術の進歩は，人間の限りない欲望の追求をもたらしたにすぎなかった。

2　科学技術の進歩は行きすぎであって，今後は人間の心の問題を追求すべきだという人が多くなった。

3　科学技術の進歩により，職場の合理化が進んでいるが，そういった変化に適応する努力が必要である。

4　科学技術の進歩はよいことだが，複雑になりすぎた事務機器の例にみられるように，行きすぎではないかと憂える人もいる。

5　科学技術の進歩は，先人の努力のたまものであり，今後われわれもますます未来のために貢献しなければならないだろう。

8 次の英文の内容と合うものはどれか。

The temperature of the body becomes lower during the hours when a person is usually asleep. A lowered body temperature makes a person feel chilly. That is why a person who is sleeping must be covered. People who are accustomed to being up during the day and sleeping at night will have a drop in body temperature at night, even when they stay up all night. People who work at night and sleep during the day will have a drop in body temperature during the day, whether they go to bed or not.

1　すべての人間は，夜に体温が下がる。

2　日中起きて，夜眠ることに慣れた人でも，徹夜をすれば夜は体温が下がらない。

3　夜働いて昼間眠ることに慣れた人は，昼間に体温が下がる。

4　眠りと体温の変化の間には，あまり関係がない。

5　夜働き，昼間眠ることに慣れている人は，夜に体温が下がる。

9 次の英文はアウンサンスーチー氏による「恐怖からの自由」(1991年刊行のエッセー) からの抜粋である。本文の内容と一致するものはどれか。

It is not power that corrupts but fear. Fear of losing power corrupts those who wield it and fear of the scourge of power corrupts those who are subject to it. Most Burmese are familiar with the four *a-gati*, the four kinds of corruption. *Chanda-gati*, corruption induced by desire, is deviation from the right path in pursuit of bribes or for the sake of those one loves. *Dosa-gati* is taking the wrong path to spite those against whom one bears ill will, and *moga-gati* is aberration due to ignorance. But perhaps the worst of the four is *bhaya-gati*, for not only does *bhaya*, fear, stifle and slowly destroy all sense of right and wrong, it so often lies at the root of the other three kinds of corruption. Just as *Chanda-gati*, when not the result of sheer avarice, can be caused by fear of want or fear of losing the goodwill of those one loves, so fear of being surpassed, humiliated, or injured in some way can provide the impetus for ill will.

1 何らかの形で凌駕され，辱めを受け，傷つけられるのではないかという恐怖が，人々の敵意に拍車をかけることとなる。

2 ビルマ人の多くは4つの「アガティ」，つまり4種類の恐怖についてよく知っている。

3 恐怖は，善悪の全ての感覚を抑えつけ，ゆっくりと破壊するものであり，堕落の表面にあることが多い。

4 欲望から生じる堕落は，賄賂を得ようとして，愛する人を失うことである。

5 敵意を抱いている人たちを困らせるために道を誤ることは，もっとも最悪なことである。

10 次の英文の内容として，妥当なものはどれか。

Algorithms don't make things fair if you just blithely, blindly apply algorithms. They don't make things fair. They repeat our past practices, our patterns. They automate the status quo. That would be great if we had a perfect world, but we don't. And I'll add that most companies don't have embarrassing lawsuits, but the data scientists in those companies are told to follow the data, to focus on accuracy. Think about what that means. Because we all have bias, it means they could be codifying sexism or any other kind of bigotry.

Thought experiment, because I like them : an entirely segregated society -- racially segregated, all towns, all neighborhoods and where we send the police only to the minority neighborhoods to look for crime. The arrest data would be very biased. What if, on top of that, we found the data scientists and paid the data scientists to predict where the next crime would occur? Minority neighborhood. Or to predict who the next criminal would be? A minority. The data scientists would brag about how great and how accurate their model would be, and they'd be right.

Now, reality isn't that drastic, but we do have severe segregations in many cities and towns, and we have plenty of evidence of biased policing and justice system data. And we actually do predict hotspots, places where crimes will occur. And we do predict, in fact, the individual criminality, the criminality of individuals. The news organization ProPublica recently looked into one of those "recidivism risk" algorithms, as they're called, being used in Florida during sentencing by judges. Bernard, on the left, the black man, was scored a 10 out of 10. Dylan, on the right, 3 out of 10. 10 out of 10, high risk. 3 out of 10, low risk. They were both brought in for drug possession. They both had records, but Dylan had a felony but Bernard didn't. This matters, because the higher score you are, the more likely you're being given a longer sentence.

1 ホットスポットと呼ばれる犯罪多発地域では，個々人の犯罪傾向を予測するために，法的な手続が行われている段階である。

2 社会的少数者が住む地域で得られたアルゴリズムデータは，全世界において有益なデータとなることが予想される。

3　フロリダ州の判事による量刑を決める手続において，アルゴリズムによる「再犯リスク」の正確な計算が有効活用されている。

4　企業にいるデータサイエンティストは，一般に，正確性に焦点を当て，データに従うよう指示されている。

5　アルゴリズムは，人材採用や司法制度などのパターンを集計し，どのような場合であっても物事を公平に判断することが可能である。

[11]　次の英文の内容と一致するものとして，妥当なものはどれか。ただし，この英文は，日本における選挙の投票日を控えた時期に書かれた記事である。

He may be about to arrive at the International Space Station as only the 11th Japanese astronaut to enter space, but there is one feat Takuya Onishi cannot achieve : vote in this Sunday's election.

Onishi is unable to cast his ballot in the Upper House poll as Japan's election law has no provision on voting from space.

The law does have clauses allowing ship crew members or Antarctic researchers to vote by fax or other means when they are away on duty. But astronauts are not covered by the legislation.

Onishi, 40, and two other astronauts — a Russian and an American — blasted off for the ISS on Thursday aboard a Soyuz spacecraft launched from Baikonur Cosmodrome in Kazakhstan.

The United States and Russia both have systems enabling their astronauts to vote during space missions.

1　アメリカやロシアには，宇宙に滞在する者が選挙において投票できるしくみがある。

2　日本の選挙制度において，宇宙に滞在する者が投票できないのは，南極観測隊員と同様である。

3　ISSに向かったのは，大西氏，アメリカとロシアの宇宙飛行士2名ずつの計5名である。

4　国外にいる者に投票を認める際，いかに投票の秘密を確保するかが課題となっている。

5　投票権は宇宙空間に滞在する者にも認められるべきという世論が高まっている。

12 次の英文の内容と一致するものはどれか。

At school, Gandhi was an average student. He got mediocre*¹ grades but was well behaved. He passed the exams to attend University College in London and left India for London in 1888.

In London, Gandhi was lonely and missed his mother's cooking. However, he got his first experiences in civic organization. He joined the Vegetarian Society in London, was voted onto its executive committee, and even founded a local chapter*² of the society.

In 1891, with a freshly completed law degree, Gandhi returned to India to start his own law firm in Bombay. However, this venture failed when he discovered that he was too shy to speak in court. Two years later, he signed a yearlong contract with Dada Abdulla & Co., a law firm in South Africa, which was then still a British colony.

*1 平凡な　*2 支社

1　ガンディーは，ユニヴァーシティ・カレッジに入学した後，故郷の母を想い，頻繁に手紙を送った。

2　ガンディーは，1893年にインドへ帰国した後，ロンドンで学んだ知識を活かして，ベジタリアン協会の地方支部を設立した。

3　ガンディーは，法律の学位を修得後，ボンベイで法律事務所を開き，彼にとって初の事業を成功させた。

4　ガンディーは，学生時代から成績が優秀で，平和的な社会運動に興味があった。

5　ガンディーは，ロンドン滞在中にベジタリアン協会に入会し，執行委員に選出された。

13 次の英文の主旨として適当なものはどれか。

In the study of nature, an explanation must be not only the facts but also as direct and simple as possible. Where some explanation are advanced, the rule is followed that the one which is more simple is also more nearly correct. A recent writer on the nature of science says that choosing more complex explanation would be as sensible "as travelling eastward around the world to reach your neighbour's house which is next door to the west."

1　自然の研究においては，より複雑な説明のほうが正しい場合が多い。

2 自然の研究においては，直接的で簡単すぎる説明はできるだけ避けなければならない。

3 自然の研究においては，何かを説明しようとする時，それが真実でしかもできるだけ直接的で簡単でなくてはいけない。

4 自然の研究においては，複雑な説明でも簡単な説明でも，まずそれが真実でなくてはならない。

5 自然の研究においては，複雑な説明をくり返すうちに真実が見えてくるものだ。

[14] 次の英文の内容と合っているのはどれか。

Indeed, in the year 1000 there was no concept of an antiseptic* at all. If a piece of food fell off your plate, the advice of one contemporary document was to pick it up, make the sign of the cross over it, salt it well and then eat it. The sign of the cross was, so to speak, the antiseptic of the year 1000. The person who dropped his food on the floor knew that he was taking some sort of risk when he picked it up and put it in his mouth, but he trusted his faith. Today we have faith in modern medicine, though few of us can claim much personal knowledge of how it actually works. We also know that the ability to combat quite major illnesses can be affected by what we call "a positive state of mind" — what the Middle Ages experienced as "faith".

＊antiseptic「消毒薬」

1 1000年の間は消毒薬という概念はまったく存在しなかった。

2 食べ物が皿から落ちた場合，1000年の間文書に書かれていた忠告は，拾って，その食べ物の上で胸で十字を切り，塩を十分に振りかけて，それから食べる，というものだった。

3 十字を切るのは，いわば1000年の間の消毒薬だった。食べ物を床に落とした人間は，それを拾って口に入れるとき，ある種の危険を冒していることを知っていたが，自分の信仰を信じていたのだ。

4 私たちは，現代医学が実際にどのように機能しているのかを，自分自身よく知っていると主張できる。

5 私たちは，非常に重い病気と闘う能力が，中世には「信仰」とされたものに影響されることがあることも知っている。

15 次の英文の内容と合っているのはどれか。

There is evidence that dinosaurs were already on the way out, even if an asteroid* did deliver the final blow. The fossil record shows that the number of dinosaur types dropped 70% between 73 million and 65 million years ago. "What caused the decline? Was it a change in climate? A change in ocean currents? The changing distribution of plants?"

Whatever the reason, Horner insists that the more interesting and surprising question is how the dinosaurs managed to hang on for so long. Humans should be as lucky. "It was only 80 years from the time that Darwin published *On the Origin of the Species* until we detonated* the first nuclear bomb," he says. "In the lifetime of one person, we went from figuring out where we came from to figuring out how to get rid of ourselves." When the history of life on earth is complete, Horner suspects, the world's most beloved extinct creatures may have outlived their admirers by some 100 million years.

＊asteroid「小惑星」　detonate「爆発させる」

1　小惑星の最後の一撃が来る前に，恐竜は絶滅していた。

2　化石の記録は，7億3千万年前から6億5千万年前にかけて恐竜の種類が70％減少したことを示している。

3　最大に疑わしい点は，恐竜はどうやってこれほど長い間生き残ることができたのかということである。

4　一人の人間の一生に当たる時間のうちに，人類の起源を解明することから，人類を絶滅させる方法を考え出してしまった。

5　世界で最も愛されている恐竜は，その崇拝者よりも約10億年，長生きしたことになるかもしれない。

16 次の英文の内容と合っているものはどれか。

I'm a journalist, and I'm an immigrant. And these two conditions define me.

I was born in Mexico, but I've spent more than half my life reporting in the United States, a country which was itself created by immigrants. As a reporter and as a foreigner, I've learned that neutrality, silence and fear aren't the best options -- not in journalism, nor in life. Neutrality is often an excuse that we journalists use to hide from our true responsibility. What is that responsibility? It is to question and to challenge those in positions of power. That's what journalism is for.

That's the beauty of journalism : to question and challenge the powerful. Of course, we have the obligation to report reality as it is, not how we would like it to be. In that sense, I agree with the principle of objectivity : if a house is blue, I say that it's blue. If there are a million unemployed people, I say there are a million. But neutrality won't necessarily lead me to the truth. Even if I'm unequivocally scrupulous, and I present both sides of a news item -- the Democratic and the Republican, the liberal and the conservative, the government's and the opposition's -- in the end, I have no guarantee, nor are any of us guaranteed that we'll know what's true and what's not true. Life is much more complicated, and I believe journalism should reflect that very complexity.

1 筆者は，報道の世界では，中立の立場をとることが最善策であると考えている。

2 筆者は，メキシコで生まれ，人生のほとんどをメキシコでの報道活動に費やした。

3 筆者の考えによれば，ジャーナリストの責任は，権力のある人物に疑問を投げかけることである。

4 完璧な慎重さでもって報道する時にのみ，何が真実で何が真実でないかを伝えることができる。

5 人生の複雑さを報道に反映させることは，必ずしも正しい行為ではない。

《 解 答 ・ 解 説 》

1 1

解説 （全訳）4つ葉のクローバーは普通の3つ葉のクローバーの，めずら
しい変異種だ。クローバーは葉が4枚を超えることもあり，これまでの最高記
録は21枚だ。4つ葉のクローバーは十字架のように見えるので，見つけた人
に幸運をもたらすと言われている。特に偶然4つ葉のクローバーを見つけたも
のにはそうだと言われている。伝説によれば，クローバーの4枚の葉は希望，
信頼，愛情，幸運を表すという。

正答は1。

2 5

解説 TED Talks：Katie Bouman「ブラックホールの写真を撮影する」よ
り。（全訳）今夜，都会の明かりから逃れて郊外へ行けば，天の川銀河系の素
晴らしい姿を目にすることができるはずである。何百万もの星を通り抜けて2
万6千光年先にある渦巻き銀河の中心を拡大して見られれば，最後には中心
にある星の集団にたどり着くことが可能である。天文学者たちが宇宙空間の
塵に隠れて見えにくいこれらの星を，赤外線望遠鏡で観測し始めてから16年
以上経つ。しかし，一番見たいものを見てはいない。銀河系の中心の星は，
見えない物体の周りを周回するように見える。この星々の軌道を追跡した結
果，天文学者はこの運動を引き起こすようなサイズと質量の天体は，超大質
量ブラックホールだけと結論づけた。それは，密度がとても高いため，近づ
いたものを全て，光さえも飲み込むとされている。

もっと拡大してみた場合，定義からして見えるはずのない物を見ることは
できるだろうか。電波望遠鏡で観測すればブラックホールの周囲の高温プラ
ズマが重力で曲がることによってできる光のリングを観測できるはずである。
つまり，ブラックホールは，この明るい物質を背景に影を作り，球状の暗闇
を作りだすのである。この明るい輪は，ブラックホールの事象の地平面と呼
ばれ，ここから先はあまりに重力が強いので，光でさえ逃れられなくなると
いわれている。アインシュタインの方程式では，この輪の大きさと形が予測
されているので，その写真を撮ることは，本当に素晴らしく，また同時にア
インシュタインの方程式がブラックホール周辺の極限状態でも成り立つかを
確認するのに役立つ。

1. 誤り。第1段落に，天文学者たちが宇宙空間の塵に隠れて見えにくいこれらの星を，赤外線望遠鏡で観測し始めてから16年以上経ったが，ブラックホールは観測できていないと述べられている。　2. 誤り。第1段落の最後の文章より，超大質量ブラックホールは，密度がとても高いため，近づいたものを全て，光さえも飲み込むということが読み取れる。　3. 誤り。銀河系の中心の星は，大きな光ではなく，見えない物体の周りを周回するように見えると述べられている。　4. 誤り。「Einstein's equations predict the size and shape of this ring」この部分から，アインシュタインの方程式によりブラックホールの輪の大きさと形を計算することが可能であると読み取れる。　5. 正しい。第2段落の後半部分に述べられている内容と一致する。

3 4

解説 『天声人語 '99春』「日本では無意味な夏時間」より。（全訳）大半のヨーロッパ諸国から1週間遅れでアメリカでサマータイムが始まった。一方日本では，官庁や国会方面から何度目かの「実施を」という声が上がっている。サマータイムを最初に考えついたのは，ベンジャミン・フランクリン。1784年に書いたエッセーで提案しているそうだ。「太陽の光を浴びる時間が長くなるし，高価なろうそくを必要以上に使わなくても済む」と。ただし冗談めかした筆致のせいか，本気にされなかった。

1. ベンジャミン・フランクリンの提案はエッセーによるもので，かつ冗談めかした筆致であった。本文中には，即時に取り入れられたわけではなく，最初は本気にされなかったとの記述がある。　2. 本文に記述がない。3. 1784年にヨーロッパでサマータイムを導入したという記述はない。1784年にベンジャミン・フランクリンがエッセーでもってサマータイムの提案をしたとの記述がある。　4. 正しい。ベンジャミン・フランクリンのエッセーの中でそのように述べられていることが読み取れる。　5. 第1段落第2文から，日本では官庁や国会方面から何度目かの「実施を」という声が上がっていることが読み取れる。

4 3

解説 （全訳）もし紀元前7世紀ごろの人が生き返ったら「いまは縄文時代だと思っていたら，何だ，弥生時代だったのか」とぶつぶつ文句を言いそうである。月曜に発表された考古学研究によれば，弥生時代が大幅にさかのぼるかもしれない。というより，縄文から弥生へ，という時代区分を考え直した方がいいのかもしれない。

　確かに縄文文化と弥生文化とを区別することはできる。しかし，1989年の昭和天皇崩御とともに昭和から平成に移ったように，ある日突然縄文から弥生へ移行したわけではあるまい。両者が混在の時期，長い移行期があったと考えるのが自然だろう。

　1．本文中には，弥生時代が遡る可能性について言及している。　2．本文では，縄文時代と弥生時代の区分について述べられており，紀元前7世紀頃はいずれか，または両者の文明が混在していたと考えられる。　3．正しい。最後の文の内容と一致している。　4．昭和から平成への移行はある日突然変わった例として挙げられている。　5．本文に述べられていない。

5 5

解説 『ビッグイシュー日本版　第318号』より。（全訳）英国の南海岸，ドーバーの白い崖の上空を飛んでいると，わずか20マイル先にあるフランスの沿岸が陽炎で揺らめいている。ヘリコプターの回転翼が轟音を立てる中，歴史家のジョシュア・レヴィーンは，なぜ「ダンケルクの戦い」が現代における重要な分かれ目であったのかを大きな声で力説した。

　「もしこの撤退が失敗していたら，私たちはまったく違う世界に住んでいたかもしれない。もしドイツが英仏の2カ国に注意を向けなければ，ソビエトに勝利し，また米国も戦争に加わっていなかったかもしれない。ダンケルクから兵士たちが無事戻ってくることができたからこそ，英国は戦争を続けることができ，第2次世界大戦は続いたんだ」

　1．誤り。冒頭の1文において，フランスの沿岸がわずか20マイル先であること，沿岸が揺らめいて見えることが述べられている。　2．誤り。ヘリコプターが不時着したという記述はない。　3．誤り。ドイツがイギリスとフランスの両国に注意を向けたことが述べられている。　4．誤り。国際連盟について触れた記述はない。　5．正しい。第2文で述べられている歴史家（ジョシュ

ア・レヴィーン）が述べた内容と一致している。

6 4

解説 『The Japan Times News Digest』2013. 9より。（全訳）トーマス判事によれば，ミリアド社が人体から分離し，同社の所有する乳癌・卵巣癌検査に用いている遺伝子については特許を設定できるとする同社の主張は特許のルールに反しており，とうてい認められない。最高裁は今回，自然の法則や自然現象，抽象的なアイディアは特許に馴染まないとの判断を下している。

「自然に存在するDNA断片は自然の産物であり，それが分離されたというだけで特許に相当するものではない」とトーマスは判じた。

しかし法廷はミリアド社に部分的な勝利をもたらしてもいる。自然に存在するDNAについては特許を否定する一方，合成されたもの（いわゆるcDNA）の特許は認めたからだ。トーマスの判決文によれば「自然に存在するものではないから」である。

米特許商標局はほぼ30年来，ヒト遺伝子の特許登録を認めてきた。しかし原告側（乳癌と卵巣癌の発癌リスク増に関連する2つの遺伝子に対するミリアド社の特許を否定する立場）は，人体内部で発見しうるものに特許の保護を与えるのは不当だと訴えてきた。

1. 第4段落の1文目から，米特許商標局はほぼ30年来，ヒト遺伝子の特許登録を認めてきたということが読み取れる。 2. 第3段落より，法廷はミリアド社の主張に対し，部分的に勝利をもたらしたことが読み取れる。 3. トーマス判事は，合成されたDNAの特許は認められるとしたが，第一審でミリアド社の主張を認め特許の申請を承諾したというような記述はない。 4. 正しい。第1段落の2文目から，特許に関する最高裁の判決を読み取ることができる。 5. トーマス判事は，合成されたcDNAは自然に存在するものではないとした。

7 4

解説 （全訳）科学技術の発展が社会に多くの恩恵をもたらしたことは多くの人が認めているが，行きすぎではないかと憂えている人も少しいる。複雑になりすぎた事務機器などのように，複雑化でかえって問題が生じている，

という批判があるのだ。

　最初の文に要旨が示されているので注目。よって，正答は4。1〜3と5に
ついては本文中に述べられていない。

8　3

解説 （全訳）ふつう，人間が眠っている時には，体温も下がるので，寒さ
を感じる。眠っている人に何か掛けてやらねばならないのは，このためであ
る。昼間起きて夜眠ることに慣れている人は，たとえ徹夜したとしても，夜
に体温が下がる。夜働いて昼間眠る人は，眠ろうと眠るまいと昼に体温が下
がる。

　1．誤り。本文では，夜体温が下がる人と，昼間体温が下がる人がいること
が示されている。　2．誤り。4文目に，夜眠ることに慣れている人は，徹夜
しても体温が下がると述べられている。　3．正しい。5文目の内容と一致す
る。　4．誤り。冒頭の文で，睡眠中は体温が下がると述べられているので，
眠りと体温の変化は関係している。　5．誤り。5文目の内容と逆のことを述
べている。

9　1

解説 ニーナ・ウェグナー『英語で聞く　世界を変えた女性のことば』よ
り。（全訳）人を堕落させるのは権力ではなく，恐怖です。権力を失う恐怖が，
権力を行使する人たちを堕落させます。また，権力により下される罰への恐
怖が，権力に従う人たちを堕落させます。ビルマ人の多くは4つの「アガ
ティ」，つまり4種類の堕落についてよく知っています。「サンダガティ」，つ
まり欲望から生じる堕落は，賄賂を得ようとして，または愛する人たちのた
めに正しい道を踏みはずすことです。「ドオタガティ」は，敵意を抱いている
人たちを困らせるために道を誤ることです。「モオハガティ」は，無知である
ために常道からはずれることです。しかし4つのうちで最悪なのは「バヤガ
ティ」でしょう。「バヤ」，つまり恐怖は，善悪の全ての感覚を抑えつけ，ゆっ
くりと破壊するばかりか，他の3種類の堕落の根底にあることが多いからで
す。「サンダガティ」が，まったくの強欲からではなく，貧困への恐怖や，愛
する人の好意を失う恐怖から生じることもあるように，何らかの形で凌駕さ
れ，辱めを受け，傷つけられるのではないかという恐怖が，敵意に拍車をか

けることもあります。

　1．正しい。1番最後の文章から，「何らかの形で凌駕され，辱めを受け，傷つけられるのではないかという恐怖が，敵意に拍車をかける」と述べられていることが読み取れる。　2．本文中では「ビルマ人の多くは4つの「アガティ」，つまり4種類の堕落についてよく知っています。」と述べられている。3．本文中には「恐怖は，善悪の全ての感覚を抑えつけ，ゆっくりと破壊するばかりか，他の3種類の堕落の根底にあることが多いからです。」と述べられており，恐怖は堕落の根底にあるとされていることが分かる。　4．本文によれば「欲望から生じる堕落は，賄賂を得ようとして，または愛する人たちのために正しい道を踏みはずすこと」である。　5．選択肢の記述は「ドオタガティ」に関する記述であり，もっとも最悪とされているのは「バヤガティ」である。

10　4

解説 ＼ TED Talks：Cathy O'Neil「ビッグデータを盲信する時代に終止符を」より。（全訳）配慮もなく，やみくもにアルゴリズムを適用しても物事は公平にはならないのです。アルゴリズムは，過去の行為や行動パターンを繰り返し，自動的に現状を維持するだけです。この世界が完璧ならそれでよいのでしょうが，そうではありません。さらに付け加えると，ほとんどの企業は，みっともない裁判を抱えている訳ではありませんが，こういった企業にいるデータサイエンティストは正確性に焦点を当てデータに従うよう指示されています。その意味を考えてみましょう。誰でもバイアスを持っているので，アルゴリズムに性差別や，その他の偏見がコード化されている可能性があります。

　思考実験をしてみましょう。人種を完全に隔離した社会があるとします。どの街でもどの地域でも，人種は隔離され，犯罪を見つけるために警察を送り込むのは社会的少数者が住む地域だけです。すると逮捕者のデータはかなり偏ったものになるでしょう。さらにデータサイエンティストを探してきて，報酬を払い次の犯罪が起こる場所を予測させたらどうなるでしょう。社会的少数者の地域になります。あるいは，次に犯罪を犯しそうな人を予測させた場合，こちらも社会的少数者になります。データサイエンティストは，モデルの素晴らしさと正確さを自慢するでしょう。

　さて，現実はそこまで極端ではありませんが，実際に多くの市や町で深刻な人種差別があり，警察の活動や司法制度のデータが偏っているという証拠が揃っています。実際にホットスポットと呼ばれる犯罪多発地域を予測しています。さらには個々人の犯罪傾向を実際に予測しています。報道組織プロパブリカが最近，いわゆる「再犯リスク」アルゴリズムの1つを取り上げ調査しました。フロリダ州で，判事による量刑手続に使われているものです。左側の黒人男性バーナードのスコアは10点満点の10点で，右の白人ディランは3点でした。10点中10点はハイリスクで，3点はローリスクです。2人とも麻薬所持で逮捕され，どちらも前科はありましたが，3点のディランには重罪の前科があり，10点のバーナードにはありませんでした。これが重要な理由は，スコアが高ければ高いほど刑期が長くなる傾向があるからです。

　1．誤り。第3段落より，実際にホットスポットと呼ばれる犯罪多発地域において，個々人の犯罪傾向を実際に予測する試みが始まっていることが読み取れる。　2．誤り。本文中では，社会的少数者が住む地域のみで得られたデータには，様々な偏りがみられるため，必ずしも正確なデータであるとはいえないと述べられている。　3．誤り。第3段落の後半で，筆者は，「再犯リスク」のアルゴリズムに関する問題点を指摘している。　4．正しい。第1段落の「that most companies don't have embarrassing lawsuits, but the data scientists in those companies are told to follow the data, to focus on accuracy.」の部分から，選択肢で述べられた内容が読み取れる。　5．誤り。第1段落の冒頭部分に，「配慮もなく，やみくもにアルゴリズムを適用しても物事は公平にはならない」と述べられている。

11 1

解説 『The Japan Times News Digest』2016. 9 vol.62より。（全訳）日本人として11人目の宇宙飛行士・大西卓哉はそろそろ国際宇宙ステーション（ISS）へ到着するころ。でも払った犠牲は大きい。日曜日（7/10）の選挙で投票できないのだ。

　日本の公職選挙法には宇宙からの投票に関する規定がないため，大西は参議院選で一票を投じることができない。

　（遠洋航海の）船員や南極観測隊員に関する規定はあり，仕事で国を離れている場合はファクスその他の方法で投票できる。しかし宇宙飛行士の投票権

は守られていない。

　大西 (40) はロシア，アメリカの宇宙飛行士各1名と共に宇宙船ソユーズに乗り込み，木曜日にカザフスタンのバイコヌール宇宙基地を飛び立ち，ISSへと向かった。

　アメリカとロシアには，いずれも宇宙探査中の飛行士が投票できるシステムがある。

　1．正しい。最後の1文と一致する。　2．誤り。南極観測隊員などについては，ファクスなどで投票できる仕組みがあると述べられている。　3．誤り。本文によれば，ISSに向かったのは，大西氏，アメリカとロシアの宇宙飛行士1名ずつの計3名である。　4．誤り。投票の秘密について触れた部分はない。　5．誤り。世論については述べられていない。

12 5

解説 ニーナ・ウェグナー『世界を変えた男たちのスピーチ』より。（全訳）
　学校では，ガンディーは普通の生徒で，成績は平凡だったが品行方正だった。ロンドンのユニヴァーシティ・カレッジの入学試験に合格し，1888年にインドを離れ，ロンドンに向かった。

　ロンドンでは，ガンディーは孤独で，母親の手料理を懐かしく思い出した。だが市民組織で初めての経験を積んだ。ロンドンのベジタリアン協会に入会し，執行委員に選出され，その協会の地方支部を設立することさえした。

　1891年，取得したばかりの法律の学位をもって，ガンディーはインドに帰国し，ボンベイで法律事務所を開いた。ところがこの事業は失敗した。ガンディーは，内気すぎて法廷で話せないと気づいたのだ。それから2年後，当時はまだ英国の植民地だった南アフリカの法律事務所，ダダ・アブドゥラ・カンパニーと1年契約を結んだ。

　1．ガンディーは，インドを離れユニヴァーシティ・カレッジに入学したが，その際母の手料理を懐かしく想ったという記述はあるが，手紙を書いたという事実は本文中には示されていない。　2．1893年，ガンディーは南アフリカの法律事務所，ダダ・アブドゥラ・カンパニーと1年契約を結んだということが，最後の一文より読み取れる。　3．第3段落より，ガンディーが内気すぎたために法廷に立てず，事業に失敗したという内容を読み取ることができる。　4．第1段落1文目と2文目に，ガンディーは普通の学生で，成績は平

凡であったと示されている。平和的な社会運動に関しては，本文中では触れられていない。　5.　正しい。第2段落の最後の一文より，ガンディーが，ロンドンのベジタリアン協会に入会し，執行委員に選出され，その協会の地方支部を設立したと記されている。

13 3

解説　（全訳）自然の研究では，説明は事実であるだけでなく，できる限り直接的で簡単でなければいけない。説明がいくつか出されるところでは，より簡単な説明のほうがより正確に近い，という原則が守られている。最近ある作家は，科学の性質について，より複雑な説明を選択するのは，ちょうど西隣りにある家に行くのに東回りで世界をぐるっと回るように気のきかないことである，と言っている。

最初の文 In the study of nature, an explanation must be not only the facts but also as direct and simple as possible. に，主旨が示されている。

よって，正答は3。

14 5

解説　（全訳）実は，西暦1000年には消毒薬という概念はまったく存在しなかった。食べ物が皿から落ちた場合，当時のある文書に書かれていた忠告は，拾って，その食べ物の上で胸で十字を切り，塩を十分に振りかけて，それから食べる，というものだった。十字を切るのは，いわば西暦1000年当時の消毒薬だった。食べ物を床に落とした人間は，それを拾って口に入れるとき，ある種の危険を冒していることを知っていたが，自分の信仰を信じていたのだ。今日では，私たちは現代医学を信頼している。もっとも，現代医学が実際にどのように機能しているのかを，自分自身よく知っていると主張できる者はほとんどいない。私たちはまた，非常に重い病気と闘う能力が，いわゆる「前向きな心の状態」に影響されることがあることも知っているが，そうした心の状態は，中世には「信仰」として体験されたものである。

1～3.　誤り。「in the year 1000」は「西暦1000年」のことであって，「1000年の間」という意味ではない。この箇所以外の文は正しい記述である。　4.　誤り。5文目に「a few of us can claim…」とあるので，主張できる人はほとんどいないとわかる。　5.　正しい。最終文の内容と一致する。

15 4

解説 （全訳）たとえ小惑星が実際に最後の一撃を加えたとしても，恐竜はすでに絶滅しかけていたという証拠がある。化石の記録は，7,300万年前から6,500万年前にかけて恐竜の種類が70％減少したことを示している。「何がこの減少を引き起こしたのか。気候の変化だったのか。海流の変化だったのか。植物の分布の変化だったのか」

　こうした減少を引き起こした理由が何であろうと，より興味深く驚くべき問題は，恐竜はどうやってこれほど長い間生き残ることができたのかということである，とホーナーは主張する。人類も幸運な点では恐竜と変わらないはずである。「ダーウィンが『種の起源』を発表した時から私たちが最初の核爆弾を爆発させるまで，わずか80年だった」と彼は言う。「一人の人間の一生に当たる時間のうちに，私たち人類は，人類の起源を解明することから，人類を絶滅させる方法を考え出すことまでやってしまったのだ」。地球上の生命の歴史が完結するとき，世界で最も愛されている絶滅した生き物である恐竜は，その崇拝者である人間よりも約1億年，長生きしたことになるかもしれない，とホーナーは考えている。

　1．誤り。1文目に，小惑星が衝突する前から恐竜は絶滅しつつあったと述べられているが，衝突前に絶滅していたとの記述はない。　2．誤り。7億3千万年前から6億5千万年前にかけてではなく，正しくは7,300万年前から6,500万年前にかけてである。　3．誤り。第2段落1文目の「more interesting and surprising question…」より，著者は「最大に疑わしい」のではなく「より興味深く驚くべき」ことだと考えている。　4．正しい。第2段落4文目の内容と一致する。　5．誤り。「100 million years」と示されているので，10億年ではなく1億年である。

16 3

解説 TED Talks：Jorge Ramos「なぜジャーナリストには権力に挑む義務があるか」より。（全訳）私を特徴付けるのは，ジャーナリストであり，移民でもあるという2つの事柄です。

　私はメキシコ生まれですが，人生の半分以上をアメリカでの報道に費やしてきました。移民によって作られた国，アメリカです。報道記者として，そして外国人として，私が学んだのは中立の立場をとって沈黙し恐れることは，

最善策ではないということです。それは報道の世界でも，日々の生活でも同じです。この「中立性」を隠れ蓑（みの）に，私たちジャーナリストは本来果たすべき責任にしばしば背を向けています。

その責任とは何か？権力ある人たちに対し，疑問を投げかけ，その正当性に挑むことです。このために報道はあるのです。

権力を問い，それに挑む，これは報道の美徳とも言えるものですが，もちろん私たちには事実をありのままに伝える義務もあります。虚構を語ってはいけません。その意味において，私は客観性の原則に同意します。家が青色であれば青色だと言いますし，失業者が百万人いれば百万人と言います。しかし，中立性を保てば，必ず真実に導かれるというわけでもありません。たとえ私が完璧なほどの慎重さでもって，あるテーマについて両方の立場を伝えるとしても（例えば，民主党と共和党，リベラル派と保守派，政府と反政府といった立場），それでも結局は，何が真実で何が真実でないかを知ることができる保証はありませんし，誰がやっても保証されることはないのです。人生はもっともっと複雑なものです。ですから，報道もその複雑さを反映してしかるべきです。

1. 誤り。第2段落に，「中立の立場をとって沈黙し恐れることは，最善策ではない」との記述がある。 2. 誤り。筆者はメキシコで生まれ，人生の半分以上をアメリカでの報道に費やしてきたと述べている。 3. 正しい。第2段落の最後「It is to question and to challenge those in positions of power. That's what journalism is for.」の部分から，選択肢で述べられた内容を読み取ることができる。 4. 誤り。第3段落に，誰であっても真実の報道をできる保障はないと述べられている。 5. 誤り。第3段落の最後の部分で，人生の複雑さを報道に反映させる必要性が述べられている。

第5部

数的処理

- 判断推理
- 数的推理
- 資料解釈

数的処理　判断推理

||||||||||||||||||||||||||| **POINT** |||||||||||||||||||||||||||

　数的処理では，小学校の算数，中学高校の数学で習得した知識・能力をもとに，問題を解いていく力が試される。また，公務員採用試験の中では最も出題数が多く，合格を勝ち取るためには避けては通れない。

　判断推理では，様々なパターンの問題が出題され，大学入試など他の試験ではほとんど見かけない問題も出てくる。すべての問題を解けるようにするのは困難なので，本書を参考にできるだけ多くの問題を解き，本番までに得意な分野を増やしていこう。

　算数や数学の学習経験が生かせる分野としては，まずは「論理と集合」が挙げられ，命題の記号化，対偶のとり方，ド・モルガンの法則，三段論法，ベン図，キャロル表を使った情報の整理法などを確実に押さえよう。また，「図形」に関する問題も多く，平面図形では正三角形，二等辺三角形，直角三角形，平行四辺形，ひし形，台形，円，扇形などの性質や面積の公式，これらを回転させたときにできる立体図形などを確実に覚えよう。立体図形では，円錐，角錐，円柱，角柱，球，正多面体などの性質や体積・表面積の公式を必ず覚えよう。

　一方，あまり見慣れない問題があれば，本書の問題を参考にして必要な知識や考え方を身に付けてほしい。例えば，「リーグ戦やトーナメント戦」といった馴染みのある題材が扱われる問題でも，試合数を計算する公式を知っておかなければ解けない場合がある。また，「カレンダー」を題材にした問題では，各月の日数やうるう年になる年などを知っておく必要がある。「順序」に関する問題では，表・樹形図・線分図・ブロック図などを使って効率よく情報を整理していく必要がある。その他にも，「暗号」，「うその発言」，「油分け算」などでは，実際に問題を解いてみなければわからない独自のルールが存在する。「図形」を題材にしたものの中には，計算を必要とせず予備知識がなくとも正解が出せる場合があるので，落ち着いて問題文を読むようにしよう。

　問題の解き方のコツとしては，設問の条件を図表にして可視化していき，行き詰まったら推論や場合分けなどをしてみることである。問題によっては図表が完成しなくとも正解が出せる場合や，いくつかの場合が考えられてもすべてで成り立つ事柄が存在するので，選択肢も定期的に見ておくとよいだ

ろう。公務員採用試験では，限られた時間内で多くの問題を解くことになるが，ほとんどの問題では解法パターンが決まっているので，設問を読んだだけで何をすればよいか見通しが立てられるぐらいまで習熟してほしい。

《 演 習 問 題 》

1 A～Eの5人が自分たちの身長について次のような発言をしたが，誰か1人だけが嘘をついている。嘘をついていないと確実にいえるのは誰か。

A 「BはCより高身長である」
B 「AはDより高身長である」
C 「EはAより高身長である」
D 「CはEより高身長である」
E 「BはDより高身長である」

　1 A　　2 B　　3 C　　4 D　　5 E

2 今，同じ時間に同じ場所から天体観測をしたA～Eの5人が次のような発言をしており，3人が本当のことを言い，2人が嘘をついていることがわかっている。このとき，確実にいえることとして，正しいものはどれか。

A 火星，木星，土星を見ることができたが，月が見えなかったのがとても残念だった。

B 月が明るく輝いて見えたので，その周囲の空に見えるはずの星の観測は難しかった。

C 天体望遠鏡を使い，木星を観測することができたものの，月は雲にすっかり隠れてしまっていた。

D 満月は美しかったが，とても寒かったので，私は観測を途中でやめてしまった。

E 火星は西の空に，土星は南の空に見えたが，月は見えなかった。

　1 観測を行った日は，とても寒かった。
　2 観測した日は満月にあたり，月が明るく輝いて見えた。
　3 天体望遠鏡を使って，水星と金星を観測することができた。
　4 天体望遠鏡は故障していたので，使うことができなかった。
　5 月の観測はできなかったが，土星は南の空に見えた。

3 A～Eの5人が同じテストを行った。その結果について以下のことがわかっている。
・Aの点数は，BとEの点数の平均と同じである。
・Bの点数は，AとCの点数の平均と同じである。
・Cの点数は，BとDの点数の平均と同じである。
・Eの点数は，Dの点数よりも高い。
このとき，4番目に点数が高い人物として妥当なのはどれか。
  1 A   2 B   3 C   4 D   5 E

4 4組の男女のカップルにおいて，男性の年齢は，24，26，36，41歳で，女性の年齢は，21，26，35，38歳であることがわかっている。どのカップルも年齢差は必ず4歳以上で，また，年齢差が6歳であるカップルが1組だけある。4組のカップルの年齢の組み合わせのうち，あり得るものは次のうちのどれか。
  1 男性：24歳   女性：35歳
  2 男性：26歳   女性：35歳
  3 男性：26歳   女性：21歳
  4 男性：36歳   女性：21歳
  5 男性：41歳   女性：26歳

5 図のような，1辺の長さが8cmの正四面体ABCDがある。この正四面体の表面上を，辺ABの中点Pから4つの面をすべて通って一周するとき，その最短の長さとして正しいものはどれか。

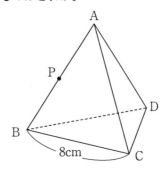

  1 8cm
  2 16cm
  3 $8\sqrt{5}$cm
  4 $16\sqrt{5}$cm
  5 18cm

6 ア〜セの14チームがあるサッカー大会の総当たり戦を行っている。1試合ごとに勝敗ポイントが与えられるが、そのポイント数は勝ちが3、引き分けが1、負けが0である。全チームが最終1試合を残すのみとなったときの上位7チームの勝敗ポイント及び得失点差が次のように示されるとき、確実にいえるのはどれか。

ただし、順位は、勝敗ポイントの多い順に決まり、勝敗ポイントが並んだ場合は得失点差の多い方が上位となるが、さらに得失点差が同じ場合は同順位となる。

（得失点差＝総得点－総失点）

チーム	勝敗ポイント	得失点差
ア	30	＋20
イ	28	＋19
ウ	25	＋17
エ	22	＋17
オ	21	＋7
カ	19	＋4
キ	17	＋5

1 アは、最終試合で引き分け以上であれば、優勝できる。
2 イは、最終試合で引き分ければ、2位が確定する。
3 エは、最終試合でウと対戦して勝たなければ、3位になることはない。
4 オは、最終試合で負けると、7位以下になる。
5 カは、最終試合で負けても、8位以下になることはない。

7 4ℓビンいっぱいに入っている水を、2.5ℓと1.5ℓの2本の空きビンを用いて2ℓずつに分けたい。何回かの水の移し替えを行なって4ℓビンと2.5ℓビンに2ℓずつの水が入っている状態にするためには、水の移し替えは最低何回行う必要があるか。ただし、各ビンは容量分の水しか量れず、1つのビンから別のビンへ移し替えることを1回と数える。
　　1　6回　　　2　7回　　　3　8回　　　4　9回　　　5　10回

8 A, B, C, Dの4人がある目的地まで行くのに乗った電車の座席は, 1号車の窓側, 1号車の通路側, 2号車の窓側, 2号車の通路側のいずれかであり, どの2人の座席も同じ車両の同じ側ではなかった。

このとき, B, Dが次のように発言している。

　　B「Cの座席は1号車の通路側でした」
　　D「Bの座席は2号車の窓側でした」

この2人の発言は, 自分と同じ車両の窓側の座席に座った者についての発言なら嘘であり, そうでなければ真実である。

以上から判断して, 正しいものは次のどれか。

　1　Aの座席は2号車の通路側である。
　2　Bの座席は1号車の窓側である。
　3　Cの座席は2号車の通路側である。
　4　Cの座席は1号車の窓側である。
　5　Dの座席は2号車の通路側である。

9 Aは, 大学の夏休み中にあるレストランで8月の第2月曜日から1日おきに11日間アルバイトをした。最後にアルバイトをしたのが9月3日であったとすれば, その後で最初にくる日曜日は9月何日であるか。ただし, 金曜日に勤務した場合には, 次の勤務は月曜日とする。

　1　9月4日　　2　9月5日　　3　9月6日　　4　9月7日　　5　9月8日

10 Aは大学での講義が終了し, 次の講義まで昼食を食べに行くことにした。講義を終え大学を出た時, 大学の時計は12：30を指していた。そこから公園を通過した時, 公園の時計は13：00を指していた。ファミレスに着いたとき, ファミレスの時計は13：30を指していた。ファミレスで2時間過ごした後, Aは来た道を戻り大学に着いた時大学の時計は15：30を指していた。公園はファミレスと大学のちょうど中間地点にあり, Aの歩く速さは常に一定である。また, Aは大学とファミレスの間では休憩をとっていないものとする。

この時, 大学, 公園, ファミレスの時計はすべて正確な時刻よりも常に一定時間だけ早い時刻か遅い時刻であるとすると, 確実にいえることはどれか。

1 ファミレスの時計は，公園の時計よりも45分進んでいる。

2 ファミレスの時計は，公園の時計よりも30分進んでいる。

3 公園の時計は，大学の時計よりもよりも45分進んでいる。

4 公園の時計は，大学の時計よりも30分進んでいる。

5 ファミレスの時計は，大学の時計よりも30分進んでいる。

11 次の図は，ある立体を真上と真横からみた図である。正面からみた図
として，最も妥当なものはどれか。

真上から見た図　　　　　真横から見た図

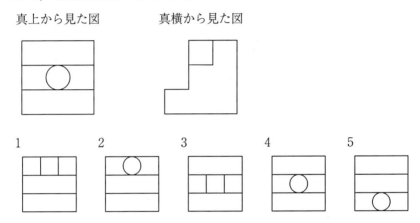

12 ある中学校の生徒に得意な科目を尋ねたところ，次のア，イのことが
わかった。

ア　国語が得意な生徒は，社会科も理科も得意である

イ　数学が得意でない生徒は，社会科も得意でない

以上から判断して，この小学校の生徒に関して確実にいえるものはどれか。

1 国語が得意な生徒は，数学も得意である。

2 社会科が得意でない生徒は，数学も得意でない。

3 理科も数学も得意な生徒は，国語も得意である。

4 理科が得意で国語が得意でない生徒は，社会科が得意である。

5 数学が得意な生徒は，理科も得意である。

13 ある行動がルールに反するかどうかを判断する目安として，「その行動の目的が正当であり，かつ，方法が正当である場合にはルールに反しない」と設定したとき，この目安に関する記述として，最も妥当なものはどれか。

1 この目安によれば，ある行動がルールに反しているならば，その行動は目的が正当でないか，または，方法が正当でない。

2 この目安によれば，ある行動の目的が正当でなく，かつ，方法が正当でない場合には，その行動はルールに反する。

3 この目安によれば，ある行動がルールに反しないならば，その行動は目的が正当であって，かつ，方法が正当である。

4 この目安によれば，ある行動がルールに反しないならば，その行動は目的か正当であるか，または，方法が正当である。

5 この目安によれば，ある行動の目的が正当でないか，その行動はルールに反する。

14 ある大学において，経営学，会社法，企業論についての学生の履修状況を調査したところ，次のア～カのことが分かった。これらから確実にいえるものはどれか。

ア 経営学を履修した学生は734人である。

イ 企業論を履修した学生は871人である。

ウ 学生は経営学，会社法，企業論のうち必ず1科目以上を履修した。

エ 経営学を履修した学生は必ず会社法を履修した。

オ 経営学，会社法，企業論のうち2科目のみを履修した学生は634人である。

カ 会社法と企業論の2科目のみを履修した学生数は，会社法と経営学の2科目のみを履修した学生数に等しい。

1 調査対象となった学生数は，2,000人以上である。

2 経営学と会社法の2科目のみを履修した学生は417人である。

3 企業論を履修した学生のうち，2科目以上履修した学生は645人である。

4 会社法1科目のみを履修した学生がいないとすれば，会社法を履修した学生は1,051人である。

5 会社法1科目のみを履修した学生数が企業論1科目のみを履修した学生数と同じであれば，経営学と会社法の2科目のうち，1科目以上履修した学生は1,048人である。

15 A～Gの7つの高校の合唱部がコンクールに出場した。このコンクールにおける合唱の順番および審査結果について，次のア～カのことがわかった。

ア　A校とD校の間に4つの高校が合唱した。

イ　B校はE校の1つ前に合唱した。

ウ　C校とF校の間に2つの高校が合唱した。

エ　D校はC校の次に合唱した。

オ　E校とG校の間に3つの高校が合唱した。

カ　5番目に合唱した高校が最優秀賞を受賞した。

以上から判断して，最優秀賞を受賞した高校として，正しいものはどれか。

1　B校　　2　C校　　3　E校　　4　F校　　5　G校

16 A～Eの5人がある資格試験を受けた。この資格試験の得点と順位について，次のア～オのことがわかっている。この5人の中で，3位と4位の組み合わせとして正しいものはどれか。なお，順位は得点の高い順である。

ア　Aの得点は，5人の平均点と等しい。

イ　Dの得点は，BとEの2人の平均点と等しい。

ウ　AとBの順位差は3である。

エ　Cは3位以内ではない。

オ　5人の得点は，すべて異なる。

	3位	4位
1	A	C
2	D	A
3	D	C
4	E	A
5	E	C

17 A, B, C, D, Eの5人がいる。A～Eについて, 以下のア～エのことがわかっているとき, 左から背が高い順に並べたものとして, 正しいものはどれか。

　　ア　AはBよりも背が高い。
　　イ　DはEよりも背が高い。
　　ウ　BはCよりも背が高い。
　　エ　CはDよりも背が高い。

　　1　A－B－C－D－E
　　2　A－B－C－E－D
　　3　A－B－E－C－D
　　4　D－E－A－B－C
　　5　A－B－D－E－C

18 佐藤, 岩倉, 井澤, 児玉の4人の年齢差は以下の通りであった。このとき, 児玉と佐藤の年齢差として, 正しいものはどれか。

　ア：岩倉は児玉より12歳年上であった。
　イ：岩倉は井澤より5歳年上であった。
　ウ：佐藤は井澤より8歳年下であった。

　　1　1歳　　　　2　2歳　　　　3　3歳　　　　4　4歳　　　　5　5歳

19 ある陸上部に所属するA, B, C, Dの4人で50m走を行ったとき, 結果は以下の通りであった。

・AはBよりあと, Cより先にゴールした。
・DはCのすぐ前にゴールした。

このときゴールした順に左から並べたものとして, 正しいのはどれか。

　　1　A－B－C－D
　　2　B－A－C－D
　　3　B－A－D－C
　　4　D－C－B－A
　　5　C－D－A－B

20 片側が赤色のカード3枚と，白色のカード2枚の計5枚のカードがある。このカードから3枚取って，A，B，Cの3人の前に1枚ずつ色がわからないように裏返しておき，自分のカードの色を当てるゲームをはじめた。

・まず，CがAとBのカードの色を見て「自分のカードの色は推測できない」と言った。

・次に，BはAのカードの色を見て，Cの発言も考えたうえで「自分のカードの色は推測できない」と言った。

これらのことから，AとBのカードの色についての推測として，確実にいえるものは次のうちどれか。

1 AとBはともに白である。

2 Aは白，Bはわからない。

3 Aは赤，Bはわからない。

4 AとBはともに赤である。

5 A，Bともにどちらともいえない。

21 A，B，Cの3人がP，Q，Rの3人にプレゼントを贈ることになった。プレゼントをAは3個，Bは5個，Cは7個買っておいた。Pは6個もらい，Qは5個もらった。A，B，Cの3人はそれぞれ買ったプレゼントを全てP，Q，Rの誰かに渡した。次のア〜ウの条件がわかっているとき，確実にいえることとして正しいものはどれか。

ア BがPに贈ったプレゼントとCがPに贈ったプレゼントの合計は3個であった。

イ RはBからプレゼントを4個もらった。

ウ BがPに贈ったプレゼントとBがRに贈ったプレゼントの合計は5個であった。

1 BはPに2個贈った。

2 CはQに5個贈った。

3 CはRに2個贈った。

4 AはPに1個贈った。

5 BはQに2個贈った。

22 ナシ，ブドウ，モモの3種類の果物が合計26個ある。これをA，B，Cの3人に全て分けた。次のア〜エのことがわかっているとき，Cはブドウを何個持っているか。

ア　Aは全部で9個の果物を持っており，このうちの6個はナシである。
イ　Aの持っているブドウとCの持っているブドウの個数は等しい。
ウ　Bはブドウを4個持っている。
エ　モモの合計は9個であり，ナシの合計より多い。

　1　1個　　　2　2個　　　3　3個　　　4　4個　　　5　5個

23 白・黒・緑の3色の玉が合わせて24個ある。まず，Aが13個とると，その中には緑が10個あった。残りの玉をすべてBがとると，黒が7個あった。その後，AがBにすべての玉をわたすと，Bの持つ白と黒の玉が同数になった。はじめに2人がとった玉の個数について，確実にいえることは次のうちどれか。

　1　Aは黒の玉を1個持っている。
　2　Aは黒の玉を2個持っている。
　3　Bは白の玉を3個持っている。
　4　Bは白の玉を4個持っている。
　5　Bは緑の玉を1個持っている。

24 5枚のカードがあり，それぞれのカードには4〜12の9つの数のうちの2個の数が書かれている。1つの数だけ2回使われ，ほかはすべて1回だけ使われている。5枚のカードに書かれた2個の数の和が全て等しいとき，2回使われている数として正しいものはどれか。

　1　6　　　　2　7　　　　3　8　　　　4　9　　　　5　10

25 500円玉と100円玉が2枚，50円玉が3枚，10円玉が1枚ある。A～Dの4人が，500円玉，100円玉，50円玉，10円玉のうち，異なる種類のものを2種類ずつ，計2枚もらった。Aは100円玉，Bは50円玉，Cは10円玉，Dは50円玉と100円玉をもらったことがわかった。このとき，確実にいえることは次のうちどれか。

1　Aは50円玉をもらった。
2　Bは500円玉をもらった。
3　Cは500円玉をもらった。
4　Cは100円玉をもらった。
5　Dは500円玉をもらった。

26　長さ13cmのテープののりしろをどこも1cmにして，何本かまっすぐにつないだところ，全体の長さは265cmとなった。このテープをつないだ本数として正しいものはどれか。

1　21本　　2　22本　　3　23本　　4　24本　　5　25本

27　同じ長さのマッチ棒を並べて下図のように1段目，2段目，3段目，…と正三角形を作っていく。マッチ棒を90本使ったとき，何段目まで完成しているか。

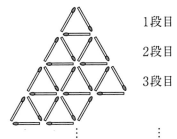

1段目
2段目
3段目

1　6段目
2　7段目
3　8段目
4　9段目
5　10段目

28 下図は，正方形の折り紙を面積が半分の三角形になるように折る作業を3回繰り返し，2箇所に切り込みを入れて広げたものである。切り込みを入れた図として，最も妥当なものはどれか。

図

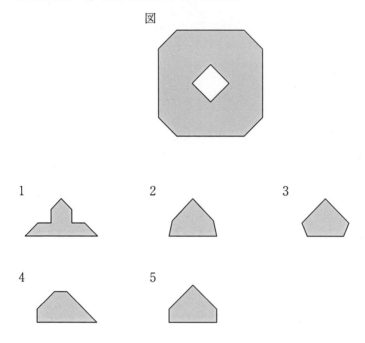

1　　　　　　　2　　　　　　　3

4　　　　　　　5

29 次の図は，一辺が3cmの正三角形を組み合わせてつくった一辺が15cmの正三角形である。この図の中に，一辺が9cmの正三角形はいくつあるか。

1　6個
2　9個
3　12個
4　16個
5　25個

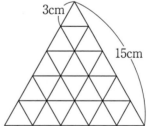

3cm

15cm

30 次の図のように，円O_1，円O_2，円O_3が接している。なお，それぞれの半径は順に，2cm，2cm，6cmである。円O_3の周りを円O_1が，また，円O_3の内側を円O_2が，すべらないように回転しながら1周するとき，円O_1と，円O_2の回転数の和として，最も妥当なものはどれか。

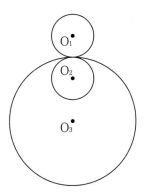

1　3
2　4
3　5
4　6
5　7

31 次の図は，半径が4cm，中心角が90°のおうぎ形OXYが直線ℓの上をすべらないように転がり，O′X′Y′の位置まで移動したことを表している。このとき，点Oが点O′まで移動した線の長さとして，最も妥当なものはどれか。

1　$2+4\pi$ cm
2　4π cm
3　$4+4\pi$ cm
4　6π cm
5　$6+2\pi$ cm

32 図1は，底面の半径が2cm，母線の長さが6cmの円すいであり，これが図2のようにすべらないように転がって円を描き，もとの場所に戻るまで回転するとき，この円すいの回転数として，最も妥当なものはどれか。

図1

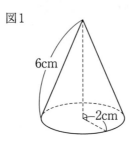

6cm

2cm

1 3π回転
2 3回転
3 4π回転
4 4回転
5 5π回転

図2

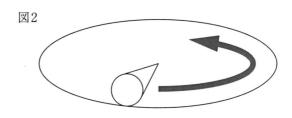

33 図は，小さな立方体を縦4個，横4個に並べ，それを4段積み上げたものである。さらに，崩れないように注意しながら，印を付けた立方体に垂直または水平に貫通するまで穴を開けたとき，穴が開いていない小さな立方体の数として，最も妥当なものはどれか。

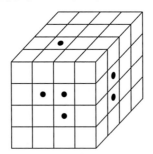

1 18個
2 27個
3 36個
4 45個
5 54個

202

34 次の図は，合同なひし形で構成された六面体の展開図である。組み立てた状態で，頂点Ｓと頂点Ｕを結んだ線と平行な線分として，最も妥当なものはどれか。

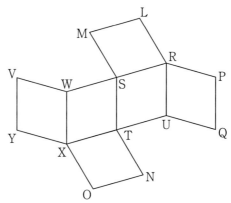

1 線分RQ
2 線分MR
3 線分YN
4 線分WY
5 線分VX

35 次の図は，64個の小さな立方体を組み合わせて大きな立方体をつくり，切り口が最大となるように，頂点Ｘ，Ｙ，Ｚを通る平面で切り込みを入れたものである。この場合，切り込みが入らずにもとのままとなっている小さな立方体の数と，切り込みが入った立方体の数との差として，最も妥当なものはどれか。

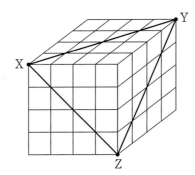

1 16個
2 24個
3 28個
4 32個
5 48個

《 解 答 ・ 解 説 》

1 5

解説 まず，全員の発言を正しいと仮定して条件を整理する。(低身長)＜(高身長)と順序関係を整理すると，5人の発言が正しいとき

D＜A＜E＜C＜B

となり，矛盾はない。ここで，条件より「1人だけが嘘をついている」ので，上記の1つの不等号の向きを変え，その部分の順序を入れ替えても，他の不等号の向きや順序に影響がないことになる。

Aの発言が嘘の場合，正しくは「C＞B」となるので，5人の順序関係は

D＜A＜E＜C

B＜C

となり，Cと他の3人の順序関係はわからないものの，他の不等号に影響を与えず，他の発言を全て本当とすることができる。

同様に考えると，Aの発言のように隣り合った2人の順序関係について発言しているB，C，Dについては，嘘つきであっても他の発言に影響を与えない。しかし，Eの発言が嘘の場合，正しくは「D＞B」となる。すると，

D＜A＜E＜C＜B

B＜D

となり，「C＜B」と発言したAも嘘となる。よって，嘘をついていないと確実にいえるのはEである。

以上より，正解は5。

2 5

解説 発言A～Eより，5人の発言内容で共通しているのは，月について述べていることに注目する。すると，月が見えなかったと言っているのは，A，C，Eの3人であり，見えたと言っているのは，BとDの2人である。設問より，「3人が本当のことを言い，2人が嘘をついている」ことがわかっているのでA，C，Eが本当のことを言い，B，Dが嘘をついていることになる。よって，「月は見えなかった」が真実となる。

1. 誤り。嘘をついているDの発言内容と一致するので，誤りである。
2. 誤り。「月が見えた」という内容なので誤りである。　3. 誤り。「水星と

金星」については，判断できない。　4．誤り。本当のことを言っているＣの
発言内容と一致しないので，誤りである。　5．正しい。本当のことをＥの発
言内容と一致している。

以上より，正解は5。

③ 3

解説 「Ａの点数は，ＢとＥの点数の平均と同じである。」より，Ａ，Ｂ，Ｅ
の点数の関係性は，次の2通りのうちのどちらかである。

　　　高　Ｅ－Ａ－Ｂ　低
　　　高　Ｂ－Ａ－Ｅ　低

　次に，「Ｂの点数は，ＡとＣの点数の平均と同じである。」より，

　　　高　Ｅ－Ａ－Ｂ－Ｃ　低
　　　高　Ｃ－Ｂ－Ａ－Ｅ　低

のいずれかになることがわかる。

さらに，「Ｃの点数は，ＢとＤの点数の平均と同じである。」より，

　　　高　Ｄ－Ｃ－Ｂ－Ａ－Ｅ　低
　　　高　Ｅ－Ａ－Ｂ－Ｃ－Ｄ　低

のいずれかになることがわかる。

　最後に，「Ｅの点数は，Ｄの点数よりも高い。」より，点数が高い順番は，

　　　高　Ｅ－Ａ－Ｂ－Ｃ－Ｄ　低

と決まる。

以上より，正解は3。

④ 3

解説 それぞれの男女の組について，男性の年齢から女性の年齢を引いた
値を次の表にまとめる。

男＼女	21	26	35	38
24	3	− 2	− 11	− 14
26	5	0	− 9	− 12
36	15	10	1	− 2
41	20	15	6	3

このうち，年齢差が4歳未満のものに×をつけると，次のようになる。

男＼女	21	26	35	38
24	×	×	− 11	− 14
26	5	×	− 9	− 12
36	15	10	×	×
41	20	15	6	×

　よって，年齢差が6歳であるカップルは，（男性，女性）＝（41，35）である。残りの組み合わせとして，26歳の女性の相手は，36歳の男性しか残っていない。つまり，（男性，女性）＝（36，26）と確定できる。さらに24歳の男性の相手は，38歳の女性しか残っていない。つまり，（男性，女性）＝（24，38）と確定できる。したがって，残りの1組は，（男性，女性）＝（26，21）と決まる。

以上より，正解は3。

5 2

解説 立体の表面上の最短距離は，立体の展開図上では一直線になる。このことより，設問の正四面体の展開図を描き，実際に直線を引いてみると図のようになる。

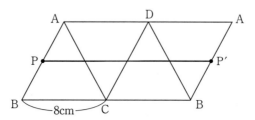

　点Pおよび点P′は，辺ABの中点であることから，辺PP′は次のような平行四辺形の底辺の長さと等しくなる。平行四辺形の底辺は三角形ABCの1辺の長さの2倍なので，PP′＝8×2＝16〔cm〕となる。

以上より，正解は2。

6 2

解説 1. 誤り。アが最終試合で引き分けた場合，勝敗ポイントは31，得失点は変わらず＋20となる。一方，イが最終試合で対戦相手に2点差以上で勝った場合，勝敗ポイントは31でアと並び，得失点差は＋21以上となるので，イの優勝となる。よって，アが最終試合で引き分けた場合，イの結果次第では優勝できないことになる。　2. 正しい。イが最終試合で引き分けた場合，勝敗ポイントは29となるので，アの結果に関わらずアより下位となる。また，現在3位のウは勝敗ポイントが25なので，最終試合で勝っても28にしかならず，イより下位となる。よって，イが最終試合で引き分ければ，2位が確定する。　3. 誤り。ウの最終試合の相手がエ以外の場合，そのチームと対戦して負ければ勝敗ポイントは25のまま，得失点差は＋16以下となる。一方，エはウ以外のチームと対戦して勝てば勝敗ポイントは25となってウと並び，得失点差は＋18以上になるので，エが3位でウが4位となる。　4. 誤り。オが最終試合で負けた場合，勝敗ポイントは21のままである。一方，カが最終試合で勝てなかった場合，勝敗ポイントは20以下なので，オはカより上位となる。また，キが最終試合で勝ったとしても，勝敗ポイントは20ポイントなのでオより上位になることはない。よって，オは最終試合で負けたとしても，7位以下になることはない。　5. 誤り。カが最終試合で負ける場合，勝敗ポイントは19のままである。一方，キが最終試合に勝つ場合，勝敗ポイントは20となってキを上回る。また，現在8位のチームの勝敗ポイントが16だった場合，そのチームが最終試合で勝つと勝敗ポイントは19となってカと並び，得失点差によってはカより上位になる可能性がある。よって，カが最終試合で負ける場合，現時点で7位のキと8位のチームに逆転されて8位になる可能性がある。

7 2

解説 これは油分け算の問題である。次のような表を作成し，手順を考えていく。ただし，（大）→（中）→（小）の順に水を移していき，移せない場合や移すとそれ以前の状態に戻ってしまう場合は，1つ飛ばして次の手順を行う。

はじめ（0回目），4ℓビン（大）に水が4.0ℓ入っており，1回目に（大）→（中）に水を移すと，（大）には4.0－2.5＝1.5〔ℓ〕，（中）には2.5ℓ入ることになる。2回目は（中）→（小）と移して（中）に1.0ℓ，（小）に1.5ℓとなり，

3回目は（小）→（大）と移して（小）に0ℓ，（大）に3.0ℓとなる。すると，4回目に（大）→（中）と移すと，（大）は1.5ℓ，（小）は2.5ℓとなるので，1回目と同じ状態となってしまう。よって，4回目は1つ飛ばして（中）→（小）と移す。同様の手順を行うと，7回目に（大）に2.0ℓ，（小）に2.0ℓ入ることになる。

回数	4ℓビン（大）	2.5ℓビン（中）	1.5ℓビン（小）
0（はじめの状態）	4.0	0	0
1	1.5	2.5	0
2	1.5	1.0	1.5
3	3.0	1.0	0
4	3.0	0	1.0
5	0.5	2.5	1.0
6	0.5	2.0	1.5
7	2.0	2.0	0

以上より，正解は2。

8 1

解説 設問より，「自分と同じ車両の窓側の座席に座った者についての発言なら嘘であり，そうでなければ真実」なので，Bの発言は真実となり，「Cの座席は1号車の通路側」と確定する。一方，Dの発言は嘘の可能性があるため場合分けして検討する。

Dの発言が嘘の場合，Bの座席はDと同じ車両の窓側であり，「Bの座席は2号車の窓側」は嘘なので，「Bの座席は1号車の窓側，Dの座席は1号車の通路側」となるが，これはBの発言内容と矛盾するため不適である。

よって，Dの発言は真実であり，「Bの座席は2号車の窓側」となり，Dの座席は2号車の通路側ではないので，残った1号車の窓側となる。したがって，4人の座席は次のようになる。

1号車：窓側　D　　通路側　C
2号車：窓側　B　　通路側　A

以上より，正解は1。

9 4

解説 アルバイトをしたのは月曜日から1日おきで，金曜日の次の勤務は月曜日であることより，毎週月，水，金の3日間に勤務したことになる。

この場合，最初の3週間で9日間勤務したことになるので，11日間のうち最後の2日間は，4週目の月曜日と水曜日となり，最後の9月3日は水曜日となる。

水曜日から数えて，日曜日は4日後なので，9月3日の4日後の9月7日が最初の日曜日となる。

以上より，正解は4。

10 5

解説 大学の時計が12：30の時に出発し，15：30に戻ったので，Aが大学を出ていた時間は3時間である。そのうちファミレスで2時間過ごしているので，往復に使った時間は1時間であり，片道30分かかったことになる。

また，公園は中間地点にあることから，大学から公園までと，公園からファミレスまではともに15分かかることになる。

よって，公園を通過したとき大学の時計は12：45を指しているはずであるので，13：00を指していた公園の時計は大学の時計よりも15分進んでいることになる。

さらに，ファミレスに着いた時大学の時計は13：00を指しているはずなので，13：30を指していたファミレスの時計は大学の時計よりも30分進んでいることになる。

	大学を出発	公園を通過	ファミレスに到着
大学の時計	12：30	12：45	13：00
公園の時計		13：00	
ファミレスの時計			13：30

以上より，正解は5。

11 1

解説 設問の立体は，右図のように，階段
状の立体と円柱を組み合わせたものである。
球ではなく，円柱なので，円が含まれている
ものは除外される。また，円柱の位置が上部
の中心となることから，正解を導くことがで
きる。
以上より，正解は1。

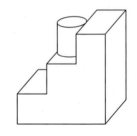

12 1

解説 一般に，ある命題が真であれば，その対偶も真となる。問題文の命
題とその対偶を記号化すると次のようになる。ただし，分割できるものは分
割して表す。

	命題	対偶
ア	国語→社会∧理科	社会∧理科→国語̄
	国語→社会	社会̄→国語̄
	国語→理科	理科̄→国語̄
イ	数学→社会	社会̄→数学̄

これらを三段論法によりつなげていくことで，選択肢が成り立つか検討する。
　1．正しい。アの命題の2つ目，イの対偶より，「国語→社会→数学」とつ
ながるので，確実にいうことができる。　2．誤り。アの対偶の2つ目より，
「社会̄→国語̄」となるが，これに続くものがないため，確実にはいえない。
3．誤り。「社会∧理科」からはじまるものがないため，確実にはいえない。
4．誤り。「理科∧国語̄」からはじまるものがないため，確実にはいえない。
5．誤り。「数学」からはじまるものがないため，確実にはいえない。

13 1

解説 「その行動の目的が正当であり，かつ，方法が正当である場合には
ルールに反しない」を記号化すると，「目的が正当∧方法が正当→ルールに反
する̄」
対偶を取ると，「ルールに反する→目的が正当∧方法が正当̄」

ド・モルガンの定理より，「ルールに反する→$\overline{\text{目的が正当}}\lor\overline{\text{方法が正当}}$」

よって，「ルールに反するならば，目的が正当でない，または，方法が正当でない」が成り立つ。

以上より，正解は1。

⌗14 4

解説 条件ア〜カをもとに，次のベン図を作成する。

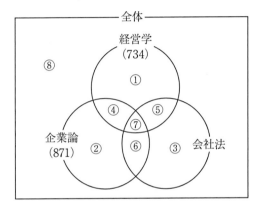

ウより，いずれも履修しなかった学生はいないので，⑧＝0

エより，経営学のみを履修した学生，経営学と企業論のみを学習した学生はいないので，①＝④＝0

オより，2科目のみを履修した学生は④，⑤，⑥であるが，④＝0なので，⑤＋⑥＝634

カより，⑤＝⑥となる。

ここで，オとカより，⑤＝⑥＝317となる。

また，①＋④＋⑤＋⑦＝734より，

$$⑦ = 734 - (①＋④＋⑤) = 734 - (0 + 0 + 317) = 417$$

さらに，②＋④＋⑥＋⑦＝871より，

$$② = 871 - (④＋⑥＋⑦) = 871 - (0 + 317 + 417) = 137$$

ここまでをまとめると，次のようになる。

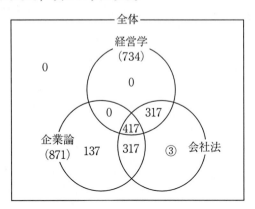

1．誤り。③以外の人数の合計は1,188人であり，③の人数がわからないので確実にはいえない。　2．誤り。経営学と会社法の2科目のみを履修した学生は317人である。　3．誤り。企業論を履修した学生のうち，2科目以上履修した学生は317 + 417 = 734〔人〕である。　4．正しい。③ = 0のとき，会社法を履修した学生は317 + 317 + 417 = 1,051〔人〕である。　5．誤り。③ = 137のとき，経営学と会社法の2科目のうち，1科目以上履修した学生は137 + 317 + 317 + 417 = 1,188〔人〕である。

15 3

解説 条件ア～カをもとに，それぞれの高校が合唱した順番を図示する。ただし，先に合唱した高校を左側とする。

アより，| A | | | | D | または | D | | | | A |

イより，| B | E |

ウより，| C | | | F | または | F | | | C |

エより，| C | D |

オより，| E | | | | G | または | G | | | | E |

ア, ウ, エをまとめると,

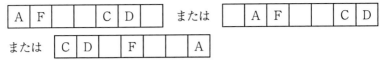

| A | F | | | C | D | |

または

| | A | F | | | C | D |

または

| | C | D | | F | | A |

これらにイ, オの条件を加えると, 真ん中と右側の順番は不適となるので,

| G | A | F | B | E | C | D |

したがって, 5番目に合唱した高校はEとなる。

以上より, 正解は3。

16 4

解説 条件ア〜オをもとに, それぞれの資格試験の順位を図示する。ただし, 順位の高い者を左側とする。

アより, Aは1位や5位ではない。

イより, Dの得点はBとEの得点の間なので,

| B | D | E | または | E | D | B |

ウより,

| A | | | B | または | B | | | A |

エより, Cは4位または5位となる。

ここで, アよりAは1位ではないことを踏まえ, イとウの条件を合わせると,

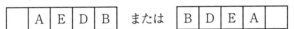

| | A | E | D | B | または | B | D | E | A | |

さらに, エの条件を踏まえると左側の順番は不適となるので,

| B | D | E | A | C |

したがって, 3位はE, 4位はAとなる。

以上より, 正解は4。

17 1

解説 ア～エの条件を次のようにそれぞれまとめる。

ア　AはBより高い　　A－B
イ　DはEより高い　　D－E
ウ　BはCより高い　　B－C
エ　CはDより高い　　C－D

それぞれの条件を合わせると次の順番になる。

A－B－C－D－E

以上より，正解は1。

18 1

解説 ア～ウの条件を数直線にまとめると，次のようになる。

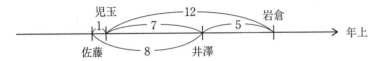

以上より，正解は1。

19 3

解説 条件をもとに，4人の順番を整理する。ただし，先にゴールした方を右側とする。

ア　AはBよりあと　　　B－A
イ　AはCより先　　　　A――C
ウ　DはCのすぐ前　　　　D－C

それぞれの条件を合わせると次のようになる。

B－A－D－C

以上より，正解は3。

20 3

解説 まず，CがAとBのカードの色を見て「自分のカードの色を推測できる」条件は，AとBのカードがともに白だった場合である。この場合，Cは自分のカードの色が残った赤と推測できる。しかし，Cが「自分のカードの色を

推測できない」ことから，AとBのカードの色は少なくとも一方が赤だったことになる。

　次に，BがAのカードの色を見て「自分のカードの色を推測できる」条件は，Aのカードの色が白だった場合である。この場合，残ったBのカードの色は白と推測できるからである。しかし，Bが「自分のカードの色を推測できない」ことから，Aのカードの色は赤だったことになる。

　よって，Aのカードの色は赤，BとCのカードの色は赤でも白でも成立するため判断できない。

以上より，正解は3。

21 2

解説 条件ア〜ウをもとに，次の表を作成する。

　まず，プレゼントの数は，Aが3個，Bが5個，Cが7個買ったので，合計15個となる。また，Pが6個，Qが5個もらったので，Rは $15 - (6 + 5) = 4$ 〔個〕もらったことになる。

アより，BがPに贈った数を x 個とすると，CがPに贈った数は $3 - x$ 〔個〕と表せる。また，Pは残ったAからは $6 - 3 = 3$ 〔個〕もらったことになる。

イより，RがBからもらった数は4個となる。

ウより，BはPとRに合計5個贈ったので，Qには贈っていないことになる。ここで，この時点でBがPに贈れる数は最大で $5 - 4 = 1$ 〔個〕なので，BがPに贈った数は1個，CがPに贈った数は $3 - 1 = 2$ 〔個〕となる。また，AはQとRに贈っていないことが確定するので，QがCからもらった数は5個，CがRに贈った数は0個となる。

よって，表は次のようになる。

		もらった			計
		P	Q	R	
贈った	A	3	0	0	3
	B	1	0	4	5
	C	2	5	0	7
計		6	5	4	15

以上より，正解は2。

22 3

解説 条件ア～エをもとに，次の表を作成する。

アより，「Aの計は9，ナシは6」となる。

ウより，「Bのブドウは4」となる。

エより，「モモの計は9」となる。

ここで，イより，AとCのブドウを x とおくと，Aのブドウは $9-(6+x)=3-x$ と表せる（$1 \leqq x \leqq 3$）。また，ナシの計を y とおくと，ブドウの計は $26-(y-9)=17-y$ と表せる。

ここまでで，表は次のようになる。

	ナシ	ブドウ	モモ	計
A	6	x	$3-x$	9
B		4		
C		x		
計	y	$17-y$	9	26

ここで，ブドウの計より，

$2x+4=17-y$

$y=13-2x$

よって，y は奇数であり，$1 \leqq x \leqq 3$ より，$7 \leqq y \leqq 11$

エより，$y<9$ なので，奇数となることを考慮すると $y=7$

したがって，ブドウの計は，

$2x+4=17-7=10$

$x=3$

以上より，正解は3。

23 4

解説 白・黒・緑の3色の玉の合計は24個である。

Aがとった玉の中には緑が10個あったので，はじめの玉には緑が10個以上あり，白と黒の玉の合計は $24-10=14$ 〔個〕以下となる。

また，Bがとった玉の中には黒が7個あり，AがBにすべての玉を全て渡すと白と黒の玉の数が同じになったことから，白と黒は7個ずつ，合計14個となる。よって，3色の玉の個数は，白が7個，黒が7個，緑が10個となる。

ここで，Aがとった13個の玉のうち10個は緑であり，黒の玉はすべてBが

とったので，残りの3個は白の玉となる。すると，Bのとった玉は黒が7個，白が4個となる。

以上より，正解は4。

24 3

解説 4～12の9つの数の合計は，

$4 + 5 + 6 + 7 + 8 + 9 + 10 + 11 + 12 = 72$

また，2回使われた数をx $(4 \leqq x \leqq 12)$とすると，5枚のカードに書かれた2個の数の合計は，

$72 + x$

ここで，5枚のカードに書かれた2個の数の和が全て等しいので，

$($2個の数の和$) \times 5 = 72 + x$

よって，$72 + x$は5の倍数となるので，$4 \leqq x \leqq 12$の範囲でこれを満たすxは8となる。

以上より，正解は3。

25 2

解説 条件をもとに，次の表を作成する。ただし，もらった場合は○，もらっていない場合は×とする。

	500円玉	100円玉	50円玉	10円玉	計
A		○		×	2
B		×	○	×	2
C		×		○	2
D		○	○	×	2
計	2	2	3	1	8

すると，100円玉と10円玉をもらった人が決まるので，どちらももらっていないBは残った500円玉をもらったことが確定する。また，Dが500円玉をもらっていないことも確定する。

	500円玉	100円玉	50円玉	10円玉	計
A		○		×	2
B	○	×	○	×	2
C		×		○	2
D	×	○	○	×	2
計	2	2	3	1	8

以上より，正解は2。

26 2

解説 はじめの長さは13cmであり，2本目からは1本つなぐごとにのりしろ分を除いた13 − 1 = 12〔cm〕ずつ長くなっていく。

つないだテープの本数を x〔本〕とすると，

$$13 + 12(x - 1) = 265$$
$$x = 22〔本〕$$

以上より，正解は2。

27 2

解説 下図の色のついた正三角形に着目すると，マッチ棒の本数は，色のついた正三角形の数の3倍になっていることがわかる。

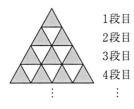

1段目
2段目
3段目
4段目
⋮

よって，マッチ棒を90本使ったときにできる色のついた正三角形の数は

$$90 ÷ 3 = 30（個）$$
$$30 = (1 + 2 + 3 + 4 + 5 + 6 + 7) + 2$$

より，7段目まで完成していることがわかる。
以上より，正解は2。

28 5

解説 折りたたんだ紙に切り込みを入れて広げると，切り取られた部分が折り目に対して線対称になることを利用する。次のように順番に考えるとよい。

① 切り込みを入れて広げた図について，線対称となるような折り目を見つけ，1回だけ折りたたんだ図を作る。

② ①と同様に考えて2回目の折り目を探し，もう1回折りたたんだ図をつくる
③ ①と同様に考えて3回目の折り目を探し，もう1回折りたたんだ図をつくる

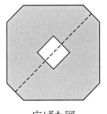
広げた図

1回だけ
折りたたんだ図

2回
折りたたんだ図

3回
折りたたんだ図

以上より，正解は5。

29 1

解説　次の図において，一辺が9cmの正三角形は，3段にまたがって存在している。まず，頂点が上の正三角形を考えると，1段目から3段目に1個，2段目から4段目に2個，3段目から5段目に3個ある。一方，頂点が下の正三角形は存在しない。
よって，1 + 2 + 3 = 6〔個〕
以上より，正解は1。

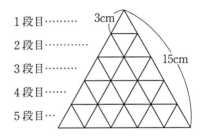

1段目………
2段目…………
3段目………
4段目……
5段目…

3cm

15cm

30 4

解説　半径aの円の外側を半径bの円がすべらないように回転するときの回転数は，$\frac{a}{b} + 1$〔回〕より，円O_1の周りを円O_1が回転するとき，$a = 3$，$b = 1$より，$\frac{3}{1} + 1 = 4$〔回〕。また，半径aの円の内側を半径cの円がすべらないように回転するときの回転数は，$\frac{a}{c} - 1$〔回〕より，円O_1の内側を円O_2が回転するとき，$a = 3$，$c = 1$より，$\frac{3}{1} - 1 = 2$〔回〕。よって，これらの和は，4 + 2 = 6〔回〕。
以上より，正解は4。

31 4

解説 まず点Oが点O′まで移動したときに描く軌跡は，次の図の実線部分のようになる。

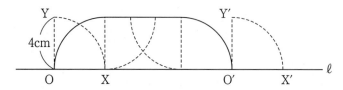

実線部分における左側と右側の弧の部分は，半径4cmの円周の4分の1であり，また，直線部分については，弧XYが直線 ℓ をすべらないように移動するときに点Oが移動することによって描かれるので，この部分も半径4cmの円周の4分の1である。

よって，実線部分の合計は，$4 \times 2 \times \pi \times \dfrac{1}{4} \times 3 = 6\pi$ 〔cm〕

以上より，正解は4。

32 2

解説 設問のように円すいが転がることで描く大きな円の半径は，母線の長さに等しく6cmなので，円周は，$6 \times 2 \times \pi = 12\pi$ 〔cm〕

また，このとき円すいの底面の円が回転するので，

（大きな円の円周）＝（円すいの底面の円周）×（回転数）

よって，

（回転数）＝$\dfrac{\text{大きな円の円周}}{\text{円すいの底面の円周}} = \dfrac{12\pi}{2 \times 2 \times \pi} = 3$ 〔回〕

以上より，正解は2。

[33] 4

解説 上から，1段目，2段目，3段目，4段目をスライスした図で考える。真上から見て，穴が開いている立方体を×，それ以外の立方体を○で表すと，次のようになる。

1段目

○	○	○	○
○	○	○	○
○	×	○	○
○	○	○	○

2段目

○	×	×	○
○	×	×	○
×	×	×	×
○	×	×	○

3段目

○	○	×	○
○	○	×	○
×	×	×	×
○	○	×	○

4段目

○	○	○	○
○	○	○	○
○	×	○	○
○	○	○	○

よって穴が開いていない状態の小さな立方体の数は，15個，6個，9個，15個であるから，合計すると，

15 + 6 + 9 + 15 = 45〔個〕

以上より，正解は4。

[34] 4

解説 与えられた展開図をもとに立体を組み立てると，次のようになる。なお，頂点Mと頂点W，頂点Oと頂点Yなどは一致する点である。

図より，線分WYは線分SUと平行である。

以上より，正解は4。

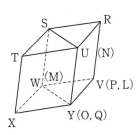

35 4

解説 切り口となる三角形XYZは，次のような正三角形となる。

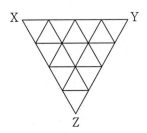

図において，小さな三角形はそれぞれ切り込みが入った立方体に対応するため，切り込みが入った立方体の数は16個である。また，立方体の総数は64個であるため，切り込みが入っていない立方体の数は64 − 16 = 48〔個〕となる。
よって，これらの差は，48 − 16 = 32〔個〕
以上より，正解は4。

数的処理　　　数的推理

　数的推理は，数的処理の中では最も算数・数学の知識や能力が役に立つ分野といえる。出題形式はほとんどが文章題であり，必要な情報を読み取り，自身で方程式を立てて解いていく能力が求められる。本書の数学の内容を参考にしつつ，以下の重要事項を知っておいてほしい。

　まず知っておいてほしいのは，「速さ，距離，時間」の関係である。（速さ）$=\left(\dfrac{距離}{時間}\right)$という基本公式をもとに，式変形をして距離や時間を求める，秒から分（または時間），kmからm（またはcm）などに単位変換する，といった操作を速く正確に行えるようになってほしい。このような力を身に付けることで，「通過算」，「旅人算」，「流水算」などの理解にもつながり，「仕事算」や「ニュートン算」といった計算問題にも応用できる。

　次に，「比と割合」といった指標の活用法を覚えよう。問題によっては具体的な数量ではなく比や割合だけが与えられる場合もある。例えば，「AとBの比が$a:b$」と出てきたら，Aはa個，Bはb個のように比の値をそのまま数量とする，あるいはAはax個，Bはbx個といった表し方をすると考えやすくなる。また，比例配分の考え方「X個をAとBに$a:b$に配分すると，Aには$\dfrac{a}{a+b}\times X$〔個〕，Bには$\dfrac{b}{a+b}\times X$〔個〕配分される」もよく利用される。割合では，「百分率％で表されていたら全体を100とする」と考えやすくなる。「割引き」や「割り増し」といった言葉が出てきた場合の計算にも慣れておこう。

　学習のコツとしては，判断推理と同様に「設問を読んだだけで何をすればよいか見通しが立てられるぐらいまで取り組む」ことである。もし学習時間の確保が困難であれば，「設問から必要な情報を読み取り方程式を立てる」ステップだけでも反復練習しよう。

演習問題

1 1から500までの整数のうちで，3で割ると2余り，4で割ると3余り，5で割ると4余る数は，全部でいくつあるか。正しいものを選べ。

1　6個　　2　7個　　3　8個　　4　9個　　5　10個

2 ある列車は，長さ1500mのトンネルを一定の速さで通過するとき，列車の最前部がトンネルに入ってから最後部がトンネルを出るまでに30秒かかる。また，この列車の最前部がトンネルに入ってから，最後部がトンネルに入るまでに5秒かかることがわかった。このとき，列車の全長として正しいものはどれか。

1　250m　　2　300m　　3　350m　　4　400m　　5　450m

3 Kさんは道路に面した次の図のような10m × 20mの長方形の土地を購入した。隣接地との境界線を示すために，最初は図のように2m間隔で杭を立てたが，間隔が広すぎると思って，後で杭と杭の間に1本ずつ杭を追加で立てた。このとき，最初に立てた杭と後で立てた杭の本数の組み合わせとして，正しいものはどれか。ただし，道路に接する線上には，両端を除き，杭を立てないものとする。

	最初	後
1	20本	19本
2	21本	20本
3	22本	21本
4	23本	22本
5	24本	23本

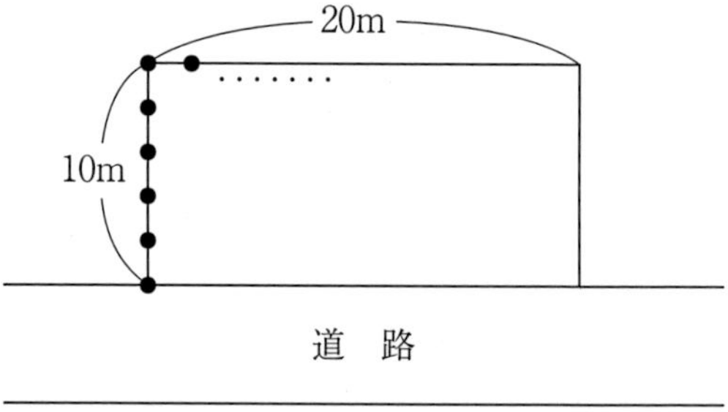

4 ある家族は，現在，27歳の母，母より2歳年上の父，歳の差が4歳の2人姉妹の4人で構成されている。5年後に，父母の年齢の合計は，姉妹の年齢の合計の3倍になる。現在の妹の年齢として，正しいものはどれか。

1　3歳　　2　4歳　　3　5歳　　4　6歳　　5　7歳

5 A 1人では15日間，B 1人では20日間かかる仕事がある。Aが1人で
この仕事にかかり，何日か働いたあとにBがAに代わって働いたら，全体
で18日間で完成した。Aの働いた日数として正しいものはどれか。

1 5日間　　2 6日間　　3 7日間　　4 8日間　　5 9日間

6 エアコンを8回の分割払いで購入することにした。1回目として支払
い総額の $\frac{1}{5}$ を支払い，2回目以降は均等に支払うことにした。3回目を支
払った時点で，残っている支払い額は支払い総額のどれだけか。

1 $\frac{3}{5}$　　2 $\frac{18}{35}$　　3 $\frac{4}{7}$　　4 $\frac{24}{35}$　　5 $\frac{4}{5}$

7 机の上に9枚のカードがある。このカードの表面には1から9までの数
字が書かれており，裏面は白紙である。この中から順番に1枚ずつ3枚の
カードを表にし，左から並べて3桁の整数を作るとする。このとき，並べ
た3桁の数字が5の倍数になる確率として最も妥当なものはどれか。

1 $\frac{1}{6}$　　2 $\frac{1}{7}$　　3 $\frac{1}{8}$　　4 $\frac{1}{9}$　　5 $\frac{1}{10}$

8 3ケタの自然数がある。その百の位の数字の9倍は十の位と一の位から
なる2ケタの数より2小さい。また，一番左端にある数字を一番右端に移
してできた3ケタの整数は，元の数より72だけ小さい。元の数の各位の数
字を足していくといくつになるか。

1 14　　2 16　　3 18　　4 20　　5 22

9 ある牧場では，豚1頭につき，毎日1kgの飼料が必要で，今いる豚が
1日当たりに必要な飼料のちょうど何日分かの在庫がある。もし豚の数が
20頭減ると，現在よりも，30日遅くちょうど飼料が無くなり，もし60頭
増えると，30日早くちょうど飼料が無くなることになる。豚は現在何頭い
るか。

1 56頭　　2 58頭　　3 60頭　　4 62頭　　5 64頭

[10] 円形のドームの周囲を2本の観光路線バスが走っている。内側の路線の長さは一周2kmであった。路線の幅が1mであるとき，外側の路線の一周の長さは内側よりもおよそ何m長くなるか。ただし，バス路線は完全な円形状を走っているものとし，円周率は3.14とする。

  1 3.14m   2 4.41m   3 6.28m   4 8.15m   5 11.54m

[11] 電車の線路に沿った道を自転車で25km/hの速さで走っている人が，8分ごとに電車に追い越された。電車は6分ごとに発車し，一定の速さで走っているものとすると，電車の時速はいくらか。

  1 80km/h   2 85km/h   3 90km/h   4 95km/h
  5 100km/h

[12] 図において，△OXYの各辺の長さは，OX＝4cm，XY＝8cm，YO＝6cmである。ここで，大きさが異なる2つのさいころを同時に投げ，目の和がβのとき，三角形の辺の上に沿ってOから出発し図のような方向にて2βcm動き，止まった点をZとする。ここで，O，X，Zを結ぶとき，三角形ができる確率として正しいものはどれか。

  1 $\dfrac{5}{9}$

  2 $\dfrac{11}{18}$

  3 $\dfrac{2}{3}$

  4 $\dfrac{13}{18}$

  5 $\dfrac{7}{9}$

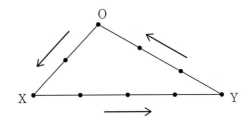

13 図のような長方形の紙から, 扇形ABCを切り取って底のない円すい形を作るとき, この円すいの高さとして正しいものはどれか。

1　8〔cm〕

2　√66〔cm〕

3　2√17〔cm〕

4　6√2〔cm〕

5　5√3〔cm〕

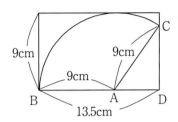

14 図のように, 各辺がいずれも12cmである四角すいの体積として正しいものはどれか。

1　278√2〔cm³〕

2　280〔cm³〕

3　280√2〔cm³〕

4　288〔cm³〕

5　288√2〔cm³〕

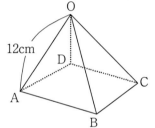

15 4%の食塩水100gを作る。さらに, 10%の食塩水を20g加えて混ぜた。このときできた食塩水の濃度として, 正しいものはどれか。

1　5%　　　2　6%　　　3　7%　　　4　8%　　　5　9%

16 あるコンビニエンスストアが, 定価800円の弁当を60個販売しようとしたところ, 売れ残りが出そうだったので途中から定価100円引きで売ったが, それでも売れ残りそうだったため最終的に定価300円引きで全て売った。売上額を計算したところ, 60個全てを定価で売った場合よりも売上額が5,500円少なく, また, 値引きして売った弁当の総数は30個よりも少なかった。このとき, それぞれの価格で売れた弁当の数の組み合わせが何通りか考えられるが, そのうち定価で売れた弁当の数が最も多い組み合わせにおいて, 定価の300円引きで売れた弁当の数はいくつか。ただし, それぞれの価格で売れた弁当の数は1個以上あるものとする。

1　12個　　2　14個　　3　16個　　4　18個　　5　20個

17 それぞれ整数を記入したカードが4枚ある。このカードの中から2枚取り出し，整数の和を作ると6通りの和ができる。それらを大きい順に並べると次のようになった。

　167，159，155，……，124

このときカードに記入された整数のうち，最大のものはいくらか。

　1　83　　　　2　92　　　　3　95　　　4　103　　　5　105

18 下図のような，AD//BCで対角線が直交している台形ABCDにおいて，AC＝6cm，∠ACB＝30°のとき，台形ABCDの面積はいくらか。

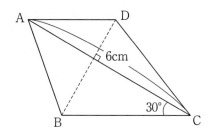

　1　$2\sqrt{3}$ cm²
　2　$3\sqrt{5}$ cm²
　3　$3\sqrt{3}$ cm²
　4　$7\sqrt{5}$ cm²
　5　$6\sqrt{3}$ cm²

19 1～10の整数の中から，5つの整数a，b，c，d，eを選ぶ。この時a×b×c＋d×eが奇数となる確率として正しいものはどれか。ただし，同じ整数を繰り返し選んでもよいものとする。

　1　$\dfrac{1}{8}$　　2　$\dfrac{3}{16}$　　3　$\dfrac{1}{4}$　　4　$\dfrac{5}{16}$　　5　$\dfrac{3}{8}$

20 5つの大箱があり，その中にそれぞれ6つの小箱が入っている。これらの小箱には，5個または10個のあめが入っているが，全体のうちの1つの小箱だけはからっぽである。5個のあめが入っている小箱の個数として正しいものは次のどれか。ただし，あめは全部で220個であるものとする。

　1　12個　　　2　13個　　　3　14個　　　4　15個　　　5　16個

21 図のような道路がある。A地点からB地点へ行く最短経路は何通りあるか。

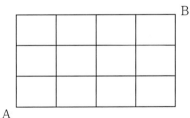

1 33通り
2 34通り
3 35通り
4 36通り
5 37通り

22 次の直方体ABCD－EFGHの辺の長さは，AB＝16cm，BC＝8cm，CG＝12cmである。辺BF上を通り，長さが最短となるように点Cと点Eをつなぐ糸をかけ，糸が辺BFと交わる点をXとするとき，三角形XEFと三角形XBCの面積の比として，最も妥当なものはどれか。

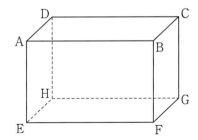

1 1：2
2 1：4
3 4：1
4 4：9
5 3：7

23 A空港の8,000km西にB空港がある。両空港がほぼ同じ緯度にあり，偏西風の影響を受けて西から東へ風が吹いているため，両空港間の直行便の飛行時間は，A空港からB空港へは16時間，B空港からA空港へは8時間かかる。このとき，両空港間の直行便の飛行機の速さとして正しいものはどれか。ただし，偏西風の速さと飛行機の速さともに一定であるとする。

1 500km/h 2 750km/h 3 1,000km/h
4 1,250km/h 5 1,500km/h

《 解 答 ・ 解 説 》

1 　3

解説 ある数を「3で割ると2余る」,「4で割ると3余る」,「5で割ると4余る」ので,いずれの場合でもあと1だけ加えれば割り切れることになる。よって,ある数をxとおくと,$(x+1)$は3,4,5で割り切れるので,

　$(x+1) = (3,4,5$の倍数$) = (3,4,5$の最小公倍数60の倍数$) = 60n$

　$x = 60n - 1$　（nは自然数）

ここで,xは1から500までの整数なので,

　$1 \leqq 60n - 1 \leqq 500$

　$\dfrac{1}{30} \leqq n \leqq \dfrac{501}{60}$

これを満たすのは,$n = 1,2,3,4,5,6,7,8$の8個である。

以上より,正解は3。

2 　2

解説 列車が30秒間に進んだ距離は「トンネルの長さ+列車の長さ」であり,5秒間に進んだ距離は「列車の長さ」である。

よって,これらの差である25秒間のうちに進んだ距離がトンネルの長さになるので,列車の速さは,

　$1500 \div 25 = 60$〔m/秒〕

ここで,この列車の全長は5秒間に進んだ距離なので,

　$60 \times 5 = 300$〔m〕

以上より,正解は2。

3 　2

解説 隣接地との境界線は$10 + 20 + 10 = 40$〔m〕だから,最初に立てた杭の本数は$40 \div 2 + 1 = 21$〔本〕である。後で立てた杭は,最初に立てた杭の間に立てたので,その本数は$21 - 1 = 20$〔本〕である。

4 2

解説 現在の年齢は，母が27歳，父が29歳であり，妹をx歳とすると，姉が$x+4$〔歳〕である。5年後の年齢は，母が32歳，父が34歳，妹が$x+5$〔歳〕，姉が$x+9$〔歳〕である。父母の年齢の合計が姉妹の年齢の合計の3倍となることから，次の式が成り立つ。

$$3(x+5+x+9) = 32+34 \qquad \therefore \quad x = 4 \text{〔歳〕}$$

以上より，正解は2。

5 2

解説 全体の仕事量を1とする。1日当たりの仕事量は，A 1人では$\dfrac{1}{15}$，B 1人では$\dfrac{1}{20}$である。

Aの働いた日数をx日とすると，Bは$(18-x)$〔日〕働いたことになるから，次の式が成り立つ。

$$\frac{x}{15} + \frac{(18-x)}{20} = 1$$
$$4x + 3(18-x) = 60$$
$$x = 6 \text{〔日〕}$$

以上より，正解は2。

6 3

解説 分割払いの方法を図で示すと，下のようになる。

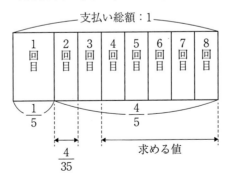

支払い総額を1とすると，2回目以降に支払う金額は，$1 - \dfrac{1}{5} = \dfrac{4}{5}$

2回目以降の支払いについて，1回分は，$\dfrac{4}{5} \div 7 = \dfrac{4}{35}$

3回目を支払った時点で，支払いはあと5回残っているので，

残った5回分の支払い額は，$\dfrac{4}{35} \times 5 = \dfrac{4}{7}$

以上より，正解は3。

$\boxed{7}$ 4

解説 9枚のカードを1枚ずつ並べて3桁の整数を作るときの並べ方は，一の位は9枚から1枚選び，十の位は残り8枚から1枚選び，百の位は残り7枚から1枚選ぶので，

$\qquad 9 \times 8 \times 7 = 504$〔通り〕

これらのうち，5の倍数となる並べ方は，一の位が5となる場合のみである。このような並べ方は，一の位の数は5のカード，十の位は残り8枚から1枚選び，一の位は残り7枚から1枚選ぶので，

$\qquad 1 \times 8 \times 7 = 56$〔通り〕

よって，求める確率は，

$\qquad \dfrac{56}{504} = \dfrac{1}{9}$

以上より，正解は4。

$\boxed{8}$ 2

解説 元の自然数の百の位の数をa，十の位の数をb，一の位の数をcとする。ただし，aは1～9の自然数，bとcは0～9の整数である。

「百の位の数字の9倍は十の位と一の位からなる2ケタの数より2小さい」より，

$\qquad 9a = 10b + c - 2 \quad \cdots ①$

「一番左端にある数字を一番右端に移してできた3ケタの整数は，元の数より72だけ小さい」より，

$\qquad 100b + 10c + a = 100a + 10b + c - 72 \quad \cdots ②$

②より，$11a = 10b + c + 8 \quad \cdots ③$

③－①より，$2a = 10 \quad \therefore \quad a = 5$

これを①に代入すると，$10b + c = 47$

b, cは0〜9の整数なので，$b = 4$, $c = 7$
したがって，$a + b + c = 5 + 4 + 7 = 16$
以上より，正解は2。

---

9 3

解説 現在の豚の数をx頭，現在y日分の飼料の在庫があるとすると，飼料の量は，

1〔kg/(頭・日)〕× x〔頭〕× y〔日〕= xy〔kg〕

「豚の数が20頭減ると，現在よりも，30日遅くちょうど飼料が無くなる」ので，

$(x - 20) \times (y + 30) = xy$

$3x - 2y - 60 = 0$ …①

「60頭増えると，30日早くちょうど飼料が無くなる」ので，

$(x + 60) \times (y - 30) = xy$

$x - 2y + 60 = 0$ …②

①−②より，$2x - 120 = 0$　∴　$x = 60$〔頭〕

以上より，正解は3。

---

10 3

解説 内側の路線の半径をr〔m〕とすると，内側の路線の円周は2000mより，

(内側の路線の円周) = $2 \times r \times 3.14 = 2000$〔m〕 …①

また，内側と外側の路線の幅は1mなので，

(外側の路線の円周) = $2 \times (r + 1) \times 3.14 = (2 \times r \times 3.14) + (2 \times 1 \times 3.14)$〔m〕
…②

②式に①式を代入すると，

(外側の路線の円周) = $2000 + (2 \times 1 \times 3.14)$〔m〕 …③

③−①より，

(外側の路線の円周) − (内側の路線の円周) = $2 \times 1 \times 3.14 = 6.28$〔m〕

したがって，外側の路線は，内側の路線より6.28m長い。

以上より，正解は3。

11 5

解説 題意より，自転車と電車が駅から同時に発車した場合，その6分後に次の電車が発車し，その2分後（＝8分－6分）に自転車がその電車に追い越されたことになる。つまり，自転車が25km/hで8分間走る距離と，電車が x〔km/h〕で2分間走る距離は等しいので，

$$25 \times \frac{8}{60} = x \times \frac{2}{60}$$
$$x = 100 \text{〔km/h〕}$$

以上より，正解は5。

12 4

解説 「三角形ができる」余事象は「三角形ができない」より，

（三角形ができる確率）＝ 1 －（三角形ができない確率）

まず，2つのさいころを投げたときの目の出方は，

6 × 6 ＝ 36〔通り〕

また，題意より，2つのさいころの目の和は2～12より，$4 \leqq 2\beta \leqq 24$

次に，三角形ができない場合を考えると，点Zは点O，OXの中点，点X上にあるはずである。それぞれの場合の数を求める。

①点Zが点Oにあるとき，三角形OXYを一周することになるので，

$2\beta = \text{OX} + \text{XY} + \text{YO} = 18$ ∴ $\beta = 9$

よって，さいころの目の組合せは，（大の目，小の目）で表すと (3, 6)，(4, 5)，(5, 4)，(6, 3) の4通りである。

②点ZがOXの中点にあるとき，三角形OXYを一周してからOXの中点に達するので，

$2\beta = \text{OX} + \text{XY} + \text{YO} + \frac{1}{2}\text{OX} = 20$ ∴ $\beta = 10$

よって，さいころの目の組合せは，(4, 6)，(5, 5)，(6, 4) の3通りである。

③点Zが点X上にあるとき，

$2\beta = \text{OX} = 4$，または，$2\beta = \text{OX} + \text{XY} + \text{YO} + \text{OX} = 22$

∴ $\beta = 2, 11$

よって，さいころの目の組合せは，(1, 1)，(5, 6)，(6, 5) の3通りである。

①②③より，三角形ができない場合の数は，

4 + 3 + 3 ＝ 10〔通り〕

したがって，（三角形ができない確率）$= \dfrac{10}{36} = \dfrac{5}{18}$ より，

（三角形ができる確率）$= 1 - \dfrac{5}{18} = \dfrac{13}{18}$

以上より，正解は4。

---

13 4

解説　△ACDにおいて，

AC = 9〔cm〕，AD = 13.5 − 9 = 4.5〔cm〕，

∠D = 90°であるから，これはAD：AC：CD

= 1：2：$\sqrt{3}$ の直角三角形より，

∠CAD = 60°

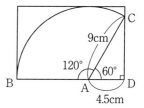

よって，扇形ABCの中心角は，120°である。

この扇形を切り取って円すいを作ったときの

高さをh〔cm〕，底面の半径をr〔cm〕とする

と，この円すいの底辺の円周と，扇形の弧の

長さは等しいから，

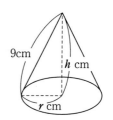

$2\pi r = 9 \times 2 \times \pi \times \dfrac{120°}{360°}$

$r = 3$〔cm〕

したがって，右図より，$h = \sqrt{9^2 - 3^2} = 6\sqrt{2}$〔cm〕

以上より，正解は4。

---

14 5

解説　点Oから底面の正方形ABCDに

垂線OHを引くと，

$AC = \sqrt{12^2 + 12^2}$

　　　$= 12\sqrt{2}$〔cm〕より，

$AH = \dfrac{1}{2} \cdot AC = \dfrac{1}{2} \times 12\sqrt{2} = 6\sqrt{2}$〔cm〕

△OAHで，三平方の定理より，

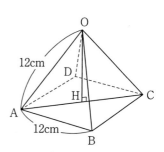

$OH = \sqrt{12^2 - (6\sqrt{2})^2} = 6\sqrt{2}$〔cm〕

したがって，求める体積は，$\dfrac{1}{3} \cdot 12^2 \cdot 6\sqrt{2} = 288\sqrt{2}$〔cm³〕

以上より，正解は5。

15 1

解説 （食塩水の濃度）＝$\dfrac{食塩の量}{食塩水の量}\times 100$ より，

（食塩の量）＝$\dfrac{（食塩水の量）\times（食塩水の濃度）}{100}$ と表せる。

はじめの4％の食塩水100gに含まれる食塩の量は，

$\dfrac{100\times 4}{100}=4$〔g〕

10％の食塩水20gに含まれる食塩の量は，

$\dfrac{20\times 10}{100}=2$〔g〕

よって，これらを混ぜてできた食塩水の濃度は，

$\dfrac{4+2}{100+20}\times 100=5$〔％〕

以上より，正解は1。

16 4

解説 定価800円でx個，定価の100円引き（700円）でy個，定価の300円引き（500円）でz個売れたとすると，弁当は全部で60個なので，

$x+y+z=60$ …①

また，「60個全てを定価で売った場合よりも売上額が5,500円少ない」より，

$800x+700y+500z=800\times 60-5500=42500$ …②

さらに，「値引きして売った弁当の総数は30個よりも少なかった」より，

$y+z<30$ …③

①×8－②÷100より，

$y+3z=55$ …④

③④を満たすy，zの組み合わせは，

$(y,\ z)=(1,\ 18),\ (4,\ 17),\ (7,\ 16),\ (10,\ 15),\ (13,\ 16)$

ここで，①よりxが最大になるとき，$(y+z)$は最小になることを踏まえると，

$y=1,\ z=18$

以上より，正解は4。

17 3

解説 カードに記入した整数を大きい順に，a, b, c, dとする。

これらの整数の和は，$a+b$, $a+c$, $a+d$, $b+c$, $b+d$, $c+d$の6通りである。

これらの中で，最も大きいのは$a+b$，2番目に大きいのは$a+c$，最も小さいのは$c+d$，2番目に小さいのは$b+d$となる。よって，

$a + b = 167$　…①

$a + c = 159$　…②

$c + d = 124$　…③

ここで，3番目に大きいのは$a+d$または$b+c$となるので，場合分けして考える。

$a+d > b+c$の場合，

$a + d = 155$　…④

（②＋④－③）÷2より，$a = 95$

これを①，②，④に代入すると，

$b = 72$，$c = 64$，$d = 60$となり，矛盾はない。

$a+d < b+c$の場合，

$b + c = 155$　…⑤

（①＋②－⑤）÷2より，$a = 85.5$となり，aが整数とならないため不適。

よって，カードに記入された最大の整数は95となる。

以上より，正解は3。

18 5

解説 台形ABCDの2本の対角線の交点をOとし，BO $= a$，DO $= b$とする。

AD//BCより，平行線の錯角は等しいので，$\angle ACB = \angle DAC = 30°$

△BOCは辺の比がBO：BC：CO $= 1 : 2 : \sqrt{3}$の直角三角形なので，

BO：CO $= a$：CO $= 1 : \sqrt{3}$

CO $= \sqrt{3}a$

同様に，△DOAは辺の比がDO：AD：AO $= 1 : 2 : \sqrt{3}$の直角三角形なので，

DO：AO $= b$：AO $= 1 : \sqrt{3}$

AO $= \sqrt{3}b$

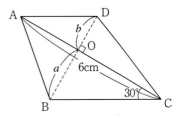

よって，$CO + AO = \sqrt{3}a + \sqrt{3}b = 6$〔cm〕

$a + b = 2\sqrt{3}$〔cm〕

よって，$BD = 2\sqrt{3}$〔cm〕

ここで，台形ABCDの面積は，△ABCと△ADCの面積の和なので，

$6 \times 2\sqrt{3} \times \dfrac{1}{2} = 6\sqrt{3}$〔cm²〕

以上より，正解は5。

19 4

解説 1～10の整数のうち，奇数は5個，偶数は5個より，ある整数が奇数である確率は$\dfrac{1}{2}$，ある整数が偶数である確率は$\dfrac{1}{2}$となる。

$(a \times b \times c)$ と $(d \times e)$ の和が奇数になるので，$(a \times b \times c)$ と $(d \times e)$ のどちらかが偶数，どちらかが奇数となる。よって，

$(a \times b \times c + d \times e$が奇数となる確率) =

$(a \times b \times c$が奇数になる確率) × $(d \times e$が偶数になる確率) +

$(a \times b \times c$が偶数になる確率) × $(d \times e$が奇数になる確率)

ここで，$a \times b \times c$が奇数になるのはa，b，cのいずれも奇数の場合なので，

$(a \times b \times c$が奇数になる確率) $= \dfrac{1}{2} \times \dfrac{1}{2} \times \dfrac{1}{2} = \dfrac{1}{8}$

$d \times e$が奇数になるのは，d，eの両方が奇数の場合なので，

$(d \times e$が奇数になる確率) $= \dfrac{1}{2} \times \dfrac{1}{2} = \dfrac{1}{4}$

よって，余事象の確率より，

$(a \times b \times c$が偶数になる確率) $= 1 - (a \times b \times c$が奇数になる確率) $= 1 - \dfrac{1}{8}$

$= \dfrac{7}{8}$

$(d \times e$が偶数になる確率) $= 1 - (d \times e$が奇数になる確率) $= 1 - \dfrac{1}{4} = \dfrac{3}{4}$

したがって，

$(a \times b \times c + d \times e$が奇数となる確率) $= \dfrac{1}{8} \times \dfrac{3}{4} + \dfrac{7}{8} \times \dfrac{1}{4} = \dfrac{10}{32} = \dfrac{5}{16}$

以上より，正解は4。

20 3

解説 小箱の数は，$6 \times 5 = 30$〔個〕で，このうちひとつだけはからっぽであるから，あめの入っている小箱は29個である。5個のあめが入っている小箱の個数をxとすると，次の方程式が成り立つ。

$$5x + 10(29 - x) = 220$$
$$x + 2(29 - x) = 44$$
$$x + 58 - 2x = 44$$
$$x = 14 \text{〔個〕}$$

以上より，正解は3。

21 3

解説 A地点からB地点までの最短経路を考えるとき，必ず，右に4マス，上に3マス進む（例えば，右・上・上・上・右・右・右など）。つまり，7個のうち同じものを4個，3個含む場合の順列を考えればよいので，同じものを含む順列の公式より，

$$\frac{7!}{4!3!} = \frac{7 \times 6 \times 5}{3 \times 2 \times 1} = 35 \text{〔通り〕}$$

以上より，正解は3。

22 3

解説 最短距離は，展開図上で直線になるので，点Xを書き込んだ見取図と展開図（一部）は，次のようになる。

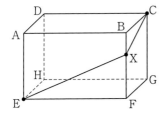 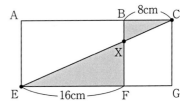

展開図において，三角形XEFと三角形XBCは相似であり，相似比は2：1となる。よって，面積比は$2^2 : 1^2 = 4 : 1$となる。

以上より，正解は3。

23 2

解説 両空港間の直行便の飛行機の速さを x km/h，偏西風の速さを y km/h とおく。

A空港からB空港へは偏西風が向い風となるから，

$x - y = 8{,}000 \div 16$ より，

$x - y = 500$ …①

B空港からA空港へは偏西風が追い風となるから，

$x + y = 8{,}000 \div 8$ より，

$x + y = 1{,}000$ …②

（①＋②）÷2より，$x = 750$

よって，両空港間の直行便の飛行機の速さは750km/hとなり，正解は2。

ちなみに，このとき $y = 250$

すなわち，偏西風の速さは250km/hとなる。

数的処理　　　　資料解釈

　資料解釈では，与えられた図表をもとに，必要なデータを早く正確に読み取る能力が試される。出題形式はほとんど選択肢の記述の正誤を問うものなので，「正誤が判断できる最低限の情報を読み取る」姿勢を身に付けてほしい。高度な計算力は必要ないが，取り扱う数量の桁数が大きかったり，見慣れない単位が使われていたりするので，コツを掴むまでに時間がかかるかもしれず，できるだけ早く取り組もう。

　まず，問題を解く前に与えられた図表のタイトル（ない場合もある）や単位に注目すること。次に，図表に記されたデータを見る前に選択肢を確認してほしい。その際，選択肢を順番に検討するのではなく，正誤が判断しやすいものから順に検討し，判断が難しい選択肢については消去法で対応するとよい。なお，選択肢の中には「図表からは判断できない」場合があるので，注意しよう。選択肢の検討にあたっては，次の指標を用いる場合がほとんどなので，それぞれの指標の意味や公式を覚えてしまいたい。

・割合：ある数量が，全体に対して占める分量。

　　Aに対するBが占める割合〔％〕は，$\dfrac{B}{A} \times 100$

・比率：ある数量を，他の数量と比べたときの割合。

　　Aに対するBの比率（比）は，$\dfrac{B}{A}$

・指数：基準となる数量を100としたときの，他の数量の割合。

　　Aを100としたときのBの指数は，$\dfrac{B}{A} \times 100$

・増加量（減少量）：元の数量に対するある数量の増加分（減少分），増加（減少）していればプラス（マイナス）の値になる。

　　「昨年の量」に対する「今年の量」の増加量（減少量）は，「今年の量」－「昨年の量」

・増加率（減少率）：元の数量に対するある数量の増加率（減少率），増加（減少）していればプラス（マイナス）の値になる。

「昨年の量」に対する「今年の量」の増加率(減少率)〔%〕は,

$$\frac{「今年の量」-「昨年の量」}{「昨年の量」} \times 100$$

・単位量あたりの数量:「単位面積あたり」や「1人あたり」に占める数量。

全体の量のうち,1人あたりに占める量は,$\dfrac{全体の量}{人数}$

学習の初期段階では,本書の解説を参考に自身の手で正しく計算するよう心掛けよう。そのうえで,慣れてきたら「増加している」や「2分の1になっている」といった内容であれば計算せずに判断したり,129,176 を 130,000 と概算して判断したりするなど,できるだけ短い時間で解答できるように練習すること。

《 演 習 問 題 》

1 次の図は,日本における所有者別持ち株比率の推移を示している。ここから読み取れることとして,正しいものはどれか。

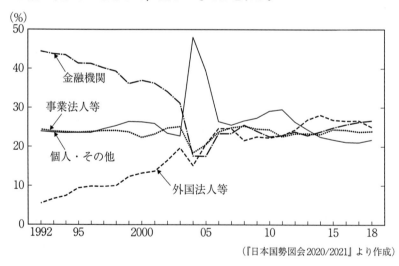

(『日本国勢図会 2020/2021』より作成)

1 かつては金融機関が大きな比率を占めており,過半数を超えていた。
2 個人・その他の比率が最大だった年には,外国法人等の比率も大きく伸びた。

242

3 外国法人等の比率は増加傾向にあるものの，最大の時期でも，最少の時期と比較するとその差は2倍に満たなかった。

4 事業法人等の持ち株の比率は，各年度における平均株価の動向と連動している。

5 最も古い時期と最も新しい時期を比較すると，同一順位である所有者は1つである。

2 次のグラフは，1981年と2014年におけるオーストラリアの輸出額の割合（%）を比較したものである。このグラフから正しくいえるものはどれか。

1981年　総額225億ドル

食料 30.1%			工業原料 46.6				工業製品 21.1	
穀類 11.4	肉類 7.4		羊毛など 9.1	金属鉱物 17.5	石炭類 12.2			

石油類 3.0　　　　その他 2.2

2014年　総額2,404億ドル

11.6%		食料	工業原料 62.9						工業製品 21.1	その他 4.4
穀類 3.4	肉類 4.3	羊毛など 0.9	金属鉱物 32.8	石炭類 14.4	5.1		4.1	5.0		

石油類　　非金属類　　金属品　　鉄鋼 0.3

（『UN comtrade』ほかより作成）

1 1981年から2014年にかけて，食料の輸出額の割合は3分の1以下に減少している。

2 2014年における金属鉱物の輸出額の割合は，1981年の輸出額の割合の2倍以上増加している。

3 1981年における羊毛などの輸出額は，2014年の輸出額よりも多い。

4 2014年における石油類の輸出額の割合は，1981年の輸出額の割合の2倍以上増加している。

5 1981年から2014年にかけて，総輸出額は10倍以上に増額している。

3　下の図は，日本の工業における産業別の従業者数の割合と，その年代別の推移を示している。この図からいえることとして正しいものはどれか。

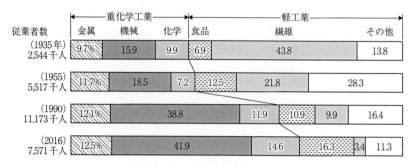

（二宮書店『2020データブック・オブ・ワールド』より作成）

1　最も古いデータと最新のデータを比較すると，繊維工業の従業者数の割合は10分の1以下となった。

2　最も古いデータと最新のデータを比較すると，割合の増減が最も少ないのは化学工業である。

3　日本の工業における従業者数について，1955年と1990年の従業者数を比較すると，大幅に増加しているものの，2倍には満たなかった。

4　重化学工業の割合は，原油価格の長期的な動向の影響を受けて変動している。

5　最新のデータによれば，軽工業の従業者数は，200万人を下回っている。

4 次の表は，日本における紙類生産高をまとめたものである。この表から読み取れる内容として，最も妥当なものはどれか。ただし，紙類生産高の総計は，紙と板紙の生産高の合計であるが，端数を概数として処理しているため，一部，紙と板紙の合計と総計が一致しない部分がある。

(単位 千t)

	1990年	2000年	2010年
紙‥‥‥‥‥	16429	19037	16387
うち印刷用紙‥‥	7690	10004	8069
新聞巻取紙‥	3479	3419	3349
衛生用紙‥‥	1366	1735	1792
情報用紙‥‥	1528	1737	1478
板紙‥‥‥‥	11657	12791	10977
うち段ボール原紙	8275	9676	8647
総計‥‥‥	28086	31828	27363

(経済産業省「紙・パルプ統計年報」，「日本国勢図会2018/19」より作成)

1 紙の生産高の中で，印刷用紙の占める割合は，いずれの年も半分を下回っている。

2 板紙の生産高の中で，段ボール原紙の占める割合は，いずれの年も7割を上回っている。

3 総計の推移をみると，表に示された年については，時期が下るにつれて一貫して減少を続けている。

4 新聞の発行部数の減少に伴い，新聞巻取紙の生産高も同じように減少している。

5 紙のうち，その生産高の内訳の順位は，いずれの年も，共通している。

5 次の図は，縦軸が第1次産業人口率，横軸が1人当たり国民総所得（GNI）を表し，各国のそれぞれの値をもとにグラフ上に点で示したものである。この図から読み取れる内容として，正しいものはどれか。

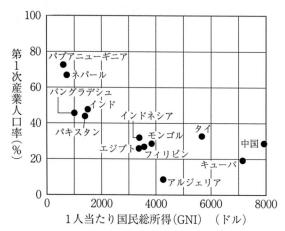

（二宮書店『2020データブック・オブ・ワールド』より作成）

1　1人当たり国民総所得が最も高い国は，第1次産業人口率が最も低い。

2　1人当たり国民総所得が最も低い国は，第1次産業人口率が2番目に高い。

3　第1次産業人口率の上位3カ国については，第1次産業人口率が高い国ほど1人当たり国民総所得が低い。

4　1人当たり国民総所得の上位4カ国については，1人当たり国民総所得が高い国ほど第1次産業人口率が低い。

5　第2次産業人口率が高い国ほど，第1次産業人口率が低く，1人当たり国民総所得が高い。

6 次の表は，各国における綿花の輸出入量（単位　千t）を表したものである。この表からいえることとして正しいものはどれか。

	輸出			輸入	
	2016	2017		2016	2017
アメリカ合衆国	2469	3253	ベトナム	947	1192
インド	866	938	中国	897	1155
オーストラリア	717	873	バングラデシュ	655	930
ブラジル	805	834	トルコ	821	914
ギリシャ	218	232	インドネシア	678	788
ブルキナファソ	307	226	インド	464	446
コートジボワール	139	138	パキスタン	333	270
ベナン	122	128	タイ	257	255
ウズベキスタン	155	117	メキシコ	223	229
カメルーン	101	102	韓国	232	218
マリ	122	96	(台湾)	142	128
トルクメニスタン	151	83	エジプト	64	124
スーダン	24	66	マレーシア	92	91
トルコ	76	59	イラン	60	67
カザフスタン	51	57	日本	64	55
エジプト	29	57	ペルー	37	48
スペイン	74	49	イタリア	37	36
トーゴ	35	45	ポルトガル	32	36
タジキスタン	49	40	ブラジル	27	34
世界計	6918	7762	世界計	6432	7357

（『世界国勢図会2020/21』より作成）

1　2016年と2017年における輸出を比較すると，上位5カ国のうち順位の変動がなかったのは3カ国である。

2　2016年において，アメリカ合衆国の綿花の輸出量は，世界全体の輸出量のうち4割以上を占めている。

3　2016年において，オーストラリアの綿花の輸出量は，世界全体の輸出量の1割に満たない。

4　2017年において，ベトナムの綿花の輸入量は，世界全体の輸入量の2割に満たない。

5　綿花の輸入量が最も大きい国は，そのために支払った金額も最大となっている。

7 次の表は，ヨーロッパ各国における貿易額の推移（単位　百万ドル）を表したものである。この表からいえることとして，最も妥当なものはどれか。

		2015	2016	2017	2018	2019
ハンガリー	輸出	98524	101919	113806	125795	123616
	輸入	91974	93880	107519	121682	119814
	入出超	6551	8039	6287	4113	3801
フィンランド	輸出	59818	57908	68073	75869	73418
	輸入	60430	60841	70587	78624	73653
	入出超	-612	-2932	-2513	-2755	-234
フランス	輸出	506264	501179	535188	581774	569727
	輸入	570758	567657	618649	671435	651128
	入出超	-64494	-66478	-83461	-89662	-81401
ブルガリア	輸出	25371	26572	31437	33618	33303
	輸入	29206	28933	34184	37856	37176
	入出超	-3835	-2360	-2747	-4238	-3873
ベラルーシ	輸出	26619	23537	29240	33907	32936
	輸入	30264	27610	34235	38441	39342
	入出超	-3645	-4073	-4995	-4534	-6405
ベルギー	輸出	396841	398134	430127	468617	444679
	輸入	375530	379409	409113	454738	426194
	入出超	21311	18724	21014	13879	18485
ポーランド	輸出	199124	203817	234364	263570	264013
	輸入	196473	199507	233812	268959	261998
	入出超	2651	4310	552	-5389	2015

（『世界国勢図会 2020/21』より作成）

1 2015年から2019年にかけて，ハンガリーとブルガリアにおける輸出額は，年々増加している。

2 2015年から2019年にかけて，ベラルーシにおける輸入額は，年々増加している。

3 2015年から2019年にかけて，ベルギーとポーランドにおける輸出額は，年々増加している。

4 フランスにおける貿易額は，いずれの年についても輸出額よりも輸入額の方が大きい値を示している。

5 フィンランドにおける貿易額は，いずれの年についても輸入額よりも輸出額の方が大きい値を示している。

8　次のグラフは，2015年における各国の貿易相手先を表したものである。このグラフから正しくいえるものはどれか。

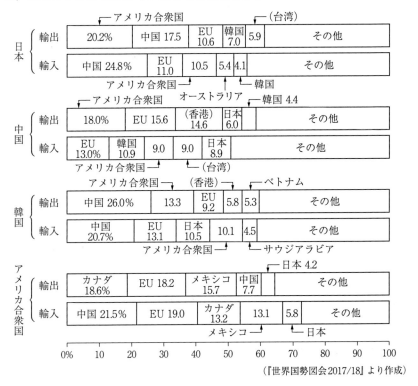

(『世界国勢図会2017/18』より作成)

1　いずれの国においても，EUへの輸出入の割合は，10%を超えている。

2　韓国において，中国への輸出の割合は，ベトナムへの輸出の割合の5倍を超えている。

3　日本において，韓国からの輸入の割合は，同国への輸出の割合を上回っている。

4　中国において，韓国への輸出の割合は，同国からの輸入の割合を上回っている。

5　アメリカ合衆国において，メキシコへの輸出の割合は，日本への輸出の割合の3倍を超えている。

9 次の表は，主要国におけるゲーム市場規模（単位　億円）を表したものである。この表からいえることとして正しいものはどれか。

	2015	2016	2017	2018	ハードウェア	ソフトウェア
アメリカ合衆国	12263	8870	10190	10192	5289	4904
日本	3302	3147	3867	3506	1710	1796
イギリス	2924	1855	2138	2157	993	1162
フランス	2106	1640	1949	2054	987	1067
ドイツ	2499	1779	2149	2023	961	1061
スペイン	1117	743	908	936	438	498
イタリア	765	685	746	869	404	467
カナダ	926	664	821	841	435	406
中国	425	348	437	798	…	…
ロシア	592	424	621	792	…	…
韓国	169	152	219	663	…	…
ポーランド	264	131	276	522	…	…
トルコ	140	152	149	190	…	…
(参考)						
中南アメリカ	2784	2132	2324	2672	…	…
オセアニア	1452	1110	1370	1402	…	…
中東・北アフリカ	795	587	921	1015	…	…
東南アジア	121	120	449	656	…	…

（『世界国勢図会2020/21』より作成）

1　2015年において，アメリカ合衆国のゲーム市場規模は，ドイツのゲーム市場規模の5倍を超えている。

2　2016年において，日本のゲーム市場規模は，スペインのゲーム市場規模の4倍に満たない。

3　いずれの年においても，トルコのゲーム市場規模は，他の国に比べ最も小さくなっている。

4　2017年において，フランスのゲーム市場規模は，カナダのゲーム市場規模の2倍以下である。

5　2018年において，イギリスのゲーム市場規模は，韓国のゲーム市場規模の3倍以上である。

10 次のグラフは，2015年における「日本の農林水産物の輸出額の推移」を表したものである。ここから正しくいえるものはどれか。

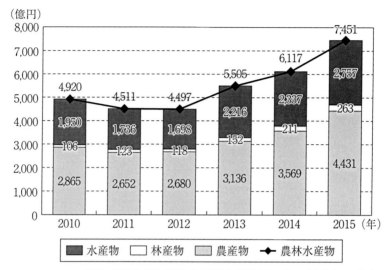

資料：農林水産省『農林水産物輸出入概況2015年　確定値』から作成。

1 「林産物」の輸出額は年々増加し，2015年には過去最高の263億円に達している。

2 「水産物」の輸出額は2010年から2015年にかけて1000億円以上の増加を示している。

3 「農産物」の輸出額はいずれの年においても「水産物」の輸出額の二倍以上の値を示している。

4 「農林水産物」の輸出額は堅調に推移し，2015年には7,451億円まで達し，3年連続で過去最高額を更新している。

5 2016年における「水産物」「農産物」の値は2015年の値より増加することが予想される。

11 次のグラフは2014年における日本の工業地帯，工業地域の製造品出荷額等の構成を表したものである。このグラフからいえることとして正しいものはどれか。

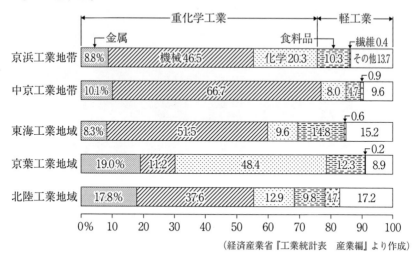

（経済産業省『工業統計表 産業編』より作成）

1 いずれの工業地帯においても，「機械」の製造出荷額の割合が最も多くなっている。

2 「金属」の製造品出荷額の割合が最も小さいのは「京浜工業地帯」である。

3 「東海工業地域」において，「金属」の製造品出荷割合が2番目に多い割合を占めている。

4 「中京工業地帯」に占める「機械」の割合は，「金属」の割合の7倍以上である。

5 「繊維」の製造品出荷額の割合はいずれの工業地帯・地域においても5%以下である。

12 次の表はアジアの一部の国における相手先別貿易額を表したものである。この表から正しくいえるものはどれか。

		輸出 (百万ドル)		輸入 (百万ドル)
日本	中国 アメリカ合衆国 韓国 (台湾) (香港) 　　計 EU	143998 140617 52507 42388 34704 737941 69607	中国 アメリカ合衆国 オーストラリア サウジアラビア 韓国 　　計 EU	173538 83586 45687 33772 32133 748335 79644
中国	アメリカ合衆国 (香港) 日本 韓国 ベトナム ドイツ 　　計 EU	480689 303725 147565 109524 84223 78155 2501334 354652	韓国 日本 (台湾) アメリカ合衆国 ドイツ オーストラリア 　　計 EU	202995 180479 177130 156259 106214 105141 2134026 249711
韓国	中国 アメリカ合衆国 ベトナム (香港) 日本 　　計 EU	162168 73314 48637 46010 30595 605708 51539	中国 アメリカ合衆国 日本 サウジアラビア ドイツ 　　計 EU	106449 58982 54559 26261 20840 534720 55470
(香港)	中国 アメリカ合衆国 インド 日本 タイ 　　計 EU	314274 45899 17902 16536 13448 569138 42284	中国 (台湾) シンガポール 韓国 日本 　　計 EU	281007 43287 40413 35579 34880 627404 31713
シンガポール	中国 (香港) マレーシア インドネシア アメリカ合衆国 　　計 EU	50619 48633 44895 33018 31890 412966 32907	中国 マレーシア アメリカ合衆国 (台湾) 日本 　　計 EU	49666 42821 42120 31400 22264 370890 40514

（『世界国勢図会2020/21』より作成）

1　日本の輸出について，アメリカ合衆国への輸出額の割合は，輸出額合計のうち2割を超えている。

2　中国の輸出について，ベトナムへの輸出額の割合は，輸出額合計のうち5％以上を占めている。

3　韓国の輸入について，サウジアラビアからの輸入額の割合は，輸入額合計のうち5％以上を占めている。

　4　シンガポールの輸入について，マレーシアからの輸入額の割合は，輸入
　　額合計のうち1割を超えている。
　5　中国の輸入について，オーストラリアからの輸入額の割合は，輸入額合
　　計のうち5%を超えている。

13 下の表は，各国の労働時間や休日等のデータをまとめたものである。
この表から読み取れる内容として，妥当なものはどれか。

	日本	アメリカ合衆国	イギリス	ドイツ	フランス	イタリア
総実労働時間	1,729	1,789	1,677	1,371	1,473	1,734
週あたり労働時間	37.7	42.0	41.4	40.0	37.8	36.3
年間休日等の日数	137.4	127.2	137.1	145.0	145.0	140.0
週休日	104.0	104.0	104.0	104.0	104.0	104.0
週休以外の休日	15.0	10.0	8.0	11.0	11.0	11.0
年次有給休暇	18.4	13.2	25.1	30.0	30.0	25.0

(『地理データファイル2020年度版』より作成)

　1　日本の総労働時間は最大である一方，週あたり労働時間は，小さい方か
　　ら数えて2位である。
　2　週あたり労働時間が最大の国は，週休以外の休日が最小である。
　3　年間休日等の日数は，各国における労働組合の組織率との関連が強い。
　4　年次有給休暇の日数が最大の国と最小の国を比較すると，その差は15
　　日を上回っているが，両者を比較した値は2倍に満たない。
　5　総労働時間が最大の国と最少の国を比較すると，その差は400時間を上
　　回っているが，両者を比較した値は1.5倍に満たない。

解　答・解　説

1 5

解説 1．誤り。金融機関が過半数を超えた時期はない。　2．誤り。個人・その他の比率が最大だったのは2004年であるが，その年には外国法人等の比率は減少した。　3．誤り。外国法人等の比率は，最少の1992年に約5％，最大の2014年に約28％と読み取れるので，約5.6倍の開きがある。4．誤り。平均株価についてのデータは示されていないため，この資料から「読み取れること」としては不適切である。　5．正しい。一番古いデータでは，1位が金融機関，2位が事業法人等，3位が個人・その他，4位が外国法人等である。一方，最新のデータでは，1位が金融機関，2位が外国法人等，3位が事業法人等，4位が個人・その他である。よって，1位のみが共通している。

2 5

解説 1．誤り。食料の輸出額の割合は減少しているものの，
$\dfrac{2014年の食料の輸出額の割合}{1981年の食料の輸出額の割合} = \dfrac{11.6}{30.1} \fallingdotseq \dfrac{1}{2.6}$ より，3分の1以下ではない。
2．誤り。2014年における金属鉱物の輸出額の割合は，
$\dfrac{2014年の金属鉱物の輸出額の割合}{1981年の金属鉱物の輸出額の割合} = \dfrac{32.8}{17.5} \fallingdotseq 1.9$〔倍〕より，1981年の輸出額の割合と比べて2倍未満の増加である。　3．誤り。（1981年における羊毛などの輸出額）＝ 225 × 0.091 ＝ 20.475〔億ドル〕，（2014年における羊毛などの輸出額）＝ 2,404 × 0.009 ＝ 21.636〔億ドル〕なので，2014年の輸出額の方が多い。
4．誤り。2014年の石油類の輸出額の割合は，$\dfrac{2014年の石油類の輸出額の割合}{1981年の石油類の輸出額の割合}$
$= \dfrac{5.1}{3.0} \fallingdotseq 1.7$〔倍〕より，1981年の輸出額の割合と比べて2倍未満の増加である。　5．正しい。1981年から2014年にかけて，オーストラリアの総輸出額は $\dfrac{2014年の総輸出額}{1981年の総輸出額} = \dfrac{2,404}{225} \fallingdotseq 10.7$〔倍〕より，10倍以上増加している。

3 1

解説 1. 正しい。繊維工業の割合は，1935年から2016年にかけて，43.8％から3.4％に減少しているので，10分の1以下となっている。 2. 誤り。化学工業の増減が14.6 − 9.9 = 4.7〔％〕であるのに対して，金属工業は12.5 − 9.7 = 2.8〔％〕である。 3. 誤り。日本の工業における従業者数について，1955年と1990年の従業者数を比較すると，$\dfrac{1990年の従業者数}{1955年の従業者数} = \dfrac{11173千人}{5517千人}$ ≒ 2.025〔倍〕より，2倍を超えている。 4. 誤り。原油価格についてのデータがないため，判断できない。 5. 誤り。まず，2016年における軽工業の従業者の割合については，食品工業 + 繊維工業 + その他 = 16.3 + 3.4 + 11.3 = 31.0〔％〕である。ここから実数を求めると，従業者数×軽工業の従業者の割合 = 7571〔千人〕× 0.31 = 2347.01〔千人〕≒ 234万7〔千人〕であり，200万人を上回っている。

4 2

解説 1. 誤り。2000年についてみると，紙の生産高の中で印刷用紙の占める割合は，$\dfrac{印刷用紙の生産高}{紙の生産高} = \dfrac{10004}{19037}$ ≒ 0.53より，半分を上回っている。 2. 正しい。板紙の生産高の中で段ボール原紙の占める割合は，1990年では $\dfrac{8275}{11657}$ ≒ 0.71，2000年では $\dfrac{9676}{12791}$ ≒ 0.76，2010年では $\dfrac{8647}{10977}$ ≒ 0.79より，いずれの年も7割を上回っている。 3. 誤り。1990年か2000年にかけて，総計は増加している。 4. 誤り。新聞の発行部数についてのデータが示されていないので，判断できない。 5. 誤り。衛生用紙と情報用紙については，1990年と2000年において後者の方が大きいが，2010年では逆になっている。

5 3

解説 1. 誤り。1人当たり国民総所得が最も高い国は中国であるが，第1次産業人口率が最も低い国はアルジェリアである。 2. 誤り。1人当たり国民総所得が最も低い国はパプアニューギニアであり，第1次産業人口率は最も高い。第1次産業人口率が2番目に高い国はネパールである。 3. 正しい。第1次産業人口率の上位3カ国であるパプアニューギニア，ネパール，インドについては，第1次産業人口率が高い国ほど1人当たり国民総所得が低い。

4. 誤り。1人当たり国民総所得の上位4カ国は，高い国から中国，キューバ，タイ，アルジェリアである。これらの国を，第1次産業人口率が低い国から並べると，アルジェリア，キューバ，中国，タイである。 5. 誤り。第2次産業人口率のデータが示されていないので，判断できない。

6 4

解説 1. 誤り。輸出について，2016年は上位からアメリカ合衆国，インド，ブラジル，オーストラリア，ブルキナファソの順であるが，2017年は上位からアメリカ合衆国，インド，オーストラリア，ブラジル，ギリシャの順である。つまり，上位5カ国のうち，順位の変動がなかったのはアメリカ合衆国とインドの2カ国である。 2. 誤り。2016年において，アメリカ合衆国の綿花の輸出量は，$\dfrac{アメリカ合衆国の輸出量}{世界全体の輸出量} = \dfrac{2469}{6918} \fallingdotseq 0.357$より，世界全体の輸出量のうち4割以上を占めていない。 3. 誤り。2016年において，オーストラリアの綿花の輸出量は，$\dfrac{オーストラリアの輸出量}{世界全体の輸出量} = \dfrac{717}{6918} \fallingdotseq 0.104$より，世界全体の輸出量のうち1割を超えている。 4. 正しい。2017年において，ベトナムの綿花の輸入量は，$\dfrac{ベトナムの輸入量}{世界全体の輸入量} = \dfrac{1192}{7357} \fallingdotseq 0.162$より，世界全体の輸入量のうち2割には満たない。 5. 誤り。綿花の価格についての記述がないため，判断できない。

7 4

解説 1. 誤り。ハンガリーとブルガリアにおける輸出額は，2018年から2019年にかけて減少している。 2. 誤り。ベラルーシにおける輸入額は，2015年から2016年にかけて減少している。 3. 誤り。ポーランドにおける輸出額は，年々増加しているが，ベルギーにおける輸出額は2018年から2019年にかけて減少している。 4. 正しい。フランスにおける貿易額は，いずれの年についても輸出額より輸入額の方が大きい値を示している。 5. 誤り。フィンランドにおける貿易額は，いずれの年についても輸出額より輸入額の方が大きい値を示している。

8 5

解説 1. 誤り。韓国において，EUへの輸出の割合は9.2%である。 2. 誤り。韓国の中国への輸出の割合は26.0%，ベトナムへの輸出の割合は5.3%なので，中国への輸出の割合はベトナムへの輸出の割合の$\frac{26.0}{5.3}≒4.9$〔倍〕より，5倍を下回っている。 3. 誤り。日本において，韓国からの輸入の割合は，同国への輸出の割合を下回っている。 4. 誤り。中国において，韓国への輸出の割合は，同国からの輸入の割合を下回っている。 5. 正しい。アメリカ合衆国のメキシコへの輸出の割合は15.7%，日本への輸出の割合は4.2%なので，$\frac{15.7}{4.2}≒3.7$〔倍〕である。

9 5

解説 1. 誤り。2015年において，アメリカ合衆国のゲーム市場規模は，$\frac{アメリカ合衆国のゲーム市場規模}{ドイツのゲーム市場規模}=\frac{12263}{2499}≒4.9$〔倍〕より，ドイツのゲーム市場規模の5倍を超えていない。 2. 誤り。2016年において，日本のゲーム市場規模は，$\frac{日本のゲーム市場規模}{スペインのゲーム市場規模}=\frac{3147}{743}≒4.2$〔倍〕より，スペインのゲーム市場規模の4倍を超えている。 3. 誤り。2016年においては，ポーランドのゲーム市場規模が他の国に比べて最も小さい。 4. 誤り。2017年において，フランスのゲーム市場規模は，$\frac{フランスのゲーム市場規模}{カナダのゲーム市場規模}=\frac{1949}{821}≒2.3$〔倍〕より，カナダのゲーム市場規模の2倍を超えている。 5. 正しい。2018年において，イギリスのゲーム市場規模は，$\frac{イギリスのゲーム市場規模}{韓国のゲーム市場規模}=\frac{2157}{663}≒3.3$〔倍〕より，韓国のゲーム市場規模の3倍以上である。

10 4

解説 1. 誤り。「林産物」の輸出額は，2015年には過去最高の263億円に達しているものの，2011年から2012年にかけては減少している。 2. 誤り。「水産物」の輸出額は，2010年から2015年にかけて2,757 − 1,950 = 807〔億円〕しか増加していない。 3. 誤り。「農産物」の輸出額は，いずれの年においても「水産物」の輸出額の二倍を超えていない。 4. 正しい。「農林水

産物」の輸出額は，最新のデータでは3年連続で過去最高額を更新している。
5. 誤り。予想については，グラフからは正しく読み取ることはできない。

11 5

解説 1. 誤り。「京葉工業地域」については，「化学」の製造品出荷額の割合が最も多くなっている。　2. 誤り。「金属」の製造品出荷の割合が最も小さいのは「東海工業地域」である。　3. 誤り。「東海工業地域」については，「食料品」の製造品出荷額の割合が2番目に多い。　4. 誤り。「中京工業地帯」に占める「機械」の割合は，$\dfrac{「機械」の割合}{「金属」の割合} = \dfrac{66.7}{10.1} \fallingdotseq 6.6$〔倍〕より，7倍未満である。　5. 正しい。

12 4

解説 1. 誤り。日本のアメリカ合衆国への輸出額の割合は，$\dfrac{アメリカ合衆国への輸出額}{輸出額合計} = \dfrac{140617}{737941} \fallingdotseq 0.191$より，輸出額合計のうち2割を超えていない。　2. 誤り。中国のベトナムへの輸出額の割合は，$\dfrac{ベトナムへの輸出額}{輸出額合計} \times 100 = \dfrac{84223}{2501334} \times 100 \fallingdotseq 3.4$〔%〕より，輸出額合計のうち5%以上を占めていない。　3. 誤り。韓国のサウジアラビアからの輸入額の割合は，$\dfrac{サウジアラビアからの輸入額}{輸入額合計} \times 100 = \dfrac{26261}{534720} \times 100 \fallingdotseq 4.91$〔%〕より，輸入額合計のうち5%以上を占めていない。　4. 正しい。シンガポールのマレーシアからの輸入額の割合は，$\dfrac{マレーシアからの輸入額}{輸入額合計} = \dfrac{42821}{370890} \fallingdotseq 0.115$より，輸入額合計のうち1割を超えている。　5. 誤り。中国のオーストラリアからの輸入額の割合は，$\dfrac{オーストラリアからの輸入額}{輸入額合計} \times 100 = \dfrac{105141}{2134026} \times 100 \fallingdotseq 4.92$〔%〕より，輸入額合計のうち5%を下回っている。

13 5

解説 1. 誤り。表に示されたデータの特徴を比較し分析する問題である。日本の総労働時間は多い方から数えて3位である。なお，文の後半の「週あたり労働時間は，小さい方から数えて2位である」という記述は正しい。　2. 誤り。週あたり労働時間が最大の国はアメリカ，週休以外の休日が最小の国はイ

ギリスである。　3.　誤り。労働組合の組織率が示されていないので，判断できない。　4.　誤り。年次有給休暇の日数が最大の国はドイツおよびフランスであり，その日数は30日である。一方，最小の国はアメリカ合衆国であり，その日数は13.2日である。両者を比較すると，30 − 13.2 = 16.8〔日〕であるから，「その差は15日を上回っている」という記述は正しい。しかし，その値は，30 ÷ 13.2 = 2.27…… ≒ 2.3より，「両者を比較した値は2倍に満たない」とする記述は誤りである。　5.　正しい。労働時間が最大の国はアメリカであり，その時間数は1,789時間である。一方，最小の国はドイツであり，その時間数は1,371時間である。両者を比較すると，1,789 − 1,371 = 418〔時間〕であるから，その差は400時間を上回っている。さらに，これらを比較した値については，1,789 ÷ 1,371 = 1.30…… ≒ 1.3であるから，1.5倍に満たない。

第6部

論作文試験対策

- 論作文対策
- 実施課題例の分析

人物試験　論作文対策

||||||||||||||||||||||||||||||||||| P O I N T |||||||||||||||||||||||||||||||||||

● Ⅰ．「論作文試験」とはなにか ●

(1)「論作文試験」を実施する目的

　かつて18世紀フランスの博物学者，ビュフォンは「文は人なり」と言った。その人の知識・教養・思考力・思考方法・人間性などを知るには，その人が書いた文章を見るのが最良の方法であるという意味だ。

　知識の質・量を調べる筆記試験の教養試験だけでは，判定しがたい受験生の資質をより正確にとらえるため，あるいは受験生の警察官としての適性を判断するため，多角的な観点から考査・評価を行う必要がある。

　そのため論作文試験は，公務員試験のみならず，一般企業でも重視されているわけだが，とりわけ警察官の場合は，行政の中核にあって多様な諸事務を処理して国民に奉仕するという職務柄，人物試験とともに近年は一層重視されているのが現状だ。しかも，この傾向は，今後もさらに強くなると予想される。

　同じ国語を使って，同じように制限された字数，時間の中で同じテーマの論作文を書いても，その論作文はまったく違ったものになる。おそらく学校で，同じ先生に同じように文章指導を受けたとしても，そうなるだろう。その違いのなかにおのずと受験生の姿が浮かび上がってくることになる。

　採用側からみた論作文試験の意義をまとめると，次のようになる。

---

　① **警察官としての資質を探る**

　公務員というのは，文字どおり公に従事するもの。地域住民に直接に接する機会も多い。民間企業の場合は，新入社員研修が何ヶ月もかけて行われることもあるが，公務員の場合は，ほとんどが短期間のうちに現場の真っ只中に入ることになる。したがって自立性や創造力などの資質を備えた人物が求められるわけで，論作文試験を通じて，そのような資質を判定することができる。

---

② 総合的な知識・理解力を知る

　論作文試験によって，警察官として必要な言語能力・文章表現能力を判定することや，警察官として職務を遂行するのにふさわしい基礎的な知識の理解度や実践への応用力を試すことができる。

　換言すれば，日本語を文章として正しく表現するための常識や，これまでの学校教育などで得た政治や経済などの一般常識を今後の実践の中でどれほど生かすことができるか，などの総合的な知識・理解力の判定をもしようということである。

③ 思考過程・論理の構成力を知る

　教養試験は，一般知識分野であれ一般知能分野であれ，その出題の質が総括的・分散的になりがちである。いわば「広く浅く」が出題の基本となりやすいわけだ。これでは受験生の思考過程や論理の構成力を判定することは不可能だ。その点，論作文試験ではひとつの重要な課題に対する奥深さを判定しやすい。

④ 受験生の人柄・人間性の判定

　人物試験（面接）と同様に，受験生の人格・人柄を判定しやすい。これは，文章の内容からばかりではなく，文章の書き方，誤字・脱字の有無，制限字数への配慮，文字の丁寧さなどからも判断される。

(2)「論作文試験」の実施状況

　公務員試験全体における人物重視の傾向とあいまって，論作文試験も重視される傾向にある。地方公務員の場合，試験を実施する都道府県・市町村などによって異なるが，行政事務関係はほぼ実施している。

(3) 字数制限と時間制限

　最も一般的な字数は1,000〜1,200字程度である。最も少ないところが600字，最大が2,000字と大きく開きがある。

　時間制限は，60〜90分，あるいは120分というのが一般的だ。この時間は，けっして充分なものではない。試しにストップウォッチで計ってみるといいが，他人の論作文を清書するだけでも，600字の場合なら約15分程度かかる。

テーマに即して，しかも用字・用語に気を配ってということになると，かなりのスピードが要求されるわけである。情報を整理し，簡潔に説明できる力を養う必要があるだろう。

(4)「論作文試験」の評価の基準

　採用試験の答案として書く論作文なので，その評価基準を意識して書くことも大切といえる。しかし，公務員試験における論作文の評価の基準は，いずれの都道府県などでも公表していないし，今後もそれを期待することはなかなか難しいだろう。

　ただ，過去のデータなどから手掛りとなるものはあるので，ここではそれらを参考に，一般的な評価基準を考えてみよう。

形式的な面からの評価	①	表記法に問題はないか。
	②	文脈に応じて適切な語句が使われているか。
	③	文（センテンス）の構造，語句の照応などに問題はないか。
内容的な面からの評価	①	テーマを的確に把握しているか。
	②	自分の考え方やものの見方をまとめ，テーマや論旨が明確に表現されているか。
	③	内容がよく整理され，段落の設定や論作文の構成に問題はないか。
総合的な面からの評価	①	警察官に必要な洞察力や創造力，あるいは常識や基礎学力は十分であるか。
	②	ものの見方や考え方が，警察官として望ましい方向にあるか。

　おおよそ以上のような評価の視点が考えられるが，これらはあらゆるテーマに対して共通しているということではない。それぞれのテーマによってそのポイントの移動があり，また，実施する自治体などによっても，このうちのどれに重点を置くかが異なってくる。

　ただ，一般的に言えることは，企業の採用試験などの場合，その多くは総合的な評価が重視され形式的な面はあまり重視されないが，公務員採用試験における論作文は，形式的な面も軽んじてはならないということである。なぜなら，警察官は採用後に公の文書を取り扱うわけで，それらには一定の

フォーマットがあるものが多いからだ。これへの適応能力が試されるのは当然である。

(5)「論作文試験」の出題傾向

　公務員試験の場合，出題の傾向をこれまでのテーマから見るのは難しい。一定の傾向がないからだ。

　ここ数年の例を見ると，「警察官となるにあたって」「警察官に求められる倫理観について」など，将来への抱負や心構え，公務員観に関するものから，「私が目指す●●県のまちづくり」「▲▲の魅力を挙げ，他地域の人々に▲▲を発信・セールスせよ」など，具体的なプランとアクションを挙げさせるところもあり，その種類まさに千差万別といえる。

　いずれにせよ，今までの自己体験，あるいは身近な事件を通して得た信条や生活観，自然観などを語らせ，その観点や感性から，警察官としての適性を知ろうとするものであることに変わりはないようだ。

●● Ⅱ.「論作文試験」の事前準備 ●●

(1) 試験の目的を理解する

　論作文試験の意義や評価の目的については前に述べたが，試験の準備を進めるためには，まずそれについてよく考え，理解を深めておく必要がある。その理解が，自分なりの準備方法を導きだしてくれるはずだ。

　例えば，あなたに好きなひとがいたとする。ラブレター（あるいはメール）を書きたいのだが，あいにく文章は苦手だ。文章の上手い友人に代筆を頼む手もあるが，これでは真心は通じないだろう。そこで，便せんいっぱいに「好きだ，好きだ，好きだ，好きだ，好きだ，好きだ」とだけ書いたとする。それで十分に情熱を伝えることができるし，場合によっては，どんな名文を書き連ねるよりも最高のラブレターになることだってある。あるいはサインペンで用紙いっぱいに一言「好き」と大書して送ってもいい。個人対個人間のラブレターなら，それでもいいのである。つまり，その目的が，「好き」という恋心を相手にだけわかってもらうことにあるからだ。

　文章の長さにしてもそうで，例えばこんな文がある。

> 「一筆啓上　火の用心　おせん泣かすな　馬肥やせ」

　これは徳川家康の家臣である本多作左衛門重次が，妻に宛てた短い手紙である。「一筆啓上」は「拝啓」に当たる意味で，「おせん泣かすな」は重次の唯一の子どもであるお仙（仙千代）を「泣かしたりせず，しっかりと育てなさい」と我が子をとても大事にしていたことが伺える。さらに，「馬肥やせ」は武将の家には欠くことのできない馬について「いざという時のために餌をしっかり与えて大事にしてくれ」と妻へアドバイスしている。短いながらもこの文面全体には，家族への愛情や心配，家の主としての責任感などがにじみ出ているかのようだ。

　世の中にはもっと短い手紙もある。フランスの文豪ヴィクトル・ユーゴーは『レ・ミゼラブル』を出版した際にその売れ行きが心配になり，出版社に対して「？」と書いただけの手紙を送った。すると出版社からは「！」という返事が届いたという。意味がおわかりだろうか。これは，「売れ行きはどうか？」「すごく売れていますよ！」というやりとりである。前提になる状況と目的によっては，「？」や「！」ひとつが，千万の言葉よりも，意思と感情を的確に相手に伝達することもあるのだ。

　しかし，論作文試験の場合はどうだろうか。「警察官を志望した動機」というテーマを出されて，「私は警察官になりたい，私は警察官になりたい，私は警察官になりたい，……」と600字分書いても，評価されることはないだろう。

　つまり論作文というのは，何度もいうように，人物試験を兼ねあわせて実施されるものである。この意義や目的を忘れてはいけない。しかも公務員採用試験の場合と民間企業の場合では，求められているものに違いもある。

　民間企業の場合でも業種によって違いがある。ということは，それぞれの意義や目的によって，対策や準備方法も違ってくるということである。これを理解した上で，自分なりの準備方法を見つけることが大切なのだ。

(2) 文章を書く習慣を身につける

　多くの人は「かしこまった文章を書くのが苦手」だという。携帯電話やパソコンで気楽なメールを頻繁にしている現在では，特にそうだという。論作文試験の準備としては，まずこの苦手意識を取り除くことが必要だろう。

　文章を書くということは，習慣がついてしまえばそれほど辛いものではな

い。習慣をつけるという意味では，第一に日記を書くこと，第二に手紙を書くのがよい。

① 「日記」を書いて筆力をつける

実際にやってみればわかることだが，日記を半年間書き続けると，自分でも驚くほど筆力が身に付く。筆力というのは「文章を書く力」で，豊かな表現力・構成力，あるいはスピードを意味している。日記は他人に見せるものではないので，自由に書ける。材料は身辺雑事・雑感が主なので，いくらでもあるはず。この「自由に書ける」「材料がある」ということが，文章に慣れるためには大切なことなのだ。パソコンを使ってブログで長い文章を書くのも悪くはないが，本番試験はキーボードが使えるわけではないので，リズムが変わると書けない可能性もある。やはり紙にペンで書くべきだろう。

② 「手紙」を書いてみる

手紙は，他人に用件や意思や感情を伝えるものである。最初から他人に読んでもらうことを目的にしている。ここが日記とは根本的に違う。つまり，読み手を意識して書かなければならないわけだ。そのために，一定の形式を踏まなければならないこともあるし，逆に，相手や時と場合によって形式をはずすこともある。感情を全面的に表わすこともあるし，抑えることもある。文章を書く場合，この読み手を想定して形式や感情を制御していくということは大切な要件である。手紙を書くことによって，このコツに慣れてくるわけだ。

> 「おっはよー，元気い（＾_＾）？　今日もめっちゃ寒いけど……」
>
> 「拝啓，朝夕はめっきり肌寒さを覚える今日このごろですが，皆々様におかれましては，いかがお過ごしかと……」

手紙は，具体的に相手（読み手）を想定できるので，書く習慣がつけば，このような「書き分ける」能力も自然と身についてくる。つまり，文章のTPOといったものがわかってくるのである。

③ 新聞や雑誌のコラムを写してみる

新聞や雑誌のコラムなどを写したりするのも，文章に慣れる王道の手段。最初は，とにかく書き写すだけでいい。ひたすら，書き写すのだ。

ペン習字などもお手本を書き写すが，それと同じだと思えばいい。ペン習字と違うのは，文字面をなぞるのではなく，別の原稿用紙などに書き写す点だ。

とにかく，こうして書き写すことをしていると，まず文章のリズムがわかってくる。ことばづかいや送り仮名の要領も身につく。文の構成法も，なんとなく理解できてくる。実際，かつての作家の文章修業は，こうして模写をすることから始めたという。

私たちが日本語を話す場合，文法をいちいち考えているわけではないだろう。接続詞や助詞も自然に口をついて出ている。文章も本来，こうならなければならないのである。そのためには書き写す作業が一番いいわけで，これも実際にやってみると，効果がよくわかる。

なぜ，新聞や雑誌のコラムがよいかといえば，これらはマスメディア用の文章だからである。不特定多数の読み手を想定して書かれているために，一般的なルールに即して書かれていて，無難な表現であり，クセがない。公務員試験の論作文では，この点も大切なことなのだ。

たとえば雨の音は，一般的に「ポツリ，ポツリ」「パラ，パラ」「ザァ，ザァ」などと書く。ありふれた表現だが，裏を返せばありふれているだけに，だれにでも雨の音だとわかるはず。「朝から，あぶないな，と思っていたら，峠への途中でパラ，パラとやってきた……」という文章があれば，この「パラ，パラ」は雨だと想像しやすいだろう。

一方，「シイ，シイ」「ピチ，ピチ」「トン，トン」「バタ，バタ」，雨の音をこう表現しても決して悪いということはない。実際，聞き方によっては，こう聞こえるときもある。しかし「朝から，あぶないな，と思っていたら，峠への途中でシイ，シイとやってきた……」では，一般的には「シイ，シイ」が雨だとはわからない。

論作文は，作家になるための素質を見るためのものではないから，やはり後者ではマズイのである。受験論作文の練習に書き写す場合は，マスコミのコラムなどがよいというのは，そういうわけだ。

④ 考えを正確に文章化する

頭の中では論理的に構成されていても，それを文章に表現するのは意外に難しい。主語が落ちているために内容がつかめなかったり，語彙が貧弱で，述べたいことがうまく表現できなかったり，思いあまって言葉

足らずという文章を書く人は非常に多い。文章は，記録であると同時に伝達手段である。メモをとるのとは違うのだ。

　論理的にわかりやすい文章を書くには，言葉を選び，文法を考え，文脈を整え，結論と課題を比較してみる……，という訓練を続けることが大切だ。しかし，この場合，一人でやっていたのでは評価が甘く，また自分では気づかないこともあるので，友人や先輩，国語に詳しいかつての恩師など，第三者の客観的な意見を聞くと，正確な文章になっているかどうかの判断がつけやすい。

⑤　文章の構成力を高める

　正確な文章を書こうとすれば，必ず文章の構成をどうしたらよいかという問題につきあたる。文章の構成法については後述するが，そこに示した基本的な構成パターンをしっかり身につけておくこと。一つのテーマについて，何通りかの構成法で書き，これをいくつものテーマについて繰り返してみる。そうしているうちに，特に意識しなくてもしっかりした構成の文章が書けるようになるはずだ。

⑥　制限内に書く感覚を養う

　だれでも時間をかけてじっくり考えれば，それなりの文章が書けるだろう。しかし，実際の試験では字数制限や時間制限がある。練習の際には，ただ漫然と文章を書くのではなくて，字数や時間も実際の試験のように設定したうえで書いてみること。

　例えば800字以内という制限なら，その全体量はどれくらいなのかを実際に書いてみる。また，全体の構想に従って字数（行数）を配分すること。時間制限についても同様で，60分ならその時間内にどれだけのことが書けるのかを確認し，構想，執筆，推敲などの時間配分を考えてみる。この具体的な方法は後に述べる。

　こうして何度も文章を書いているうちに，さまざまな制限を無駄なく十分に使う感覚が身についてくる。この感覚は，練習を重ね，文章に親しまない限り，身に付かない。逆に言えば実際の試験ではそれが極めて有効な力を発揮するのが明らかなのだ。

● Ⅲ. 「合格答案」作成上の留意点 ●

(1) テーマ把握上の注意

　さて，いよいよ試験が始まったとしよう。論作文試験でまず最初の関門になるのが，テーマを的確に把握できるか否かということ。どんなに立派な文章を書いても，それが課題テーマに合致していない限り，試験結果は絶望的である。不幸なことにそのような例は枚挙にいとまがないと言われる。ここでは犯しやすいミスを2, 3例挙げてみよう。

> ① 　似たテーマと間違える
>
> 　例えば「私の生きかた」や「私の生きがい」などは，その典型的なもの。前者が生活スタイルや生活信条などが問われているのに対して，後者はどのようなことをし，どのように生きていくことが，自分の最も喜びとするところかが問われている。このようなニュアンスの違いも正確に把握することだ。
>
> ② 　テーマ全体を正確に読まない
>
> 　特に，課題そのものが長い文章になっている場合，どのような条件を踏まえて何を述べなければならないかを，正確にとらえないまま書き始めてしまうことがある。例えば，下記のようなテーマがあったとする。
>
> > 「あなたが警察官になったとき，職場の上司や先輩，地域の人々との人間関係において，何を大切にしたいと思いますか。自分の生活体験をもとに書きなさい」
>
> 　①警察官になったとき，②生活体験をもとに，というのがこのテーマの条件であり，「上司・先輩，地域の人々との人間関係において大切にしたいこと」というのが必答すべきことになる。このような点を一つひとつ把握しておかないと，内容に抜け落ちがあったり，構成上のバランスが崩れたりする原因になる。テーマを示されたらまず2回はゆっくりと読み，与えられているテーマの意味・内容を確認してから何をどう書くかという考察に移ることが必要だ。
>
> ③ 　テーマの真意を正確につかまない
>
> 　「今，警察官に求められるもの」というテーマと「警察官に求められるもの」というテーマを比べた場合，"今"というたった1字があるか否か

で，出題者の求める答えは違ってくることに注意したい。言うまでもなく，後者がいわゆる「警察官の資質」を問うているのに対して，前者は「現況をふまえたうえで，できるだけ具体的に警察官の資質について述べること」が求められているのだ。

以上3点について述べた。こうやって示せば誰でも分かる当たり前のことのようだが，試験本番には受け取る側の状況もまた違ってくるはず。くれぐれも慎重に取り組みたいところだ。

(2) 内容・構成上の注意点

① 素材選びに時間をかけろ

テーマを正確に把握したら，次は結論を導きだすための素材が重要なポイントになる。公務員試験での論作文では，できるだけ実践的・経験的なものが望ましい。現実性のある具体的な素材を見つけだすよう，書き始める前に十分考慮したい。

② 全体の構想を練る

さて，次に考えなくてはならないのが文章の構成である。相手を納得させるためにも，また字数や時間配分の目安をつけるためにも，全体のアウトラインを構想しておくことが必要だ。ただやみくもに書き始めると，文章があらぬ方向に行ってしまったり，広げた風呂敷をたたむのに苦労しかねない。

③文体を決める

文体は終始一貫させなければならない。文体によって論作文の印象もかなり違ってくる。〈です・ます〉体は丁寧な印象を与えるが，使い慣れないと文章がくどくなり，文末のリズムも単調になりやすい。〈である〉体は文章が重々しいが，断定するつもりのない場合でも断定しているかのような印象を与えやすい。

それぞれ一長一短がある。書きなれている人なら，テーマによって文体を使いわけるのが望ましいだろう。しかし，大概は文章のプロではないのだから，自分の最も書きやすい文体を一つ決めておくことが最良の策だ。

(3) 文章作成上の注意点

① ワン・センテンスを簡潔に

一つの文（センテンス）にさまざまな要素を盛り込もうとする人がいるが，内容がわかりにくくなるだけでなく，時には主語・述語の関係が絡まり合い，文章としてすら成立しなくなることもある。このような文章は論旨が不明確になるだけでなく，読み手の心証もそこねてしまう。文章はできるだけ無駄を省き，わかりやすい文章を心掛けること。「一文はできるだけ簡潔に」が鉄則だ。

② 論点を整理する

論作文試験の字数制限は多くても2,000字，少ない場合は600字程度ということもあり，決して多くはない。このように文字数が限られているのだから，文章を簡潔にすると同時に，論点をできるだけ整理し，特に必要のない要素は削ぎ落とすことだ。これはテーマが抽象的な場合や，逆に具体的に多くの条件を設定してる場合は，特に注意したい。

③ 段落を適切に設定する

段落とは，文章全体の中で一つのまとまりをもった部分で，段落の終わりで改行し，書き始めは1字下げるのが決まりである。いくつかの小主題をもつ文章の場合，小主題に従って段落を設けないと，筆者の意図がわかりにくい文章になってしまう。逆に，段落が多すぎる文章もまた意図が伝わりにくく，まとまりのない印象の文章となる場合が多い。段落を設ける基準として，次のような場合があげられる。

① 場所や場面が変わるとき。	④ 思考が次の段階へ発展するとき。
② 対象が変わるとき。	⑤ 一つの部分を特に強調したいとき。
③ 立場や観点が変わるとき。	⑥ 同一段落が長くなりすぎて読みにくくなるとき。

これらを念頭に入れて適宜段落を設定する。

(4) 文章構成後のチェック点

① 主題がはっきりしているか。論作文全体を通して一貫しているか。課題にあったものになっているか。
② まとまった区切りを設けて書いているか。段落は，意味の上でも視覚的にもはっきりと設けてあるか。
③ 意味がはっきりしない言いまわしはないか。人によって違った意味にとられるようなことはないか。
④ 一つの文が長すぎないか。一つの文に多くの内容を詰め込みすぎているところはないか。
⑤ あまりにも簡単にまとめすぎていないか。そのために論作文全体が軽くなっていないか。
⑥ 抽象的ではないか。もっと具体的に表現する方法はないものか。
⑦ 意見や感想を述べる場合，裏づけとなる経験やデータとの関連性は妥当なものか。
⑧ 個人の意見や感想を，「われわれは」「私たちは」などと強引に一般化しているところはないか。
⑨ 表現や文体は統一されているか。
⑩ 文字や送り仮名は統一されているか。

　実際の試験では，こんなに細かくチェックしている時間はないだろうが，練習の際には，一つの論作文を書いたら，以上のようなことを必ずチェックしてみるとよいだろう。

● Ⅳ. 「論作文試験」の実戦感覚 ●

　準備と対策の最後の仕上げは，"実戦での感覚"を養うことである。これは"実戦での要領"といってもよい。「要領がいい」という言葉には，「上手に」「巧みに」「手際よく」といった意味と同時に，「うまく表面をとりつくろう」「その場をごまかす」というニュアンスもある。「あいつは要領のいい男だ」という表現などを思い出してみれば分かるだろう。
　採用試験における論作文が，論作文試験という競争試験の一つとしてある以上，その意味での"要領"も欠かせないだろう。極端にいってしまえば，こうだ。

273

> 「約600字分だけ，たまたまでもすばらしいものが書ければよい」

　もちろん，本来はそれでは困るのだが，とにかく合格して採用されることが先決だ。そのために，短時間でその要領をどう身につけるか，実戦ではどう要領を発揮するべきなのか。

（1）時間と字数の実戦感覚

①　制限時間の感覚

　公務員試験の論作文試験の平均制限時間は，90分間である。この90分間に文字はどれくらい書けるか。大学ノートなどに，やや丁寧に漢字まじりの普通の文を書き写すとして，速い人で1分間約60字，つまり90分間なら約5,400字。遅い人で約40字/1分間，つまり90分間なら約3,600字。平均4,500字前後と見ておけばよいだろう。400字詰め原稿用紙にして11枚程度。これだけを考えれば，時間はたっぷりある。しかし，これはあくまでも「書き写す」場合であって，論作文している時間ではない。

　構想などが決まったうえで，言葉を選びながら論作文する場合は，速い人で約20字前後/1分間，60分間なら約1,800字前後である。ちなみに，文章のプロたち，例えば作家とか週刊誌の記者とかライターという職業の人たちでも，ほぼこんなものなのだ。構想は別として，1時間に1,800字，400字詰め原稿用紙で4〜5枚程度書ければ，だいたい職業人として1人前である。言い換えれば，読者が読むに耐えうる原稿を書くためには，これが限度だということである。

　さて，論作文試験に即していえば，もし制限字数1,200字なら，1,200字÷20字で，文章をつづる時間は約60分間ということになる。そうだとすれば，テーマの理解，着想，構想，それに書き終わった後の読み返しなどにあてられる時間は，残り30分間。これは実にシビアな時間である。まず，この時間の感覚を，しっかりと頭に入れておこう。

②　制限字数の感覚

　これも一般には，なかなか感覚がつかめないもの。ちなみに，いま，あなたが読んでいるこの本のこのページには，いったい何文字入っているのか，すぐにわかるだろうか。答えは，1行が33字詰めで行数が32行，

空白部分もあるから約1,000字である。公務員試験の論作文試験の平均的な制限字数は1,200字となっているから，ほぼ，この本の約1頁強である。

この制限字数を，「長い！」と思うか「短い！」と思うかは，人によって違いはあるはず。俳句は17文字に万感の想いを込めるから，これと比べれば1,000字は実に長い。一方，ニュース番組のアナウンサーが原稿を読む平均速度は，約400字程度／1分間とされているから，1,200字なら3分。アッという間である。つまり，1,200字というのは，そういう感覚の字数なのである。ここでは，論作文試験の1,200字という制限字数の妥当性については置いておく。1,200字というのが，どんな感覚の文字数かということを知っておけばよい。

この感覚は，きわめて重要なことなのである。後でくわしく述べるが，実際にはこの制限字数によって，内容はもとより書き出しや構成なども，かなりの規制を受ける。しかし，それも試験なのだから，長いなら長いなりに，短いなら短いなりに対処する方法を考えなければならない。それが実戦に臨む構えであり，「要領」なのだ。

(2) 時間配分の実戦感覚

90分間かけて，結果として1,200字程度の論作文を仕上げればよいわけだから，次は時間の配分をどうするか。開始のベルが鳴る（ブザーかも知れない）。テーマが示される。いわゆる「課題」である。さて，なにを，どう書くか。この「なにを」が着想であり，「どう書くか」が構想だ。

① まず「着想」に5分間

課題が明示されているのだから，「なにを」は決まっているように思われるかもしれないが，そんなことはない。たとえば「夢」という課題であったとして，昨日みた夢，こわかった夢，なぜか印象に残っている夢，将来の夢，仕事の夢，夢のある人生とは，夢のある社会とは，夢のない現代の若者について……などなど，書くことは多種多様にある。あるいは「夢想流剣法の真髄」といったものだってよいのだ。まず，この「なにを」を10分以内に決める。文章を書く，または論作文するときは，本来はこの「なにを」が重要なのであって，自分の知識や経験，感性を凝縮して，長い時間をかけて決めるのが理想なのだが，なにしろ制限時間があるので，やむをえず5分以内に決める。

② 次は「構想」に10分間

「構想」というのは，話の組み立て方である。着想したものを，どうやって1,200字程度の字数のなかに，うまく展開するかを考える。このときに重要なのは，材料の点検だ。

たとえば着想の段階で，「現代の若者は夢がないといわれるが，実際には夢はもっているのであって，その夢が実現不可能な空想的な夢ではなく，より現実的になっているだけだ。大きな夢に向かって猛進するのも人生だが，小さな夢を一つ一つ育んでいくのも意義ある人生だと思う」というようなことを書こうと決めたとして，ただダラダラと書いていったのでは，印象深い説得力のある論作文にはならない。したがってエピソードだとか，著名人の言葉とか，読んだ本の感想……といった材料が必要なわけだが，これの有無，その配置を点検するわけである。しかも，その材料の質・量によって，話のもっていきかた（論作文の構成法）も違ってくる。これを10分以内に決める。

実際には，着想に10分，構想に10分と明瞭に区別されるわけではなく，「なにを」は瞬間的に決まることがあるし，「なにを」と「どう書くか」を同時に考えることもある。ともあれ，着想と構想をあわせて，なにがなんでも20分以内に決めなければならないのである。

③ 「執筆」時間は60分間

これは前述したとおり。ただ書くだけの物理的時間が約15～20分間かかるのだから，言葉を選び表現を考えながらでは60分間は実際に短かすぎるが，試験なのでやむをえない。

まずテーマを書く。氏名を書く。そして，いよいよ第1行の書き出しにかかる。「夢，私はこの言葉が好きだ。夢をみることは，神さまが人間だけに与えた特権だと思う……」「よく，最近の若者には夢がない，という声を聞く。たしかに，その一面はある。つい先日も，こんなことがあった……」「私の家の近所に，夢想流を継承する剣道の小さな道場がある。白髪で小柄な80歳に近い老人が道場主だ……」などと，着想したことを具体的に文章にしていくわけである。

人によっては，着想が決まると，このようにまず第1行を書き，ここで一息ついて後の構想を立てることもある。つまり，書き出しの文句を書きこむと，後の構想が立てやすくなるというわけである。これも一つ

の方法である。しかし，これは，よっぽど書きなれていないと危険をともなう。後の構想がまとまらないと何度も書き出しを書き直さなければならないからだ。したがって，論作文試験の場合は，やはり着想→構想→執筆と進んだほうが無難だろう。

④ 「点検」時間は10分間で

　論作文を書き終わる。当然，点検をしなければならない。誤字・脱字はもとより，送り仮名や語句の使い方，表現の妥当性も見直さなければならない。この作業を一般には「推敲」と呼ぶ。推敲は，文章を仕上げる上で欠かせない作業である。本来なら，この推敲には十分な時間をかけなければならない。文章は推敲すればするほど練りあがるし，また，文章の上達に欠かせないものである。

　しかし，論作文試験においては，この時間が10分間しかない。前述したように，1,200字の文章は，ニュースのアナウンサーが読みあげるスピードで読んでも，読むだけで約3分はかかる。だとすれば，手直しする時間は7分。ほとんどないに等しいわけだ。せいぜい誤字・脱字の点検しかできないだろう。論作文試験の時間配分では，このことをしっかり頭に入れておかなければならない。要するに論作文試験では，きわめて実戦的な「要領の良さ」が必要であり，準備・対策として，これを身につけておかなければならないということなのだ。

実施課題例の分析

令和4年度
▼作文・第1回（60分，800字程度）
　苦手なことへの向き合い方について
《執筆の方針》
　人は生活する上で，苦手なことと向き合うことが多いし，苦手なことを克服してこそ成長することを述べる。そのうえで，苦手なことにどのように向き合うか具体的に述べ，そのことを警察官としての職務遂行にどのように生かしていくかを述べる。
《課題の分析》
　人は生活する上で，苦手なことと向き合うことが多いし，苦手なことを克服してこそ成長するものである。特に警察官の業務は多種多様で，苦手な業務と向きあうことが多くなることが想定される。それだけに，警察官を目指す者としては，苦手なこととの向き合い方を身につけておく必要がある。その方法として，以下の方法が考えられる。①小さなステップから始めること。確実にクリアできるくらい小さなステップに挑戦すること。完全に成功するかどうかより，行動を開始することに重点を置くこと。②過去の失敗を見つめ直し，その経験で学んだ教訓に目を向けること。失敗するとその瞬間の失望や痛みに囚われがちであるが，それは同時に成長するための貴重な手がかりでもある。③自分の絶対的なペースを崩さないこと。他人との比較的な思考が苦手意識をもたらすこともあるので，そんな時は自分の絶対的なペースを意識する。④目的を明確にすること。その行動は何のためにやろうとしていたのかもう一度立ち止まって考えてみること。以上のようなことなどを踏まえながら，警察官の業務と関連づけ，苦手なことにどのように向き合うか具体的に述べればよいであろう。
《作成のポイント》
　まず，人は生活する上で，苦手なことと向き合うことが多いし，苦手なことを克服してこそ成長することを述べる。特に警察官の業務は多種多様なので，苦手な業務と向きあうことが多くなることから，苦手なことと向き合う力を身につけておくことが大切なことを述べる。次に，苦手なことにどのように向き合うか具体的に述べる。向き合い方については，異なる

2つ以上の視点から述べるのが望ましい。その際，苦手なことを克服した体験を織り込みながら述べる。最後に，そうした様々な体験から学んだことを生かして，警察官の職務に取り組んでいく決意を示して作文をまとめる。

▼作文・第2回 (60分，800字程度)

チームワークの大切さについて

《執筆の方針》

　人は，様々な人とのつながりを保ちながら生活している。生活を充実させるためには，チームワークが大切なことを述べる。そのうえで，チームワークの大切さを感じた出来事を取り挙げ，そこから感じたチームワークの大切さを具体的に述べる。さらに，そのことを警察官としての職務遂行にどのように生かしていくかを述べる。

《課題の分析》

　人は，様々な人とのつながりを保ちながら生活している。生活を充実させるためには，チームワークが大切である。同様に，県民の安全安心を支える警察官の職務もチームワークで進められている。警察官を目指す者にとっては，チームワークの大切さを理解しておくことは重要なことになる。チームワークの大切さとは何か。以下のことが挙げられる。①大きな目標が達成できる。個人では難しい課題や壁を協力して乗り越えることで，組織は成果を最大限発揮できる。②メンバーのモチベーション向上につながる。チームワークが優れている環境では，メンバー同士が協力し合い，成功や課題の克服を共有することで，メンバーのモチベーションが向上する。③情報共有が活発になり，アイデアが生まれやすくなる。④状況の変化に対し柔軟な対応ができる。チームワークの良い環境では，メンバー同士が連携し，迅速かつ効果的に変化に対応することができるため，組織全体の柔軟性が向上する。⑤メンバーの苦手な部分を補い，助け合える。これらのことを踏まえて，チームワークの大切さを実感した体験を取り挙げながら，チームワークの大切さについて具体的に述べればよい。さらに，そのことを警察官としての職務遂行にどのように生かしていくかを述べればよいだろう。

《作成のポイント》

　まず，人は，様々な人とのつながりを保ちながら生活していること。生活を充実させるためには，チームワークが大切であることを述べる。同様に，県民の安全安心を支える警察官の職務もチームワークで進められていること。警察官を目指す者にとっては，チームワークの大切さを理解して

おくことは重要であることを述べる。次に，チームワークの大切さについて具体的に述べる。チームワークの大切さについては，異なる２つ以上の視点から述べるのが望ましい。その際，チームワークの大切さを実感した体験を織り込みながら述べる。最後に，チームワークを大切にしながら警察官の職務に取り組んでいく決意を示して作文をまとめる。

令和３年度

▼作文・第１回（60分，800字程度）

　これまでに一番心を動かされた出来事について

《執筆の方針》

　まず，感動体験が人を成長させ，人間形成に大きな影響を与えるということを述べる。そのうえで，これまでに一番心を動かされた出来事を示し，なぜ心を動かされたのか，そこから何を学んだのかを述べる。

《課題の分析》

　「琴線に触れる」という言葉がある。これは，あることに共鳴し深く感動し，心が動かされることを意味しており，感動したことはいつまでも心に残り，その人の人間形成に大きな影響を与える。言い換えると，人間が成長していくためには，感動体験を積み重ねることが重要なのである。設問では，「これまでに一番心を動かされた出来事」を作文に書くことを求めているが，それだけでなく，そこから何を学び，それをどう警察官の仕事に生かしていくかまで書き込むことで評価の高い作文となる。どのような心を動かされた出来事を題材に選んでも構わないが，自分が警察官を目指すことになったきっかけとなった体験を選択するとよいだろう。

《作成のポイント》

　まず，人は生きていく上で様々な心を動かされる出来事に出会うこと，そうした体験が人を成長させ，人間形成に大きな影響を与えるということを論理的に述べる。そのうえで，自分がこれまでに一番心を動かされた出来事を一つ挙げ，その出来事について整理していく。その際，心を動かされた事実について，時間の経過を追って分かりやすく説明するとよい。さらに，その体験から何を学んだのか，「第一に…」「第二に…」というようにナンバリングをして論述していく。そして，そこから学んだことを今後どのように生かしていくか，具体的に述べていきたい。それを生かす場は，あなたが目指す警察官の職務に関することである。最後は，そうした様々な体験から学んだことを生かして，警察官の職務に取り組んでいく決意を示して作文をまとめる。

▼作文・第2回（60分，800字程度）

　これまでに最も努力したことについて

《執筆の方針》

　これまで最も努力したことの中から，警察官に求められる資質や能力に結びつくものを一つ挙げる。そのうえで，どのように努力してきたのかを具体的に述べ，そこで得たことを警察官としてどのように活用していくか論述する。

《課題の分析》

　警察官は，県民を事件や事故，犯罪から守り，安心して暮らせるようにするための役割を担っている。そうした県民のための仕事ができるということが，警察官の魅力に他ならない。その職務を遂行するためには，正義感や公平さ，人のために尽くす気持ちなどが求められる。設問は「これまでに最も努力したこと」について述べることである。そこにとどまらず，そこから何を得て，警察官としてどのように活用していくのかまで述べると評価の高い作文となる。あなたがこれまでに努力したことはたくさんあると思うが，それらの中から警察官に求められる資質や能力に結びつくものを選択するとよい。

《作成のポイント》

　まず，警察官の役割とは何かについて考える。それは，県民を事件や事故，犯罪から守り，安心して暮らせるようにすることである。そうした役割を果たすために正義感や公平さ，人のために尽くす気持ちや能力が必要であることを説明する。そのうえで，これまで最も努力したことを挙げ，どのように努力してきたのかを具体的に述べていくとよい。さらに，その経験から何を得たのか，「第1に…」「第2に…」というようにナンバリングをして整理すると，分かりやすい論述となる。そして，その努力したことを警察官としての仕事を進めるうえで，どのように活用していくのかを論述する。最後は，様々な経験を生かし，栃木県民の安全・安心な暮らしを守るという決意を示して作文をまとめる。

令和2年度

▼作文・第1回

　人に信頼してもらうため心掛けていることは何か

《執筆の方針》

　警察官として県民と接する上で大切だと思うことを念頭におき，人から

信頼を得るために必要であると考える点，信頼してもらうために日頃心掛けている点を述べる。その際，これまでのエピソードを交えて述べると説得力が増す。

《課題の分析》

　採用となれば，上司や同僚との人間関係が生まれ，県民との接点も多くなる。他者から信頼を得ることは，仕事を順調に進める上で重要と言える。人に信頼感を与えるために，人と接するときに留意していることを述べる。その際，人間関係力をアピールすることができるように論述するとよい。思いやり，コミュニケーション，適切な挨拶，アイコンタクト，豊かな表情，相手の話をよく聴き取るなど，日常において心掛けている要素を述べよう。相手のペースに合わせる「ペーシング」，相手の笑顔には笑顔で返すという「ミラーリング」，傾聴を伴うオウム返しの「バックトラッキング」なども効果的な心掛けと言える。

《作成のポイント》

　全体を三部構成とする。

　序論では，信頼関係の重要性について認識を示すとともに，過去の人間関係上の体験をあげ，着実な仕事ぶりなど信頼感を得る上でポイントとなった点について説明しよう。

　本論では，「人間関係力」「信頼感」について，警察官として留意すべき要素をあげる。危機管理的視点からも論述するとよい。交番勤務の警察官の通行人に対する挨拶の姿勢なども，県民の警察に対する優しさ，イメージ，信頼感，安心感の向上に貢献する面がある。このような日常の心掛けに触れたい。警察関係者の知人がいれば心得を聞いておき，論作文に反映させると個性ある文章となる。

　結論では，生活安全課など具体的な現場業務を想定し，栃木県警の一員として県民から信頼される警察官を目指し，治安の維持に貢献したい旨の意欲を示す。県民から期待される警察官像として，「強さ」とともに「優しさ」があることを忘れてはならない。

▼作文・第2回

　苦手な人との付き合い方について

《執筆の方針》

　上司，同僚，部下との付き合い方など，職場内での良好な人間関係は，円滑に業務を遂行する上で重要である。学級生活，部活動，アルバイト経

験などの経験を振り返り，苦手意識を感じた人との関わりで，心掛けたことについて述べる。

《課題の分析》

　苦手な人との関わりにおいて印象的なエピソードを想起し，そうした関わりの中で，自身が成長できたと思えることを述べるとよい。その学びを今後の業務にどのように生かしていくかについても言及する。採用試験であるので，現場の仕事に結びつく要素が期待される。受験者の人間関係力が問われる課題である。近年では特に「チーム力」が重視され，職務を遂行する上での良好な人間関係が求められる。同僚，上司部下の間には「絆」が存在し，警察官となってからは県民との関わりが生まれる。思いやりの重視や信頼関係の構築，挨拶，苦手意識の克服などに触れて述べることもできよう。

《作成のポイント》

　全体を三部構成とする。

　序論では，過去の経験における「苦手な人との関わり」について簡単に紹介する。苦手意識を感じた理由とともに，そうした人との付き合い方で心掛けた点を述べよう。

　本論では，苦手意識の克服や，関係改善，自身が成長できた点などについて具体的に記述する。また，人との関わりで磨かれた要素を今後の仕事にどう生かしていくかについて触れる。例えば，コミュニケーションの大切さを学び，日常の人間関係や新たな出会いにおいて，生かしているということを述べてもよい。さらに，今後の業務において思いやりや対話を重視していく姿勢を示す。

　結論では職場内の良好な人間関係や県民対応を心掛け，栃木県警の一員として尽力する覚悟を述べる。

　書き直しが多いと見映えが悪いので，初めに構想をしっかり立てるようにしたい。字数バランスとしては，序論3割，本論6割，結論1割程度を目安として書くとよい。

令和元年度

▼作文

　あなたのやる気，元気の源は何か

《執筆の方針》

　これから警察官を目指すにあたって，受験者のやる気や元気の源はどう

いうものか，説明する。例えば，就職試験に前向きになるために努力していること，困難なことに直面したときに逃げずに挑戦していくための工夫，気分転換のための趣味などを述べてもよいだろう。

《課題の分析》

受験者個人の物事に対する姿勢，困難に直面したときにどのように対応できるかを推し量る意図がある設問，受験者の人物像を探る出題と言える。あるいは，自己PRの性質を持つ設問を課すことで，知識を問う設問では測れないものを探る意図もあるだろう。ここで注意したいのは，警察官採用試験での課題であることを踏まえることである。学業や部活動，あるいは採用試験の対策など，困難なことに前向きになれるという意味で，読書や音楽鑑賞などの趣味を書くのもよいが，ギャンブル性のあるもの，高額な投資を必要とするようなものは避けた方がよいのは言うまでもない。警察官を目指す自分を，どのように前向きにしてくれるのかというところに，力点を置くとよいだろう。

《作成のポイント》

自己PR文，自己紹介文としての性質を持つ出題であるが，論文形式で書いて，序論・本論・結論の三段構成にしてみよう。序論では自分のやる気，元気の源はこういうものであるということを簡潔に記す。本論では，それをより具体的に説明する。例えば，筆記試験，作文試験，人物試験，体力測定という多岐に渡る採用試験に向き合う際，音楽鑑賞をする中で，今できることを一つ一つこなしていくという趣旨の歌詞をかみしめて，今日すべきことを先延ばしにしないようにしていることなどを述べるのもよい。ただ，単に自分の趣味や気分転換の手段の紹介にとどまらないようにしたい。結論では，警察官の仕事には困難も伴うが，今の姿勢を忘れないでいたいというようにまとめていけるとよいだろう。

平成29年度

▼作文

団体生活をする上で必要なこと

《執筆の方針》

執筆にあたっては，団体生活を抽象的に捉えるのではなく，これから着任する職場を想定して論述するとよいだろう。警察の職場を想定し，組織としての規律の遵守，上司や同僚とのコミュニケーションや情報共有などについて論じていく。

《課題の分析》

　社会は，集団としての人と人との関係の上になり立っている。特に，警察を含む様々な職場は，集団で物事を進める組織であると言える。そうした団体生活の重要性については，既に学校で学んできているはずである。設問は，団体生活をする上で必要なことについて述べることを求めている。組織として目指す目標を理解すること，組織の中で与えられた役割を確実に果たすことなどが団体生活の基本となる。そのために，組織としてのルールや規律を守ることはもちろん，職場の同僚とコミュニケーションを図ること，上司や同僚との情報共有を図ることなどが，具体的な内容となる。

《作成のポイント》

　まず，これまで属してきた組織での生活で，何を大切にしてきたのか，その結果何ができたのかなどを具体的に論述する。次に，これから自分が属することが想定される警察という組織にポイントを置き，警察とはどのような組織であり，どのように仕事が進められているのかを論述する。県民のための仕事をしている警察という組織の一員として守るべき大切なものや事柄をあげる。組織の一員として動いていくために，組織の規律やルールを遵守すること，組織としての目標を理解すること，与えられた職責を確実に果たすこと，上司や同僚との情報共有を図ることなどが重要であることを整理して述べる。

平成28年度

　▼作文

　　社会人として一番大切なこと

《執筆の方針・課題の分析》

　社会人として大切な要素について考えを述べると共に，自らの生き方として強く意識していること，責任感や仕事に対する意欲などについて述べ，今後への決意を示す。

　社会人として望ましい姿について認識を示し，自分がその自覚を十分にもっていることをアピールしたい。例えば新社会人に期待される要素としては，①時間厳守，②組織の一員としての自覚，③仕事に対する責任，④マナー・ルールを守る，などがあげられる。他に，道徳心，コンプライアンス意識，謙虚さと意欲，自己管理能力，ほうれんそう（報告・連絡・相談）の姿勢なども大切である。自分が既に身に付けている点，さらに課題としている点を述べる。特に警察官を志す者として，仕事を進めるにあたっ

ては，指示系統に従い，自分の立場や役割をわきまえて行うといった点も
必要となる。

《作成のポイント》

　全体を四部構成として考えてみよう。第一段落では，「社会人にとって必
要な要件」に関して認識を述べる。理想とする社会人像（モデル）を想起し，
大切な要素をいくつかあげながら「一番大切なこと」を絞り込んで提示する。
第二段落では，その大切な要件について，なぜ最も重要と考えるのかを説
明する。エピソードをあげて具体的に論述するとよい。マナーや法令遵守
の姿勢，責任感などについて述べることも考えられる。第三段落では，受
験者自身がその「社会人として大切なこと」をどの程度満たしているか，さ
らなる課題は何かということについて述べる。第四段落では，栃木県の警
察官職に就くことができた際には，責任感，正義感を発揮し，主体的姿勢
で自身の目標を立てて仕事に取り組み，自己啓発に努めたい旨を述べる。

平成27年度

▼作文

　あなたの大切にしている言葉

《執筆の方針・課題の分析》

　恩師，親，友人等，自分がこれまでに接してきた人から聞いた言葉で，
感銘を受けるなど，大切にしているものを回答する。また，どのような影
響を受けたかについて述べる。言葉の選択にあたっては「警察官の仕事を進
める上で有効なもの」という視点が必要である。

　警察官の資質・能力としては，判断力，行動力，責任感，正義感，忍耐
力，体力などがあげられるが，この設問の場合，警察官の資質として感性
の面が問われていると言える。「大切にしている言葉」は様々あり得るが，
こうしたメッシュにかけて適切なものを選択すべきであろう。「大切にして
いる」に留まることなく，「今後の警察官の仕事にどのように活かしていく
のか」という視点が望まれる。警察組織の一員としての自覚が現れるもの
であり，面接と同様，「どの程度真剣に，警察官を目指しているのか」とい
う要素が評価される。

《作成のポイント》

　全体を四段落として考えた場合，次のようになる。第一段落では，恩師，
知人等から聞いた言葉の中で感銘を受けたものを述べる。同じ言葉でも人
によって感じ方は異なるが，第二段落では，その言葉から何を感じ，どの

ような面で感銘を受けたのかを説明する。第三段落では，今後警察組織の一員として働く上で，その言葉をどう活かしていきたいのかを説明する。第四段落は結論部分として，決意表明をして結びとする。

　大切にしている言葉は受験者によって千差万別であり，独自のエピソードを書けばよい。恩師等から聞いた言葉は，ご本人のオリジナルのものであれば理想的だが，「紹介された言葉」でもよい。一例として，宮本武蔵の「我，事に於いて後悔せず」という文言をあげたとすれば，常に細心の注意力と全力投球の仕事ぶりで，どのような結果になろうとも後悔を残さない覚悟を示す意味がある。

平成26年度

▼作文

　あなたの短所について

《執筆の方針・課題の分析》

　面接試験においても，長所・短所についての設問がよくある。長所も過ぎれば短所になるという言い方もでき，短所も長所として活きる場合がある。短所については，自らの課題と捉え，改善への努力について述べるようにする。基本的には，自己アピールの場であるので，誤解を招いたり，致命的な印象に繋がる表現は避けたい。

　例えば，長所として「優しさ・思いやり」があれば，短所としては「今ひとつ厳しさが足りない。八方美人的である」などということにもなる。また，「集中力があり熱中しやすい」という長所の裏側には，「熱中するあまり，周りが見えにくくなったり，寝食を忘れてしまったりする」といった面がある。短所を述べながらも，課題意識をもって改善への努力をする意志を示し，短所を転じて長所として活かしたいという言い方ができる。

《作成のポイント》

　全体を三段落として構成してみる。第一段落では，自らの短所として自己分析や他人からの評価を述べる。第二段落では，短所を自覚し課題として受け止め，改善に向けた努力をしている旨を述べる。具体的な改善策や向上のみられる部分があれば説明する。自然に，長所に結びつく要素があれば触れてもよい。自分自身を客観視してしっかり述べた方がよいが，コミュニケーションが苦手，すぐに感情的になる，全くの機械音痴などという表現は避けたい。「周囲のことを気にし過ぎるあまり，自分の意見を強く出せないことがあるので，ハッキリものを言う努力をしている」「継続力が

あり粘り強いが，新しいことにチャレンジするのに躊躇する傾向があるので，最近はチャレンジ精神を大事にすることを心がけている」などという回答が無難である。第三段落では，短所を克服して県警組織に貢献したいという意欲を示す。

平成25年度
▼作文
　　人生で一番夢中になれたことは
《執筆の方針・課題の分析》

　　学生時代，または卒業後の社会人経験の中で「最も夢中になって取り組んだ」と言えることについて記述する。

　　警察組織の一員として如何に活躍できるか，をアピールする最大の機会である。作文は「書面の上での面接」とも言われるが，実際の面接では多くの質問がなされ，一問のみにあまり多くの時間をかけることはできない。しかし，作文では自分の得意分野を制限字数の許す限り，多くの情報量でPRすることができる。折角の機会なので自分が打ち込んできた事柄の中から，将来警察官の職務に活きると思われること，採用試験において資質・能力として評価されると思われる情報に絞って述べるようにする。「夢中になれたこと」と言っても芸能人グループの応援に夢中というよりは，スポーツや芸術活動に夢中になるなど，自分を高める内容を選択して語る方が評価が高いことは言うまでもない。

《作成のポイント》

　　四段落で構成してみる。第一段落では，自分が学生時代または社会人経験の中で「夢中になって取り組んだ」といえる事柄を具体的に述べる。「警察官の仕事に活きる」という視点で選定することは言うまでもない。これまでの部活動，サークル，ボランティア他の活動の中で取り組んできた武道等のスポーツ，趣味や資格取得について説明すればよい。第二段落では，その経験から何を得たかについて，これも今後の業務に活きる要素に絞って述べる。第三段落では，栃木県警の一員として，これまで自分が努力してきた経験から得られたものを，どのような場面で活かしていきたいと考えているか，について記述する。第四段落では，警察官としての意気込みを述べて決意とする。

　　日常からテーマを想定し，字数制限，段落構成を意識して，自分自身を振り返り，目的にかなう作文を書く訓練をすることが大切である。

第7部

面接試験対策

- 面接対策

人物試験　　面接対策

ⅢⅢ P O I N T ⅢⅢ

● Ⅰ. 面接の意義 ●

　筆記試験や論作文（論文）試験が，受験者の一般的な教養の知識や理解の程度および表現力やものの考え方・感じ方などを評価するものであるのに対し，面接試験は人物を総合的に評価しようというものだ。

　すなわち，面接担当者が直接本人に接触し，さまざまな質問とそれに対する応答の繰り返しのなかから，警察官としての適応能力，あるいは職務遂行能力に関する情報を，できるだけ正確に得ようとするのが面接試験である。豊かな人間性がより求められている現在，特に面接が重視されており，一般企業においても，面接試験は非常に重視されているが，警察官という職業も給与は税金から支払われており，その職務を完全にまっとうできる人間が望まれる。その意味で，より面接試験に重きがおかれるのは当然と言えよう。

● Ⅱ. 面接試験の目的 ●

　では，各都道府県市がこぞって面接試験を行う目的は，いったいどこにあるのだろうか。ごく一般的に言えば，面接試験の目的とは，おおよそ次のようなことである。

> ①　人物の総合的な評価
> 　試験官が実際に受験者と対面することによって，その人物の容姿や表情，態度をまとめて観察し，総合的な評価をくだすことができる。ただし，ある程度，直観的・第一印象ではある。
>
> ②　性格や性向の判別
> 　受験者の表情や動作を観察することにより性格や性向を判断するが，実際には短時間の面接であるので，面接官が社会的・人生的に豊かな経験の持ち主であることが必要とされよう。

③ 動機・意欲等の確認

　警察官を志望した動機や警察官としての意欲を知ることは，論作文試験等によっても可能だが，さらに面接試験により，採用側の事情や期待内容を逆に説明し，それへの反応の観察，また質疑応答によって，試験官はより明確に動機や熱意を知ろうとする。

以上3点が，面接試験の最も基本的な目的であり，試験官はこれにそってさまざまな問題を用意することになる。さらに次の諸点にも，試験官の観察の目が光っていることを忘れてはならない。

④ 質疑応答によって知識・教養の程度を知る

　筆記試験によって，すでに一応の知識・教養は確認しているが，面接試験においてはさらに付加質問を次々と行うことができ，その応答過程と内容から，受験者の知識教養の程度をより正確に判断しようとする。

⑤ 言語能力や頭脳の回転の速さの観察

　言語による応答のなかで，相手方の意志の理解，自分の意志の伝達のスピードと要領の良さなど，受験者の頭脳の回転の速さや言語表現の諸能力を観察する。

⑥ 思想・人生観などを知る

　これも論作文試験等によって知ることは可能だが，面接試験によりさらに詳しく聞いていくことができる。

⑦ 協調性・指導性などの社会的性格を知る

　前述した面接試験の種類のうち，グループ・ディスカッションなどはこれを知るために考え出された。警察官という職業の場合，これらの資質を知ることは面接試験の大きな目的の一つとなる。

● Ⅲ. 面接試験の問題点 ●

　これまで述べてきたように，公務員試験における面接試験の役割は大きいが，問題点もないわけではない。

　というのも，面接試験の場合，学校の試験のように"正答"というものがないからである。例えば，ある試験官は受験者の「自己PR＝売り込み」を意欲があると高く評価したとしても，別の試験官はこれを自信過剰と受け取り，警察官に適さないと判断するかもしれない。あるいは模範的な回答をしても，「マニュアル的だ」と受け取られることもある。

　もっとも，このような主観の相違によって評価が左右されないように，試験官を複数にしたり評価の基準が定められたりしているわけだが，それでもやはり，面接試験自体には次に述べるような一般的な問題点もあるのである。

① 短時間の面接で受験者の全体像を評価するのは容易でない
　面接試験は受験者にとってみれば，その人の生涯を決定するほど重要な場であるのだが，その緊張した短時間の間に日頃の人格と実力のすべてが発揮できるとは限らない。そのため第一印象だけで，その全体像も評価されてしまう危険性がある。

② 評価判断が試験官の主観で左右されやすい
　面接試験に現れるものは，そのほとんどが性格・性向などの人格的なもので，これは数値で示されるようなものではない。したがってその評価に客観性を明確に付与することは困難で，試験官の主観によって評価に大変な差が生じることがある。

③ 試験官の質問の巧拙などの技術が判定に影響する
　試験官の質問が拙劣なため，受験者の正しく明確な反応を得ることができず，そのため評価を誤ることがある。

④ 試験官の好悪の感情が判定を左右する場合がある
　これも面接が「人間 対 人間」によって行われる以上，多かれ少なかれ避けられないことである。この弊害を避けるため，前述したように試験官を複数にしたり複数回の面接を行ったりなどの工夫がされている。

⑤ 試験官の先入観や信念などで判定がゆがむことがある
　人は他人に接するとき無意識的な人物評価を行っており，この経験の積

み重ねで，人物評価に対してある程度の紋切り型の判断基準を持つようになっている。例えば，「額の広い人は頭がよい」とか「耳たぶが大きい人は人格円満」などというようなことで，試験官が高年齢者であるほどこの種の信念が強固であり，それが無意識的に評価をゆがめる場合も時としてある。

　面接試験には，このように多くの問題点と危険性が存在する。それらのほとんどが「対人間」の面接である以上，必然的に起こる本質的なものであれば，万全に解決されることを期待するのは難しい。しかし，だからといって面接試験の役割や重要性が，それで減少することは少しもないのであり，各市の面接担当者はこうした面接試験の役割と問題点の間で，どうしたらより客観的で公平な判定を下すことができるかを考え，さまざまな工夫をしているのである。最近の面接試験の形態が多様化しているのも，こうした採用側の努力の表れといえよう。

◖◗ Ⅳ．面接の質問内容 ◖◗

　ひとくちに面接試験といっても，果たしてどんなことを聞かれるのか，不安な人もいるはずだ。ここでは志望動機から日常生活にかかわることまで，それぞれ気に留めておきたい重要ポイントを交えて，予想される質問内容を一挙に列記しておく。当日になって慌てないように，「こんなことを聞かれたら（大体）こう答えよう」という自分なりの回答を頭の中で整理しておこう。

■志望動機編■
（1）　受験先の概要を把握して自分との接点を明確に
　警察官を受験した動機，理由については，就職試験の成否をも決めかねない重要な応答になる。また，どんな面接試験でも，避けて通ることのできない質問事項である。なぜなら志望動機は，就職先にとって最大の関心事のひとつであるからだ。受験者が，どれだけ警察官についての知識や情報をもったうえで受験をしているのかを調べようとする。

(2) 質問に対しては臨機応変の対応を

受験者の立場でいえば，複数の受験をすることは常識である。もちろん「当職員以外に受験した県や一般企業がありますか」と聞く面接官も，それは承知している。したがって，同じ職種，同じ業種で何箇所かかけもちしている場合，正直に答えてもかまわない。しかし，「第一志望は何ですか」というような質問に対して，正直に答えるべきかどうかというと，やはりこれは疑問がある。一般的にはどんな企業や役所でも，ほかを第一志望にあげられれば，やはり愉快には思わない。

(3) 志望の理由は情熱をもって述べる

志望動機を述べるときは，自分がどうして警察官を選んだのか，どこに大きな魅力を感じたのかを，できるだけ具体的に，しかも情熱をもって語ることが重要である。

たとえば，「人の役に立つ仕事がしたい」と言っても，特に警察官でなければならない理由が浮かんでこない。

①例題Q & A

Q.	あなたが警察官を志望した理由，または動機を述べてください。
A.	私は子どもの頃，周りの方にとても親切にしていただきました。それ以来，人に親切にして，人のために何かをすることが生きがいとなっておりました。ですから，一般の市民の方のために役立つことができ，奉仕していくことが夢でしたし，私の天職だと強く思い，志望させていただきました。

Q.	もし警察官として採用されなかったら，どのようにするつもりですか。
A.	もし不合格になった場合でも，私は何年かかってでも警察官になりたいという意志をもっています。しかし，一緒に暮らしている家族の意向などもありますので，相談いたしまして一般企業に就職するかもしれません。

②予想される質問内容

○ 警察官について知っていること，または印象などを述べてください。

○ 職業として警察官を選ぶときの基準として，あなたは何を重要視しましたか。

○ いつごろから警察官を受けようと思いましたか。

○ ほかには，どのような業種や会社を受験しているのですか。

○ 教職の資格を取得しているようですが，そちらに進むつもりはないのですか。

○ 志望先を決めるにあたり，どなたかに相談しましたか。

○ もし警察官と他の一般企業に，同時に合格したらどうするつもりですか。

■仕事に対する意識・動機編■

1 採用後の希望はその役所の方針を考慮して

採用後の希望や抱負などは，志望動機さえ明確になっていれば，この種の質問に答えるのは，それほど難しいことではない。ただし，希望職種や希望部署など，採用後の待遇にも直接関係する質問である場合は，注意が必要だろう。また，勤続予定年数などについては，特に男性の場合，定年まで働くというのが一般的である。

2 勤務条件についての質問には柔軟な姿勢を見せる

勤務の条件や内容などは，職種研究の対象であるから，当然，前もって下調べが必要なことはいうまでもない。

「残業で遅くなっても大丈夫ですか」という質問は，女性の受験者によく出される。職業への熱意や意欲を問われているのだから，「残業は一切できません！」という柔軟性のない姿勢は論外だ。通勤方法や時間など，具体的な材料をあげて説明すれば，相手も納得するだろう。

　そのほか初任給など，採用後の待遇についての質問には，基本的に規定に従うと答えるべき。新卒の場合，たとえ「給料の希望額は？」と聞かれても，「規定通りいただければ結構です」と答えるのが無難だ。間違っても，他業種との比較を口にするようなことをしてはいけない。

3　自分自身の言葉で職業観を表現する

　就職や職業というものを，自分自身の生き方の中にどう位置づけるか，また，自分の生活の中で仕事とはどういう役割を果たすのかを考えてみることが重要だ。つまり，自分の能力を生かしたい，社会に貢献したい，自分の存在価値を社会的に実現してみたい，ある分野で何か自分の力を試してみたい……などを考えれば，おのずと就職するに当たっての心構えや意義は見えてくるはずである。

　あとは，それを自分自身の人生観，志望職種や業種などとの関係を考えて組み立ててみれば，明確な答えが浮かび上がってくるだろう。

①例題Q＆A

Q.　警察官の採用が決まった場合の抱負を述べてください。
A.　まず配属された部署の仕事に精通するよう努め，自分を一人前の警察官として，そして社会人として鍛えていきたいと思います。また，警察官の全体像を把握し，仕事の流れを一日も早くつかみたいと考えています。

Q.　警察官に採用されたら，定年まで勤めたいと思いますか。
A.　もちろんそのつもりです。警察官という職業は，私自身が一生の仕事として選んだものです。特別の事情が起こらない限り，中途退職したり，転職することは考えられません。

②予想される質問内容

○ 警察官になったら，どのような仕事をしたいと思いますか。

○ 残業や休日出勤を命じられたようなとき，どのように対応しますか。

○ 警察官の仕事というのは苛酷なところもありますが，耐えていけますか。

○ 転勤については大丈夫ですか。

○ 警察官の初任給は○○円ですが，これで生活していけますか。

○ 学生生活と職場の生活との違いについては，どのように考えていますか。

○ 職場で仕事をしていく場合，どのような心構えが必要だと思いますか。

○ 警察官という言葉から，あなたはどういうものを連想しますか。

○ あなたにとって，就職とはどのような意味をもつものですか。

■自己紹介・自己PR編■

1　長所や短所をバランスよくとりあげて自己分析を

　人間には，それぞれ長所や短所が表裏一体としてあるものだから，性格についての質問には，率直に答えればよい。短所については素直に認め，長所については謙虚さを失わずに語るというのが基本だが，職種によっては決定的にマイナスととられる性格というのがあるから，その点だけは十分に配慮して応答しなければならない。

　「物事に熱しやすく冷めやすい」といえば短所だが，「好奇心旺盛」といえば長所だ。こうした質問に対する有効な応答は，恩師や級友などによる評価，交友関係から見た自己分析など具体的な例を交えて話すようにすれば，より説得力が増すであろう。

2　履歴書の内容を覚えておき，よどみなく答える

　履歴書などにどんなことを書いて提出したかを，きちんと覚えておく。重要な応募書類は，コピーを取って，手元に控えを保管しておくと安心だ。

3　志望職決定の際，両親の意向を問われることも

　面接の席で両親の同意をとりつけているかどうか問われることもある。家族関係がうまくいっているかどうかの判断材料にもなるので，親の考えも伝えながら，明確に答える必要がある。この際，あまり家族への依存心が強いと思われるような発言は控えよう。

①例題Q＆A

> **Q.　あなたのセールスポイントをあげて，自己PRをしてください。**
>
> **A.**　性格は陽気で，バイタリティーと体力には自信があります。高校時代は山岳部に属し，休日ごとに山歩きをしていました。3年間鍛えた体力と精神力をフルに生かして，ばりばり仕事をしたいと思います。

> **Q.　あなたは人と話すのが好きですか，それとも苦手なほうですか。**
>
> **A.**　はい，大好きです。高校ではサッカー部のマネージャーをやっておりましたし，大学に入ってからも，同好会でしたがサッカー部の渉外担当をつとめました。試合のスケジュールなど，外部の人と接する機会も多かったため，初対面の人とでもあまり緊張しないで話せるようになりました。

②予想される質問内容

○　あなたは自分をどういう性格だと思っていますか。

○　あなたの性格で，長所と短所を挙げてみてください。

○　あなたは，友人の間でリーダーシップをとるほうですか。

○　あなたは他の人と協調して行動することができますか。

○　たとえば，仕事上のことで上司と意見が対立したようなとき，どう対処しますか。

○　あなたは何か資格をもっていますか。また，それを取得したのはどうしてですか。

○ これまでに何か大きな病気をしたり，入院した経験がありますか。

○ あなたが警察官を志望したことについて，ご両親はどうおっしゃっていますか。

■日常生活・人生観編■

1　趣味はその楽しさや面白さを分かりやすく語ろう

　余暇をどのように楽しんでいるかは，その人の人柄を知るための大きな手がかりになる。趣味は"人間の魅力"を形作るのに重要な要素となっているという側面があり，面接官は，受験者の趣味や娯楽などを通して，その人物の人柄を知ろうとする。

2　健全な生活習慣を実践している様子を伝える

　休日や余暇の使い方は，本来は勤労者の自由な裁量に任されているもの。とはいっても，健全な生活習慣なしに，創造的で建設的な職場の生活は営めないと，採用側は考えている。日常の生活をどのように律しているか，この点から，受験者の社会人・警察官としての自覚と適性を見極めようというものである。

3　生活信条やモットーなどは自分自身の言葉で

　生活信条とかモットーといったものは，個人的なテーマであるため，答えは千差万別である。受験者それぞれによって応答が異なるから，面接官も興味を抱いて，話が次々に発展するケースも多い。それだけに，嘘や見栄は禁物で，話を続けるうちに，矛盾や身についていない考えはすぐ見破られてしまう。自分の信念をしっかり持って，臨機応変に進めていく修練が必要となる。

①例題Ｑ＆Ａ

Q.	スポーツは好きですか。また，どんな種目が好きですか。
A.	はい。手軽に誰にでもできるというのが魅力ではじめたランニングですが，毎朝家の近くを走っています。体力増強という面もありますが，ランニングを終わってシャワーを浴びると，今日も一日が始まるという感じがして，生活のけじめをつけるのにも大変よいものです。目標は秋に行われる●●マラソンに出ることです。

Q.	日常の健康管理に，どのようなことを心がけていますか。
A.	私の場合，とにかく規則的な生活をするよう心がけています。それとあまり車を使わず，できるだけ歩くようにしていることなどです。

②予想される質問内容

○ あなたはどのような趣味をもっているか，話してみてください。

○ あなたはギャンブルについて，どのように考えていますか。

○ お酒は飲みますか。飲むとしたらどの程度飲めますか。

○ ふだんの生活は朝型ですか，それとも夜型ですか。

○ あなたの生き方に影響を及ぼした人，尊敬する人などがいたら話してください。

○ あなたにとっての生きがいは何か，述べてみてください。

○ 現代の若者について，同世代としてあなたはどう思いますか。

■一般常識・時事問題編■

1　新聞には必ず目を通し，重要な記事は他紙と併読

　一般常識・時事問題については筆記試験の分野に属するが，面接でこうしたテーマがもち出されることも珍しくない。受験者がどれだけ社会問題に関

心をもっているか，一般常識をもっているか，また物事の見方・考え方に偏りがないかなどを判定しようというものである。知識や教養だけではなく，一問一答の応答を通じて，その人の性格や適応能力まで判断されることになると考えておくほうがよいだろう。

2 社会に目を向け，健全な批判精神を示す

　思想の傾向や政治・経済などについて細かい質問をされることが稀にあるが，それは誰でも少しは緊張するのはやむをえない。

　考えてみれば思想の自由は憲法にも保証された権利であるし，支持政党や選挙の際の投票基準についても，本来，他人からどうこう言われる筋合いのものではない。そんなことは採用する側も認識していることであり，政治思想そのものを採用・不採用の主材料にすることはない。むしろ関心をもっているのは，受験者が，社会的現実にどの程度目を向け，どのように判断しているかということなのだ。

①例題Q＆A

Q. 今日の朝刊で，特に印象に残っている記事について述べてください。
A. ○○市の市長のリコールが成立した記事が印象に残っています。違法な専決処分を繰り返した事に対しての批判などが原因でリコールされたわけですが，市民運動の大きな力を感じさせられました。

Q. これからの高齢化社会に向けて，あなたの意見を述べてください。
A. やはり行政の立場から高齢者サービスのネットワークを推進し，老人が安心して暮らせるような社会を作っていくのが基本だと思います。それと，誰もがやがて迎える老年期に向けて，心の準備をしていくような生活態度が必要だと思います。

②予想される質問内容

> ○ あなたがいつも読んでいる新聞や雑誌を言ってください。
>
> ○ あなたは，政治や経済についてどのくらい関心をもっていますか。
>
> ○ 最近テレビで話題の××事件の犯人逮捕についてどう思いますか。
>
> ○ △△事件の被告人が勝訴の判決を得ましたがこれについてどう思いますか。

③面接の方法

（1） 一問一答法

　面接官の質問が具体的で，受験者が応答しやすい最も一般的な方法である。例えば，「学生時代にクラブ活動をやりましたか」「何をやっていましたか」「クラブ活動は何を指導できますか」というように，それぞれの質問に対し受験者が端的に応答できる形式である。この方法では，質問の応答も具体的なため評価がしやすく，短時間に多くの情報を得ることができる。

（2） 供述法

　受験者の考え方，理解力，表現力などを見る方法で，面接官の質問は総括的である。例えば，「愛読書のどういう点が好きなのですか」「○○事件の問題点はどこにあると思いますか」といったように，一問一答ではなく，受験者が自分の考えを論じなければならない。面接官は，質問に対し，受験者がどのような角度から応答し，どの点を重視するか，いかに要領よく自分の考えを披露できるかなどを観察・評価している。

（3） 非指示的方法

　受験者に自由に発言させ，面接官は話題を引き出した論旨の不明瞭な点を明らかにするなどの場合に限って，最小限度の質問をするだけという方法で。

（4） 圧迫面接法

　意識的に受験者の神経を圧迫して精神状態を緊張させ，それに対する受験者の応答や全体的な反応を観察する方法である。例えば「そんな安易な考えで，職務が務まると思っているんですか？」などと，受験者の応答をあまり考慮せずに，語調を強めて論議を仕掛けたり，枝葉末節を捉えて揚げ足取り

をする，受験者の弱点を大げさに捉えた言葉を頻発する，質問責めにするといった具合で，受験者にとっては好ましくない面接法といえる。そのような不快な緊張状況が続く環境の中での受験者の自制心や忍耐力，判断力の変化などを観察するのが，この面接法の目的だ。

● V．面接Q＆A ●

★社会人になるにあたって大切なことは？★

〈良い例①〉

　責任を持って物事にあたることだと考えます。学生時代は多少の失敗をしても，許してくれました。しかし，社会人となったら，この学生気分の甘えを完全にぬぐい去らなければいけないと思います。

〈良い例②〉

　気分次第な行動を慎み，常に，安定した精神状態を維持することだと考えています。気持ちのムラは仕事のミスにつながってしまいます。そのために社会人になったら，精神と肉体の健康の安定を維持して，仕事をしたいのです。

〈悪い例①〉

　社会人としての自覚を持ち，社会人として恥ずかしくない人間になることだと思います。

〈悪い例②〉

　よりよい社会を作るために，政治，経済の動向に気を配り，国家的見地に立って物事を見るようにすることが大切だと思います。

●コメント

　この質問に対しては，社会人としての自覚を持つんだという点を強調すべきである。〈良い例〉では，学生時代を反省し，社会へ出ていくのだという意欲が感じられる。

　一方〈悪い例①〉では，あまりにも漠然としていて，具体性に欠けている。また〈悪い例②〉のような，背のびした回答は避ける方が無難だ。

★簡単な自己PRをして下さい。★

〈良い例①〉

体力には自信があります。学生時代，山岳部に所属していました。登頂した山が増えるにつれて，私の体力も向上してきました。それに度胸というようなものがついてきたようです。

〈良い例②〉

私のセールスポイントは，頑張り屋ということです。高校時代では部活動のキャプテンをやっていましたので，まとめ役としてチームを引っ張り，県大会出場を果たしました。

〈悪い例①〉

セールスポイントは，3点あります。性格が明るいこと，体が丈夫なこと，スポーツが好きなことです。

〈悪い例②〉

自己PRですか……エピソードは……ちょっと突然すぎて，それに一言では……。

〈悪い例③〉

私は自分に絶対の自信があり，なんでもやりこなせると信じています。これまでも，たいていのことは人に負けませんでした。警察官になりましたら，どんな仕事でもこなせる自信があります。

●コメント

自己PRのコツは，具体的なエピソード，体験をおりまぜて，誇張しすぎず説得力を持たせることである。

〈悪い例①〉は具体性がなく迫力に欠ける。②はなんとも歯ぎれが悪く，とっさの場合の判断力のなさを印象づける。③は抽象的すぎるし，自信過剰で嫌味さえ感じられる。

★健康状態はいかがですか？★

〈良い例①〉

　健康なほうです。以前は冬になるとよくカゼをひきましたが，4年くらい前にジョギングを始めてから，風邪をひかなくなりました。

〈良い例②〉

　いたって健康です。中学生のときからテニスで体をきたえているせいか，寝こむような病気にかかったことはありません。

〈悪い例①〉

　寝こむほどの病気はしません。ただ，少々貧血気味で，たまに気分が悪くなることがありますが，あまり心配はしていません。勤務には十分耐えられる健康状態だと思います。

〈悪い例②〉

　まあ，健康なほうです。ときどき頭痛がすることがありますが，睡眠不足や疲れのせいでしょう。社会人として規則正しい生活をするようになれば，たぶん治ると思います。

● コメント

　多少，健康に不安があっても，とりたててそのことを言わないほうがいい。〈悪い例②〉のように健康維持の心がけを欠いているような発言は避けるべきだ。まず健康状態は良好であると述べ，日頃の健康管理について付け加える。スポーツばかりではなく，早寝早起き，十分な睡眠，精神衛生などに触れるのも悪くない。

★どんなスポーツをしていますか？★

〈良い例①〉

　毎日しているスポーツはありませんが，週末によく卓球をします。他のスポーツに比べると，どうも地味なスポーツに見られがちなのですが，皆さんが思うよりかなり激しいスポーツで，全身の運動になります。

〈良い例②〉

　私はあまり運動が得意なほうではありませんので，小さいころから自主的にスポーツをしたことがありませんでした。でも，去年テレビでジャズダンスを見ているうちにあれならば私にもできそうだという気がして，ここ半年余り週１回のペースで習っています。

〈悪い例①〉

　スポーツはどちらかといえば見る方が好きです。よくテレビでプロ野球中継を見ます。

●コメント

　スポーツをしている人は，健康・行動力・協調性・明朗さなどに富んでいるというのが一般の（試験官の）イメージだ。〈悪い例①〉のように見る方が好きだというのは個人の趣向なので構わないが，それで終わってしまうのは好ましくない。

★クラブ・サークル活動の経験はありますか？★

〈良い例①〉

　剣道をやっていました。剣道を通じて，自分との戦いに勝つことを学び，また心身ともに鍛えられました。それから横のつながりだけでなく先輩，後輩との縦のつながりができたことも収穫の一つでした。

〈良い例②〉

　バスケット部に入っておりました。私は，中学生のときからバスケットをやっていましたから，もう６年やったことになります。高校までは正選手で，大きな試合にも出ていました。授業終了後，２時間の練習があります。また，休暇時期には，合宿練習がありまして，これには，ＯＢも参加し，かなりハードです。

〈悪い例①〉

　私は社会心理研究会という同好会に所属していました。マスコミからの情報が，大衆心理にどのような影響をおよぼしているのかを研究していました。大学に入ったら，サークル活動をしようと思っていました。それが，いろいろな部にあたったのですが，迷ってなかなか決まらなかったのです。そんなとき，友人がこの同好会に入ったので，それでは私も，ということで入りました。

〈悪い例②〉

　何もしていませんでした。どうしてもやりたいものもなかったし，通学に２時間半ほどかかり，クラブ活動をしていると帰宅が遅くなってしまいますので，結局クラブには入りませんでした。

●コメント

　クラブ・サークル活動の所属の有無は，協調性とか本人の特技を知るためのものであり，どこの採用試験でも必ず質問される。クラブ活動の内容，本人の役割分担，そこから何を学んだかがポイントとなる。具体的な経験を加えて話すのがよい。ただ，「サークル活動で●●を学んだ」という話は試験官にはやや食傷気味でもあるので，内容の練り方は十分に行いたい。

　〈悪い例①〉は入部した動機がはっきりしていない。〈悪い例②〉では，クラブ活動をやっていなかった場合，必ず別のセールスポイントを用意しておきたい。例えば，ボランティア活動をしていたとか，体力なら自信がある，などだ。それに「何も夢中になることがなかった」では人間としての積極性に欠けてしまう。

★新聞は読んでいますか？★

〈良い例①〉

　毎日，読んでおります。朝日新聞をとっていますが，朝刊では"天声人語"や"ひと"そして政治・経済・国際欄を念入りに読みます。夕刊では，"窓"を必ず読むようにしています。

〈良い例②〉

　読売新聞を読んでいます。高校のころから，政治，経済面を必ず読むよう，自分に義務づけています。最初は味気なく，つまらないと思ったのですが，このごろは興味深く読んでいます。

〈悪い例①〉

　定期購読している新聞はありません。ニュースはほとんどテレビやインターネットで見られますので。たまに駅の売店などでスポーツ新聞や夕刊紙などを買って読んでいます。主にどこを読むかというと，これらの新聞の芸能・レジャー情報などです。

〈悪い例②〉

　毎日新聞を読んでいますが，特にどこを読むということはなく，全体に目を通します。毎日新聞は，私が決めたわけではなく，実家の両親が購読していたので，私も習慣としてそれを読んでいます。

●コメント

　この質問は，あなたの社会的関心度をみるためのものである。毎日，目を通すかどうかで日々の生活規律やパターンを知ろうとするねらいもある。具体的には，夕刊紙ではなく朝日，読売，毎日などの全国紙を挙げるのが無難であり，読むページも，政治・経済面を中心とするのが望ましい。

　〈良い例①〉は，購読している新聞，記事の題名などが具体的であり，真剣に読んでいるという真実味がある。直近の記憶に残った記事について感想を述べるとなお印象は良くなるだろう。〈悪い例①〉は，「たまに読んでいる」ということで×。それに読む記事の内容からも社会的関心の低さが感じられる。〈悪い例②〉は〈良い例①〉にくらべ，具体的な記事が挙げられておらず，かなりラフな読み方をしていると思われても仕方がない。

●書籍内容の訂正等について

　弊社では教員採用試験対策シリーズ（参考書，過去問，全国まるごと過去問題集），公務員採用試験対策シリーズ，公立幼稚園・保育士試験対策シリーズ，会社別就職試験対策シリーズについて，正誤表をホームページ（https://www.kyodo-s.jp）に掲載いたします。内容に訂正等，疑問点がございましたら，まずホームページをご確認ください。もし，正誤表に掲載されていない訂正等，疑問点がございましたら，下記項目をご記入の上，以下の送付先までお送りいただくようお願いいたします。

---

① **書籍名，都道府県・市町村名，区分，年度**
　（例：公務員採用試験対策シリーズ　北海道のＡ区分　2025年度版）
② **ページ数**（書籍に記載されているページ数をご記入ください。）
③ **訂正等，疑問点**（内容は具体的にご記入ください。）
　（例：問題文では"ア〜オの中から選べ"とあるが，選択肢はエまでしかない）

〔ご注意〕
○ 電話での質問や相談等につきましては，受付けておりません。ご注意ください。
○ 正誤表の更新は適宜行います。
○ いただいた疑問点につきましては，当社編集制作部で検討の上，正誤表への反映を決定させていただきます（個別回答は，原則行いませんのであしからずご了承ください）。

●情報提供のお願い

　公務員試験研究会では，これから公務員試験を受験される方々に，より正確な問題を，より多くご提供できるよう情報の収集を行っております。つきましては，公務員試験に関する次の項目の情報を，以下の送付先までお送りいただけますと幸いでございます。お送りいただきました方には謝礼を差し上げます。
（情報量があまりに少ない場合は，謝礼をご用意できかねる場合があります。）
◆あなたの受験された教養試験，面接試験，論作文試験の実施方法や試験内容
◆公務員試験の受験体験記

- -

| 送付先 | ○電子メール：edit@kyodo-s.jp
 ○FAX：03-3233-1233（協同出版株式会社　編集制作部 行）
 ○郵送：〒101-0054　東京都千代田区神田錦町2-5
 　　　　　　協同出版株式会社　編集制作部 行
 ○HP：https://kyodo-s.jp/provision（右記のQRコードからもアクセスできます） | |

※謝礼をお送りする関係から，いずれの方法でお送りいただく際にも，「お名前」「ご住所」は，必ず明記いただきますよう，よろしくお願い申し上げます。

栃木県の警察官（高校卒業者等）

編　者	公務員試験研究会
発　行	令和 6 年 3 月 25 日
発行者	小貫輝雄
発行所	協同出版株式会社

〒 101 − 0054
東京都千代田区神田錦町2 − 5
電話　03 − 3295 − 1341
振替　東京00190 − 4 − 94061